Kiesow
Gotik in Hessen

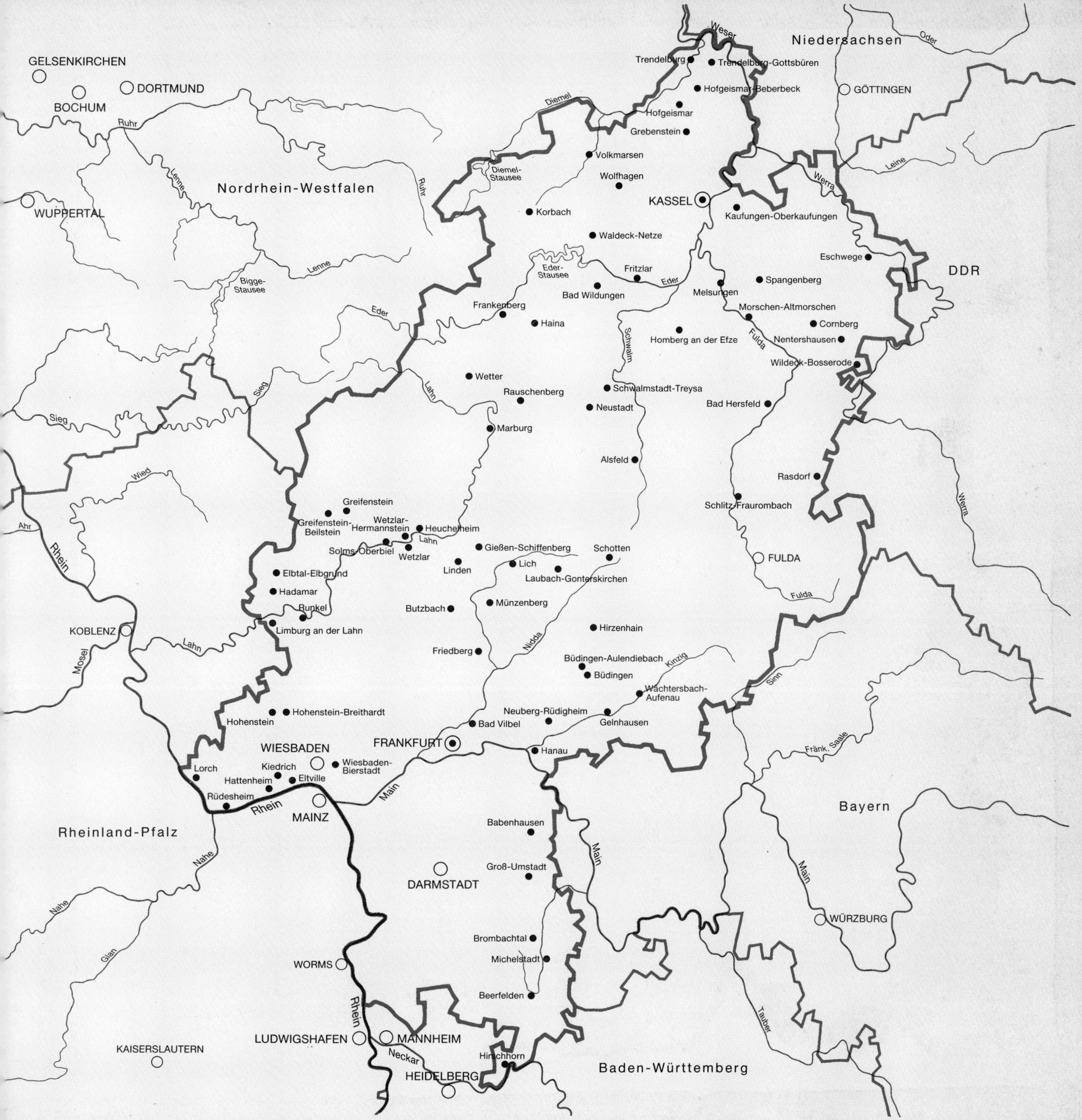
Niedersachsen
Nordrhein-Westfalen
DDR
Rheinland-Pfalz
Bayern
Baden-Württemberg
GELSENKIRCHEN
BOCHUM
DORTMUND
WUPPERTAL
GÖTTINGEN
KASSEL
KOBLENZ
FULDA
WIESBADEN
FRANKFURT
MAINZ
DARMSTADT
WÜRZBURG
WORMS
LUDWIGSHAFEN
MANNHEIM
HEIDELBERG
KAISERSLAUTERN
Weser
Oder
Ruhr
Diemel
Lenne
Leine
Werra
Eder
Sieg
Lahn
Wied
Ahr
Rhein
Mosel
Schwalm
Fulda
Nidda
Kinzig
Sinn
Fränk. Saale
Main
Nahe
Glan
Neckar
Tauber
Diemel-Stausee
Bigge-Stausee
Eder-Stausee
Trendelburg
Trendelburg-Gottsbüren
Hofgeismar-Beberbeck
Hofgeismar
Grebenstein
Volkmarsen
Wolfhagen
Korbach
Kaufungen-Oberkaufungen
Waldeck-Netze
Eschwege
Fritzlar
Spangenberg
Bad Wildungen
Melsungen
Morschen-Altmorschen
Frankenberg
Haina
Cornberg
Homberg an der Efze
Nentershausen
Wildeck-Bosserode
Wetter
Rauschenberg
Schwalmstadt-Treysa
Neustadt
Bad Hersfeld
Marburg
Alsfeld
Rasdorf
Schlitz-Fraurombach
Greifenstein
Greifenstein-Beilstein
Wetzlar-Hermannstein
Heuchelheim
Solms-Oberbiel
Wetzlar
Gießen-Schiffenberg
Schotten
Linden
Lich
Laubach-Gonterskirchen
Elbtal-Elbgrund
Hadamar
Runkel
Limburg an der Lahn
Butzbach
Münzenberg
Hirzenhain
Friedberg
Büdingen-Aulendiebach
Büdingen
Wächtersbach-Aufenau
Hohenstein
Hohenstein-Breithardt
Neuberg-Rüdigheim
Gelnhausen
Bad Vilbel
Hanau
Lorch
Kiedrich
Wiesbaden-Bierstadt
Hattenheim
Eltville
Rüdesheim
Babenhausen
Groß-Umstadt
Brombachtal
Michelstadt
Beerfelden
Hirschhorn

Gottfried Kiesow

Gotik in Hessen

Konrad Theiss Verlag Stuttgart

CIP-Titelaufnahme der Deutschen Bibliothek

Kiesow, Gottfried:
Gotik in Hessen / Gottfried Kiesow. – Stuttgart : Theiss, 1988
ISBN 3-8062-0292-3

Schutzumschlag: Jürgen Reichert
unter Verwendung eines Fotos aus dem Bildarchiv
Foto-Marburg

Gesamtherstellung: Grafische Betriebe
Süddeutscher Zeitungsdienst, Aalen
Printed in Germany
ISBN 3-8062-0292-3

Bildnachweis

Joachim Feist, Pliezhausen: Tafeln 1, 6–8, 14, 22–24, 42, 46, 63, 64, 69, 70, 77–82, 96, 97, 99, 103, 104, 109, 126–128
Abbildungen Seite: 185, 187, 194, 206 rechts, 211, 221, 228, 238 links, 241, 249, 255
Rolf Kreuder, Tann: Tafeln 40, 41, 43–45, 91, 107
Abbildung Seite: 213
Christine Krienke (Landesamt für Denkmalpflege Hessen): Tafeln 5, 10–13, 15–20, 37–39, 47–50, 55–61, 66, 72–74, 76, 84–86, 88, 102, 105, 108, 112, 113, 120–124
Abbildungen Seite: 188, 190–193, 196 links, 203, 210, 212, 216–219, 222 links, 225, 230, 232, 245, 246, 250, 251 rechts, 253
Luftbild Brugger, Stuttgart: Tafeln 51, 65, 71, 89, 98, 101 (Luftbildfreigabe vom Reg.Präs. Nordwürttemberg unter den Nummern 2/56221, 2/57449, 2/56790, 2/54652, 2/54653, 2/56220)
Bildarchiv Foto Marburg: Tafeln 2, 3, 4, 9, 21, 35, 36, 52–54, 62, 67, 68, 75, 83, 87, 90, 92–95, 100, 106, 110, 111, 114–119, 125
Abbildungen Seite: 186, 189, 196 rechts, 198, 199, 201 unten, 204, 206 links, 208, 215, 224, 226, 231, 234–236, 238 rechts, 242–244, 247, 251 links, 252
Kurt Nagel, Frankfurt: Tafeln 25–34

Meiner lieben Frau

Inhalt

Geschichtliche Grundlagen

Die Epochen der romanischen Kunst werden in Deutschland nach den jeweils regierenden Königsgeschlechtern benannt, denn diese bestimmten nicht nur die bedeutendsten geschichtlichen Ereignisse, sondern als Stifter auch die Entstehung zahlreicher Kloster- und Stiftskirchen sowie Pfalzkapellen. Mit dem Geschlecht der Hohenstaufen endete diese Rolle der Kaiser und Könige als Bauherren und Stifter, und das nicht etwa nur für die Dauer der kaiserlosen, der schrecklichen Zeit. Andere Kräfte bestimmten von nun an die politische Geschichte wie auch die Entwicklung der Kultur. Das Ende des Stauferreiches bezeichnet auch das Ende des hohen und den Beginn des späten Mittelalters, das sich bis zur Reformation erstreckte und im großen und ganzen mit dem Zeitalter der Gotik gleichgesetzt werden kann. Der erste gotische Bau in Hessen entstand jedoch noch unter persönlicher Beteiligung des Stauferkaisers Friedrich II., der die Heiligsprechung der Landgräfin Elisabeth durchsetzte und 1236 ihr Grab aufsuchte. So hat er, wenn auch eher indirekt, den Bau ihrer Grabeskirche beeinflußt, mit der nicht nur der neue Baustil Eingang in Hessen fand, sondern zugleich der großartigste gotische Sakralbau entstand, der zur Mutterkirche der hessischen Bauschule wurde.

Hessen blieb nach dem Untergang der Hohenstaufen geographisch der Mittelpunkt des Reiches und nahm in vollem Umfang an dessen Geschicken teil, ohne indes je wieder zum Zentrum der Reichspolitik zu werden, wie dies im 12. Jahrhundert mit dem Versuch der Schaffung eines Reichsterritoriums im Gebiet der Wetterau der Fall gewesen war. Im Zeitalter der Gotik war das Gebiet Hessens keine politische Einheit, es zerfiel in eine Vielzahl kleinerer und mittlerer Territorien. So kam aus diesem Raum auch keine übergeordnete Dynastie. Die sechs Regierungsjahre des Königs Adolf von Nassau (1292–1298) zählen da kaum, denn sie brachten dem Geschlecht der Nassauer weder territorialen Gewinn noch anderen Machtzuwachs. Kein Herzog oder gar Kurfürst herrschte hier – die zunächst stärkste politische Kraft lag außerhalb des Gebietes bei den Erzbischöfen von Mainz, deren Diözese vom Mittelrhein, dem Unterlauf des Mains über ganz Hessen bis nach Thüringen reichte. Ein eigenes Bistum hatte Hessen im Mittelalter nur für wenige Jahre bis 777 in Büraberg bei Fritzlar, dann erst wieder 1752 in Fulda und 1827 in Limburg. Der Einfluß der Erzbischöfe von Mainz beruhte jedoch nicht allein auf ihrer Rolle als geistliche Oberhirten, sondern mehr noch als weltliche Territorialherren, deren Herrschaftsgebiet sich bis nach Nordhessen erstreckte, wo ihnen jedoch bald die Landgrafen von Thüringen und als deren Nachfolger die Landgrafen von Hessen entgegentraten.

Das Ringen dieser beiden dominierenden Kräfte um die Vorherrschaft bestimmt vor allem die Geschicke Hessens im Spätmittelalter. Es vollzog sich in den zwei nördlichen Dritteln des Landes, in dem schon damals wie auch heute andere politische Verhältnisse herrschten als im südlichen Drittel, wo das Königtum sehr viel stärker gegenwärtig und in den Reichsstädten Frankfurt, Gelnhausen, Friedberg und Wetzlar sichtbar vertreten war. In den Auseinandersetzungen um die königsfernen nordhessischen Gebiete waren die Kurfürsten von Mainz als eine bedeutende Kraft der Reichspolitik zunächst die stärkeren, sie besaßen sogar die Lehnshoheit über die Grafschaft Hessen. Doch auf die größte Machtentfaltung unter den Erzbischöfen aus dem Haus Eppstein im Zeitraum von 1200–1305 (mit Unterbrechungen 1249–1259 und 1284–1289) mit dem Erwerb von Lorsch, dem vorderen Odenwald und der Bergstraße folgte die Stagnation unter den Kirchenfürsten aus dem Hause Nassau zwischen 1346–1353 und 1474 (mit Unterbrechungen 1371–1373, 1390–1397 und 1419–1463). Die Ursachen dafür lagen einerseits in der Überbelastung des Erzbischofs, der in die Angelegenheiten des Königtums, des Reiches und Papsttums verstrickt war, woraus sich eine wachsende Zahl von Gegnern entwickelte, darunter so mächtige wie die Welfen, Wittelsbacher und Wettiner. Auch Parteienkämpfe innerhalb des Domkapitels unter den tragenden Adelsfamilien schwächten die Position der Erzbischöfe. Ihre Rolle für die zivilisatorische und kulturelle Erschließung Hessens im späten Mittelalter ist auch weniger bedeutend als die der zunächst schwächer erscheinenden Landgrafen, denn sie treten weniger als diese in der Rolle von Städtegründern und Stiftern von Kirchen und Klöstern auf.

Gleicht ihre Geschichte im Zeitalter der Gotik eher einer absteigenden Linie, so die der Landgrafen einer aufsteigenden, die jedoch von lebensbedrohenden Krisen unterbrochen war. Die erste entstand 1247 beim Aussterben der Ludowinger im Mannesstamm. Bis dahin hatten sie als Landgrafen von Thüringen auch die Grafschaft Hessen als Mainzer Lehen regiert. Als Landgraf Ludwig IV. 1227 im fernen Apulien starb, erhielt dessen einer Bruder, Heinrich Raspe IV., Thüringen, der andere, Konrad, Hessen, der es allerdings schon 1234 als Sühne für die Eroberung und Zerstörung von Fritzlar im Jahr 1232 abgeben mußte. Ihm folgte in Hessen sein Neffe Hermann, Sohn der hl. Elisabeth und Ludwigs IV., der das Schloß in Marburg zur Residenz wählte, sich »Jüngerer Landgraf von Thüringen, Graf von Hessen und Herr an der Leine« nannte und nach der Heiligsprechung seiner Mutter 1235 noch »Sohn der hl. Elisabeth« hinzufügte. Darin äußert sich das hohe Ansehen der Heiligen, das zur Rettung der Dynastie wurde, als Hermann schon 1241 starb und mit ihm und seinen beiden Onkeln Konrad (gest. 1240) und Heinrich Raspe IV. (gest. 1243) das Geschlecht der Ludowinger im Mannesstamm erlosch. Nun trennten sich Thüringen, das an die Markgrafen von Meißen fiel, und Hessen endgültig. Für Hessen trat Herzog Heinrich von Brabant als Gemahl von Sophie, Tochter der hl. Elisabeth, das Erbe an, das ihm jedoch sogleich die Markgrafen von Meißen und die Kurfürsten von Mainz streitig machten, letztere, indem sie sich bemühten, das Lehen über die Grafschaft Hessen einzuziehen. In dieser äußerst kritischen Situation starb 1248 Herzog Heinrich von Brabant und hinterließ das gefährdete Erbe seinem unmündigen Sohn Heinrich, dem »Kind von Hessen«. Ohne die Tatkraft, die politische Klugheit, den Wagemut und die Ausdauer seiner Witwe Sophie, jedoch auch ohne deren Nimbus als Tochter der hl. Elisabeth wäre dieses Erbe verloren gewesen. So aber konnte Sophie im hessisch-thüringischen Erbfolgekrieg bestehen und erhielt dem Sohn die Grafschaft Hessen, wenn auch unter Anerkennung der Lehnshoheit von Kurmainz. Dabei hatte sie die Unterstützung des hessischen Adels gefunden, der seine Rechte unter einer »schwachen« Regentin eher als unter einem mächtigen Kurfürsten von Mainz oder Markgrafen von Meißen gesichert sah.

Ihr Sohn Heinrich I. trat 1265 die Regierung an und konnte bis zu seinem Tod 1308 die Herrschaft des Hauses Hessen-Brabant festigen. In Marburg erbaute er anstelle der romanischen Burg das großartige Schloß, dessen Ka- Abb. 98
pelle und Rittersaal zu den bemerkenswertesten Raum- Abb. 99, 100
schöpfungen des gotischen Schloßbaus gehören. Der darin zum Ausdruck kommende Herrschaftsanspruch wurde 1292 durch König Adolf von Nassau mit der Erhebung Heinrichs in den Fürstenstand bestätigt. In seiner Regierungszeit wurde die unter seinem Onkel Hermann 1235 begonnene Elisabethkirche vollendet. Er gründete 1262 das Karmeliterkloster Kassel, dessen Kirche ab 1292 er- Abb. 69
richtet wurde. Darin folgte er der Tradition seiner Tante Gertrud, Tochter der hl. Elisabeth, die ihre Erbschaft dazu verwendete, als Meisterin des Prämonstratenserinnenklosters Altenberg den Bau der Kirche zu finanzieren, und seiner Mutter Sophie, die 1250 die Kapelle von Caldern zur Gründung eines Zisterzienserinnenklosters stiftete. Auch mit der planmäßigen Anlage von Burgen und Städten, wirksamstes Mittel der Territorialpolitik, folgte er dem Vorbild seiner thüringischen Ahnen, die außer Marburg Melsungen, Rotenburg, Alsfeld, Wolfhagen und Frankenberg gründeten, denen er Zierenberg und Grebenstein hinzufügte. Gießen hatte er 1265 dazuerwerben können.

Dem Auf und Ab hessischer Geschichte entsprechend folgte auf diese Blütezeit unter Heinrich I. nach dessen Tod 1308 der Bruderkampf unter seinen Erben und schließlich die Teilung des Landes. Kaum war diese Krise überwunden, folgte die größte in der Geschichte der Landgrafschaft Hessen unter Hermann II. (1367–1413), als sich der Adel mit Unterstützung feindlicher Fürsten im sogenannten Sternerbund gegen den Landgrafen erhob. An diesen inneren Krieg 1372–1375 schloß sich 1376 die Erhebung der niederhessischen Städte an, ausgelöst durch die übermäßige Belastung mit Abgaben infolge der Kriegführung. Höhepunkte dieser Krise waren die Erstürmung der Burg Kassel 1378 durch die Bürger und die militärischen Siege der Erzbischöfe von Mainz 1385–1387, die damals die Gelegenheit verpaßten, den mächtigsten Rivalen auszulöschen. Diese politische Krise war deshalb so gefährlich, weil sie mit einer wirtschaftlichen verbunden war, beide sich wohl auch gegenseitig beeinflußten. Nachdem vom Hochmittelalter bis in das frühe 14. Jahrhundert ein ständiger Ausbau der Landwirtschaft mit Rodungen und der Anlage von Dörfern erfolgt war, kam es um die Mitte des 14. Jahrhunderts zu Hungersnöten und Seuchen mit dem Höhepunkt ab 1370. Damals bestand in Nordhessen nur noch die Hälfte der Siedlungen, die es bereits um 1250 gegeben hatte.

Daß die Dynastie Hessen-Brabant dennoch überlebte, erscheint heute wie ein Wunder. Es gelang Landgraf Hermann noch zu seiner Regierungszeit, die Lage im Frieden von Mainz 1405 zu festigen. Sein Nachfolger Ludwig I. (1413–1458) hatte die größten Erfolge in der mittelalterlichen Geschichte der Landgrafschaft Hessen. Nach den Siegen über Kurmainz bei Fulda und Fritzlar 1427 rückte Hessen in alle Positionen ein, die die Erzbischöfe von Mainz aufgeben mußten. Nachdem 1431–1438 die Grafschaft Waldeck in das Lehnsverhältnis zu Hessen eingetreten war, vollzog 1437 auch die Grafschaft Ziegenhain diesen Schritt und fiel 1450 testamentarisch endgültig an Hessen. Mit ihr hatten die Landgrafen eine Reihe von Lehen des Stifts Hersfeld geerbt, das auch aus diesem Grund immer stärker in die Landgrafschaft eingebunden wurde. Das nach langen, wechselvollen Kämpfen gefestigte Land näherte sich in bezug auf seine territoriale Ausdehnung und seine Macht den Kurfürstentümern und entwickelte erste Ansätze zu einem Landesbewußtsein, wie sie sich in dem um 1450 im Prämonstratenserstift Spieskappel entstandenen »Hessenlied«, allerdings noch in lateinischer Sprache, äußern. Die Landgrafschaft umfaßte 1466 insgesamt 44 Städte und 35 landesherrliche Burgen, vergrößerte sich jedoch 1479 erneut und beträchtlich, als durch Heirat die im Mannesstamm erloschene Grafschaft Katzenelnbogen dazukam. Durch den Rheinzoll bei St. Goar und den Mainzoll bei Rüsselsheim war sie die steuerkräftigste Grafschaft des Reiches.

Mit dieser territorialen Ausdehnung nach Süden orientierte sich auch die Politik der Landgrafen in den südlichen königsnahen Raum, so daß Hessen von nun an stärker an der Reichspolitik teilnahm. So wurde mit Hermann von 1473–1508 zum erstenmal ein Landgrafensohn Erzbischof und Kurfürst von Köln. Von der Mitte des 15. Jahrhunderts an ist auch in der Wirtschaftskraft ein Aufstieg zu verzeichnen, vor allem im ländlichen Raum Nordhessens, wo es zu neuen Rodungen und Dorfgründungen kam. Die Landgrafschaft war jetzt so gestärkt, daß sie auch eine erneute Teilung und den Erbfolgekrieg 1498–1500 überstand. Unter Landgraf Wilhelm II. wurden die Landesteile im Jahre 1500 wieder vereinigt. Während so die Landgrafschaft am Ende des Mittelalters ihre stärkste Ausdehnung und Machtposition erreichte, verlor Kurmainz nach der schweren inneren Krise in der Stiftsfehde von 1461–1463 bis auf kleine Reste alle Positionen in Hessen.

Ganz anders als im königsfernen Nordhessen mit seiner ständig fortschreitenden Territorialbildung verlief die Entwicklung im königsnahen Gebiet um Mittelrhein und Untermain. Die Versuche der Landgrafen und der Mainzer Kurfürsten, hier Fuß zu fassen, scheiterten ebenso wie die Territorialbildung durch eines der ansässigen Grafengeschlechter. Die Stellung des Königs wandelte sich zwar, er konnte sich immer weniger auf Güter und Einzelrechte stützen, wirkte aber durch das Reichsrecht und die Reichsidee, die vom Spätmittelalter an immer mehr an die Stelle jener für die Untertanen auch körperlich gegenwärtigen Macht des Reiches trat, wie sie besonders unter den Stauferkaisern für jedermann sichtbar gewesen war.

Neben Nürnberg wurde im Spätmittelalter Frankfurt zum Zentrum der Reichspolitik mit dem Sitz des kaiserlichen Kammergerichts und der Reichsschatzmeister. Schon 1147 war es zur Stätte für die Wahl der Könige bestimmt worden, in der Goldenen Bulle wurde dies 1356 bestätigt. Ab 1562 fanden auch die Krönungen in Frankfurt statt. Nur Frankfurt konnte seinen Status als Reichsstadt ganz uneingeschränkt behaupten, Wetzlar mußte sich schon stärker mit seinem Schirmvogt, den Grafen von Nassau-Weilburg, arrangieren, blieb aber selbständig. Dagegen wurde Gelnhausen von 1349 an wechselnden Gläubigern des Reiches verpfändet und sank schließlich zur hanauischen Landstadt ab. Das Schicksal der Verpfändung teilte mit ihm im selben Jahr Friedberg, das dadurch seine Wirtschafskraft einbüßte und schließlich 1455 in die Gewalt der Burgmannen der Reichsburg geriet.

Im Raum um Wetterau, Untermain, Odenwald, Mittelrhein und Unterlahn gab es deshalb außer dem Königtum und der Reichsstadt Frankfurt keine überregional bedeutende politische Kraft, vielmehr eine ganze Anzahl kleinerer Dynastien, die durch Heirat miteinander verflochten waren, beim Aussterben andere unerwartet stärkten, bis auch diese durch Teilung oder Erlöschen wieder an Bedeutung verloren. Am ehesten hatten noch die Grafen von

Nassau die Chance, zu einer größeren Territorialmacht aufzusteigen, verbauten sich diese jedoch selbst durch ihren überstark ausgeprägten Familiensinn mit dem Hang zur angemessenen Versorgung aller Söhne, der ständige Landesteilungen zur Folge hatte. Sie errichteten oder erneuerten vom 12. Jahrhundert an die Burgen von Dillenburg, Herborn, Weilburg, Hadamar und Idstein, die dann jeweils Residenz einer Seitenlinie wurden und in deren Schutz sie Siedlungen gründeten. Sie erhielten im 13. und 14. Jahrhundert Stadtrechte, ohne allerdings eine Bedeutung zu erlangen, wie sie die von den hessischen Landgrafen planmäßig angelegten Städte gewannen und wie sie sich in der Größe der dortigen Stadtkirchen spiegelt. Aufgrund dieser systematischen Gründung von Burgen und Städten waren die Grafen von Nassau trotz der ständigen Gebietsteilungen die wichtigste politische Kraft im westlichen Hessen, die dem Vordringen der Landgrafen nach Süden und der Trierer Kurfürsten nach Osten einen Riegel vorschoben. Allerdings konnten sie nicht verhindern, daß Limburg 1322–1332 unter die Lehnshoheit von Trier geriet, 1344 zur Hälfte durch Kauf und 1407 nach dem Aussterben der Herren von Limburg ganz an das Kurfürstentum fiel. Erst nach der Säkularisierung der geistlichen Fürstentümer ab 1802 kam es an Nassau. Im Gebiet der unteren Lahn hatten die Herren von Solms mit dem Stammsitz in Burgsolms und der Seitenlinie in Braunfels eine gewisse Bedeutung und konnten sich bis in die Wetterau ausdehnen, aber erst am Ende des Mittelalters und später ihre Residenzen in Lich, Laubach, Assenheim und Rödelheim schaffen.

Das beherrschende Geschlecht in der Wetterau waren zunächst die Herren von Münzenberg, die Reichsministeriale, also kaiserliche Beamte, waren. Nach ihrem Aussterben 1255 wurden sie hauptsächlich von den Herren von Falkenstein und denen von Hanau beerbt, die beide dadurch zu plötzlicher Bedeutung aufstiegen. Für die Geschichte des südlichen Hessen im Mittelalter charakteristisch ist das Schicksal von Burg und Herrschaft Münzenberg nach dem Erlöschen des Ministerialengeschlechts, das zeitlich ungefähr mit dem Ende des Stauferreiches zusammenfiel. Die Burg Münzenberg erbten fünf Familien: die Falkensteiner, Weinsberger, Schönberger, Pappenheimer und Hanauer, ein anschauliches Beispiel für die von nun an immer häufiger vorkommende Ganerbenschaft einer Burg. Den Falkensteinern gelang es, zwischen 1270 und 1286 die Anteile der Weinsberger, Schönberger und der Pappenheimer zu erwerben, so daß sie sich Burg und Herrschaft nur noch mit den Herren von Hanau teilten. Zu letzterer gehörten insgesamt etwa 100 Orte. Einige von diesen wie auch solche aus dem Alleinbesitz der Falkensteiner erhielten im 13. und 14. Jahrhundert Stadtrechte, so Butzbach, Lich, Assenheim und Münzenberg, ohne daß die beiden zuletzt genannten je über die Bedeutung eines ländlichen Marktfleckens hinaus gelangten. Als die Herren von Falkenstein ihrerseits 1418 im Mannesstamm ausstarben, wurden sie von den Herren von Eppstein und den Grafen von Solms beerbt, die damit sehr an Bedeutung gewannen, ohne das kleinteilige Geflecht an dynastischen Beziehungen grundlegend verändern zu können. Der Vollständigkeit halber zu erwähnen sind noch die Herren von Ysenburg, die 1258 als Haupterben der Herren von Büdingen auftraten, und im Odenwald die Herren von Erbach mit ihren Burgen in Erbach und Michelstadt, neben denen sich im 13. und 14. Jahrhundert die gleichnamigen, aber wenig bedeutenden Städte entwickelten.

Im Gebiet rings um Frankfurt und der Wetterau sind außer den erwähnten Grafen- und Herrengeschlechtern noch herrschaftsähnliche Kleingebilde zu nennen, die meist aus einem Verband von Ritterfamilien bestanden und den ökonomischen Abstieg im Sog der wirtschaftlich mächtigen Messestadt Frankfurt nicht kampflos vollziehen wollten. So gab es in Lindheim in der Wetterau eine Stadtburg, zu der 17 Ritterfamilien im Jahre 1391 und im 15. Jahrhundert sogar 56 Parteien gehörten. Diese organisierte Ganerbenschaft störte durch seine ständigen Fehden mit Frankfurt den Frieden ebenso wie Kronberg oder Hattstein im Taunus, so daß der Kaiser mehrfach eingreifen mußte. Hattstein wurde 1379 und 1432 durch ein Landfriedensaufgebot erobert und zerstört. Die Familie erholte sich jedoch aufgrund ihrer verwandtschaftlichen Beziehungen und der Verflechtungen des Lehnswesens stets wieder, so daß die Wirkung der Reichsgewalt nicht von Dauer war. Das kommt auch darin zum Ausdruck, daß das Amt des königlichen Landvogts, zu dem Rudolf von Habsburg 1273 die Herren von Hanau bestellt hatte, ab 1419 nicht mehr besetzt wurde, da es bedeutungslos geworden war.

Nachdem von den geistlichen Landesherren bereits das Kurfürstentum Mainz als der bedeutendste und das Stift Hersfeld als der schwächste behandelt worden sind, muß noch das Stift Fulda erwähnt werden, das ab 1220 die Landeshoheit über ein eigenes Territorium erlangte und sich trotz innerer Zwistigkeiten und äußerer Fehden bis zur Säkularisierung ab 1802 behaupten konnte.

Burgen

Die vielgestaltige, wechselvolle Territorialgeschichte Hessens spiegelt sich am stärksten im Burgenbau, der zugleich häufig auch der Anlaß zur Anlage von Städten war. Immer weniger dagegen treten die mittleren und kleineren Territorialherren wie auch die abhängigen Adelsfamilien als Stifter von Kirchen und Klöstern auf. Die Burg erlebt im Zeitalter der Gotik ihre größte Blüte und Verbreitung. Entstanden im hohen Mittelalter hauptsächlich zum Schutz des Reiches, wie die romanischen Reichsburgen von Gelnhausen und Münzenberg eindrucksvoll demonstrieren, erhält sie im Interregnum und damit für das ganze Spätmittelalter die gegenteilige Funktion als Bollwerk der Partikulargewalten, ja sogar als Raubritternest der Friedensstörer.
Die Anfänge des Burgenbaus reichen weit zurück bis zu den germanischen Bergfestungen Glauburg, Amöneburg, Kesterburg, Büraberg, Milseburg und anderen, die als Volks- oder Fliehburgen durch weit angelegte Ringwälle, Mauern oder Palisaden bei einer kriegerischen Bedrohung größeren Volksmengen mit Vieh und Vorräten Schutz boten. Die Römer brachten mit dem Bau des Limes, seinen »specula« genannten Warttürmen, Kastellen und dem »burgus« genannten Typ einer kleinen Turmburg neue Elemente des Wehrbaus in unser Gebiet, von denen insbesondere die Turmburg für das Mittelalter zum Vorbild wurde. Als die Franken vom 6. Jahrhundert an das Gebiet Hessens systematisch erschlossen und besiedelten, behielten sie die germanischen Bergfestungen bei und legten vereinzelt auch neue an, vor allem aber kleinere befestigte Plätze an wichtigen Straßen, die nach wie vor die lateinische Bezeichnung »castrum« oder »castellum« trugen und heute in Ortsbezeichnungen wie Kassenberg, Kesterburg, Kassel a. d. Fulda, Kassel bei Gelnhausen und Kesselstadt fortleben.

Die karolingischen Könige und Kaiser schufen sich ein Netz von Pfalzen, befestigten Königs- und Gutshöfen (»curtis« genannt), um das Land durch ständiges Umherreisen regieren zu können. Dabei waren für den mittelalterlichen Burgenbau vor allem die Pfalzen von Bedeutung, die mehr spätrömischer als germanischer Tradition folgten, indem sie vor allem auf repräsentatives Wohnen und sehr viel weniger auf Verteidigung angelegt waren. Da die Kaiser von Karl dem Großen an die Macht fest in den Händen hatten, war die Verteidigung nicht so lebenswichtig wie im Spätmittelalter, dagegen schufen sie mit dem Palas den von nun an unentbehrlichen Wohn- und Repräsentationsbau. Palas, Palast, Pfalz und Palatium leiten sich alle vom Palatinischen Hügel in Rom ab, auf dem ursprünglich die prachtvollen Häuser der römischen Patrizier lagen, bis dann von Augustus an hier die römischen Kaiser ihr Palatium erbauten.
Aus der Vereinigung der Ringmauer der germanischen Volksburg mit dem römischen Burgus als Bergfried und dem karolingischen Palas als Wohnbau entwickelte sich im 12. Jahrhundert die mittelalterliche Burg, in Hessen durch die schon genannten Beispiele Gelnhausen und Münzenberg in besonders eindrucksvoller Weise belegt. Vom Ende des 12. Jahrhunderts an, vor allem aber im 13. und 14. Jahrhundert entstanden die meisten Burgen, begünstigt durch das Lehnswesen und die territoriale Zersplitterung. In den deutschsprachigen Ländern gab es im Zeitalter der Gotik mehr als 10000 Burgen, die meisten davon waren Privatbesitz.
Im Unterschied zu Italien, Frankreich und Spanien, wo die Burgen meist in Verbindung mit einer bestehenden Stadt erbaut wurden, lag die Mehrzahl der deutschen Burgen inmitten der Landschaft, einige davon wurden später zur Keimzelle einer Stadt. Da mit der Anlage einer Burg häufig

ein Flußübergang gesichert, der Zoll an einem Paß oder einer Flußverengung erhoben, die Grenze eines Territoriums gesichert oder ein Gebiet verwaltet werden sollte, konnte man sich gerade in Hessen mit seiner territorialen Zersplitterung in viele kleine und mittlere Gebilde das Gelände nicht aussuchen. Von drei Faktoren ist deshalb die deutsche Burg abhängig: erstens von ihrer Lage im Gelände, zweitens von der Zweckbestimmung und drittens von den Verteidigungsmitteln.

Bezüglich der Lage der Burg unterscheidet man zwischen den beiden großen Gruppen der Nieder- und der Höhenburgen. Bei den Niederburgen gibt es die selten vorkommenden Inselburgen inmitten eines natürlichen Gewässers, wie z. B. die Pfalz bei Kaub, die auf künstlich aufgeschüttetem Hügel errichtete sogenannte Motte und die am häufigsten verbreitete Wasserburg. Sie wurde von der staufischen Burgenpolitik besonders bevorzugt und z. B. in Dreieichenhain, Gelnhausen, Büdingen, Wächtersbach und Burgjoss ausgeführt. Ihr wichtigstes Verteidigungsmittel waren außer Mauern und Türmen die künstlich ringsum angelegten Wassergräben. Nachdem jedoch aufgrund der Erfahrungen in den Kreuzzügen zunehmend immer wirkungsvollere Belagerungsmaschinen eingesetzt wurden, war die Wasserburg mit ihrer Lage in einer Ebene – Voraussetzung für die Schaffung künstlicher Wasserflächen – stärker gefährdet als die Höhenburg und wurde deshalb im Zeitalter der Gotik in Hessen relativ selten gebaut. Eines dieser seltenen Beispiele ist die Wasserburg
S. 188 von Bad Vilbel, deren späte Entstehung sich daraus erklärt, daß es sich um den Wiederaufbau einer Burg handelt, die 1399 in der Fehde zwischen dem Ritter Bechtram von Vilbel und der Reichsstadt Frankfurt mit den ihr verbündeten Herren von Hanau und von Falkenstein zerstört wurde. Da man den für Wegegeld und Zoll günstigen Platz, um den es auch in jener Fehde gegangen war, nicht aufgeben wollte, wurde die Burg 1414 wahrscheinlich auf alten Grundmauern neu errichtet. Hier sind auch noch die Wassergräben erhalten, die in den meisten anderen Fällen jedoch in späteren Zeiten zugeschüttet wurden, so daß nicht alle Anlagen gleich als Wasserburgen zu erkennen sind. Ihr Vorteil ist, daß sie in den Tälern und damit in der Nähe von Straßen und Städten liegen können und deshalb für die Bewohner, allerdings auch für die Feinde, leicht zu erreichen sind.

Anders verhält es sich mit den Höhenburgen, dem in Hessen zur Zeit der Gotik am meisten verbreiteten Typ, bei dem man je nach der Lage im Gelände zwischen Gipfel-, Hang-, Sporn- oder auch Bergzungenburgen unterscheidet. Wie schon der Name aussagt, liegt die Gipfelburg auf der Spitze eines nach allen Seiten gleichermaßen steil abfallenden Bergkegels und ist damit für den Gegner nur unter sehr großen Anstrengungen und kaum mit schwerem Belagerungsgerät zu erreichen. Allerdings bereitet auch den Bewohnern der Aufstieg mit dem Transport von Baumaterial, Waffen und Versorgungsgütern große Mühe. Eine der ersten Gipfelburgen Hessens wurde im letzten
Drittel des 12. Jahrhunderts auf dem Münzenberg in der S. 242
Wetterau errichtet, von den vielen gotischen Beispielen
seien Spangenberg und Greifenstein genannt. Abb. 115, 47 Die Anlage einer Burg an einem steilen Berghang bot den Vorteil, daß man sie dichter an einer zu beherrschenden Straße oder einem Fluß errichten und auf einem parallel zum abfallenden Gelände angelegten, allmählich ansteigenden Weg relativ leicht erreichen konnte. Allerdings zeigt die Hangburg Ehrenfels über dem Rhein bei Rüdesheim, Abb. 108 wie stark man den Zugang von der Bergseite gegen die Belagerer sichern mußte. Der dritte in Hessen weitverbreitete Typ der Höhenburg ist die Sporn- oder Bergzungenburg. Sie wurde immer dort angelegt, wo ein Höhenrücken in einem Bergsporn mit steilen Hängen endet. Wie die Beispiele Hohenstein und Trendelburg zeigen, Abb. 66, S. 249 ist die Burg hier noch besser als die Hangburg zu erreichen, muß aber auch stärker als diese gegen den Angreifer geschützt werden. Das erfolgte in der Regel durch den sogenannten Halsgraben, den man zwischen Burg und Bergrücken in den Felsen brach, wobei man zugleich Baumaterial gewann. Ein solcher tiefer Halsgraben mit steilen Böschungen war für den Angreifer ein ernstes Hindernis, für die Bewohner mit Hilfe einer Zugbrücke aber leicht zu überqueren.

Mit der topographischen Lage ist nur einer der drei wichtigen Aspekte der gotischen Burg behandelt. Der zweite betrifft die Zweckbestimmung der Burg und ist damit vor allem von der Machtposition des Bauherrn abhängig. An erster Stelle ist hier die Reichsburg zu nennen, eine vor allem zur Sicherung des Reichsterritoriums rund um Frankfurt zur Stauferzeit verbreitete Burgengattung. Ihren imperialen Anspruch drückt heute noch die Ruine des Münzenbergs aus, S. 242 die vom hohen Basaltkegel die gesamte Wetterau weithin beherrscht. Ihre Erbauer und Bewohner waren kaiserliche Beamte des niederen Adels, sogenannte Ministeriale, die jedoch durch einflußreiche Hofämter bald an Macht gewannen. In der Rangfolge an nächster Stelle steht die Dynastenburg, Residenz eines mächtigen Herrschergeschlechts. Das eindrucksvollste Beispiel dafür

Abb. 98 in Hessen ist das Landgrafenschloß in Marburg, auch hier an der Lage über der Stadt und dem Lahntal, vor allem jedoch an der ungewöhnlich prachtvollen architektonischen Ausgestaltung in ihrem Herrschaftsanspruch zu erkennen.

Zur Sicherung, aber auch Beherrschung einer bereits bestehenden, wirtschaftlich wichtigen Stadt wurden Stadtburgen angelegt, die meist, wie beispielsweise in Friedberg, ein größeres Areal umfaßten, um zahlreichen adligen Burgmannen eine standesgemäße Unterkunft bieten zu können. Zwingburgen oder Fronfesten wurden zur Unterdrückung der aufsässigen Bevölkerung eines neu eroberten Gebietes angelegt. In Hessen kommt dieser Typ nicht vor, dagegen gehören zu ihm die Stauferkastelle in Italien, die englischen Burgen in Wales und, als eine besondere Gattung, die Ordensburgen in Ostdeutschland wie auch die Kreuzfahrerburgen im Mittelmeerraum. S. 204

Der Burgenbau wurde im Spätmittelalter von den Landesherren als wichtigstes Mittel der Territorialpolitik eingesetzt. Errichtete der eine am äußersten Rand seines Herrschaftsbereichs zu dessen Schutz eine Burg, folgte der feindliche Nachbar oft umgehend mit der Anlage einer gegenüberliegenden sogenannten Trutzburg, um den Expansionsbestrebungen des Gegners Einhalt zu gebieten.

S. 244 f. An der unteren Lahn ist dieses Verhältnis von Schutz- zu Trutzburg anschaulich zwischen Runkel und Schadeck zu betrachten. Die erstere wurde von den edelfreien Herren von Runkel zum Schutz des Lahnübergangs erbaut, die Trutzburg Schadeck gegen sie durch die Herren von Westerburg. An der Werra findet sich diese Situation im Verhältnis der thüringischen Burg Hanstein zur hessischen Trutzburg Ludwigstein wieder, in unserer Zeit leider durch die Grenze zur DDR in ihrer Funktion allzusehr verdeutlicht.

Reichs-, Dynasten-, Stadt- und Trutzburgen wurden von den Territorialherren angelegt. Der größere Teil der rund 250 heute noch in Hessen in Bauresten nachweisbaren Burgen war jedoch im Besitz des niederen, unfreien Adels, der ein bestimmtes, relativ eng begrenztes Gebiet zum Lehen aus der Hand eines Landesherrn erhalten hatte und diesem zu Kriegsdiensten und Abgaben verpflichtet war.

Abb. 104 Die Burg Tannenberg bei Nentershausen besaßen die heute hier noch ansässigen Herren von Baumbach als Lehen der Abtei Hersfeld. 1340 ging die Lehnshoheit mit der sicher nicht ganz freiwilligen Zustimmung der Abtei an die Landgrafen von Hessen über. Die stattliche Größe dieser Burg, vor allem ihres Wohnbaus mit dem Kapellenerker, erklärt sich aus der günstigen Lage an der bedeutenden alten Handelsstraße der »kurzen Hessen« durch den Seulingswald nach Erfurt. Die an solchen Handelsstraßen fälligen Wegegelder brachten einem Lehen natürlich sehr viel bessere Einkünfte als ein rein landwirtschaftlich genutztes Gebiet. Durch die Ausdehnung des Handels infolge der Kreuzzüge und die Gründung vieler Städte stellte sich die Wirtschaft im späten Mittelalter mehr und mehr von der Natural- auf die Geldwirtschaft um. Am schwersten fiel diese Umstellung dem mittleren und niederen Adel, soweit er nur auf den Zehnten in Naturalien aus seinen Bauerndörfern angewiesen war. Viele verarmten so, daß sie sich nur kleine Burgen und diese ohne jeglichen Wohnkomfort leisten konnten. So gibt es Lehensburgen von der stattlichen Größe wie in Nentershausen-Tannenberg bis zu Kleinstanlagen wie der Turmburg in Holzheim, Gemeinde Haunetal.

Auch die Landesherren mußten danach trachten, zu Geldeinkünften zu gelangen. Ein beliebtes und weitverbreitetes Mittel war die Anlage von Zollburgen an wichtigen Handelswegen. Da die Straßen im Mittelalter sehr unwegsam und gefährlich waren, hatten die großen schiffbaren Flüsse wie der Rhein eine besondere Bedeutung. Alle angrenzenden Territorien versuchten deshalb, mit der Anlage von Zollburgen ihren Anteil zu ergattern. Ein Kaufmann, der den Rhein von Basel bis Köln befuhr, büßte einen wesentlichen Teil seines Warenwerts durch die Zahlung der verschiedenen Rheinzölle ein. Sie waren in Geld, aber auch in hochwertigen Waren wie Pfeffer zu zahlen. Dennoch war dieser Wasserweg ungleich bequemer, schneller und sicherer als der Landweg und wurde deshalb sehr intensiv genutzt. Man erkennt dies an der großen Zahl der unmittelbar am Strom gelegenen Burgen, die zwischen dem Binger Loch und dem Siebengebirge in einer Weise konzentriert sind wie in keinem anderen Gebiet Europas. Das Kassieren des Rheinzolls war da am leichtesten, wo natürliche Hindernisse die Schiffe zu langsamer Fahrt zwangen. Am Binger Loch verengt sich das Rheintal plötzlich sehr stark, zugleich bildeten die Felsbarrieren ein gefährliches Hindernis. Mit der Anlage der Burg Ehrenfels auf halber Höhe Abb. 108
am Hang, einem nicht mehr erhaltenen Zollhaus unmittelbar am Ufer und dem berühmten Mäuseturm inmitten des Stromes wurde ein unüberwindbares Hindernis aufgebaut, ergänzt noch durch eine Kette, die vom Mäuseturm zum Zollhaus am Ufer gespannt war. Der Name Mäuseturm hat natürlich nichts mit den Nagetieren zu tun, sondern leitet sich vom Wort Maute für Zoll ab.

Im Spätmittelalter kommt es häufiger zur Ausbildung sogenannter Ganerbenburgen. Sie wurden von mehreren Ritterfamilien zum Wohnen und zur Verteidigung genutzt und konnten durch Verwandtschaft, gemeinsame Erbschaft oder auch durch freiwilligen Zusammenschluß entstanden sein. Für den zuletzt genannten Fall wurde im Eingangskapitel bereits das Beispiel Lindheim genannt, von dem jedoch baulich kaum etwas sichtbar geblieben ist. S. 242 Dagegen verdankt die Burg Münzenberg ihre charakteristische Silhouette mit den zwei Türmen, die ihr die volkstümliche Bezeichnung »Tintenfaß der Wetterau« eingetragen hat, dem Umstand, daß sie nach dem Aussterben der Herren von Münzenberg 1255 an fünf Eigentümer kam und damit durch Erbgang zur Ganerbenburg wurde. Von den fünf Erben blieben schließlich nur noch die Herren von Falkenstein und die von Hanau übrig. Um jede Adelsfamilie standesgemäß unterzubringen, errichtete man einen weiteren Palas und einen zweiten Bergfried.

Als letzter Nutzungstyp soll die Volks- oder Fliehburg erwähnt werden, die es nicht nur in vorgeschichtlicher Zeit, sondern auch noch im Spätmittelalter gab. Vielfach befestigte man zu diesem Zweck die Kirchen als sogenannte Wehrkirchen, bei denen insbesondere die Kirchtürme fortifikatorische Bedeutung hatten. Konnte hier allerdings nur eine relativ kleine Zahl von Schutzsuchenden Platz finden, für deren Verteidigung allerdings auch nur eine bescheidene Zahl Wehrhafter erforderlich war, so boten die Wehrfriedhöfe Raum für viele Menschen, auch für Vieh, Hausrat und Vorräte. Am häufigsten stößt man in Grenzgebieten auf Wehrfriedhöfe – in Hessen in der Gegend von Hünfeld und Fulda an der historischen Grenze nach Thüringen. Die stattlichste Anlage einer derartigen Volksburg S. 243 ist der Wehrfriedhof von Rasdorf. Das weiträumige Rechteck ist von hohen Mauern umgeben, an den Ecken befinden sich als Flankenschutz vorragende Rundtürme. Die einst in der Mitte stehende Kirche war vermutlich ebenfalls wehrhaft ausgestaltet.

Wir haben erläutert, welch unterschiedliche Ausprägung die gotische Burg aufgrund der Lage im Gelände und der Nutzung erfahren konnte. Schließlich sind dafür aber auch die Verteidigungsmittel von Bedeutung. Die einfachste und wohl älteste Form ist die Turmburg. Sie darf nicht mit dem Bergfried verwechselt werden, auch wenn sich beide Abb. 66 gelegentlich ähneln. Der Bergfried (z. B. Burg Hohenstein) diente nicht zum ständigen Wohnen, sondern nur als letzte Zuflucht, wenn bereits alle anderen Teile der Burg vom Gegner erobert wurden. Die Turmburg dagegen verbindet die Funktion des Palas mit der des Bergfrieds, wird also auch in Friedenszeiten vom Burgherrn bewohnt, kann aber bei der Belagerung wirkungsvoll verteidigt werden. Dieser Typ kommt in Frankreich häufig vor und wird »Donjon« genannt, noch häufiger findet man ihn in England unter der Bezeichnung »Keep«. Derartige Turmburgen standen zunächst allein, höchstens umgeben von Wall und Graben. So waren die ersten frühmittelalterlichen Wehrbauten in Südhessen beschaffen, wie wir sie durch Ausgrabungen in Wiesbaden am Schloßplatz und in Niederwalluf mit sichtbaren Fundamenten kennen. Ihr Vorbild waren wohl die »burgus« genannten römischen Warttürme, die ständig von einer kleinen Truppe besetzt waren und von denen im frühen und hohen Mittelalter noch einige gestanden haben mögen.

Die gotischen Turmburgen sind sehr viel aufwendiger und leiten sich wohl eher von den französischen Donjons ab. Ein schönes Beispiel ist die Kurfürstliche Burg in Eltville, S. 196 um 1330 durch die Mainzer Erzbischöfe begonnen und um 1345 vollendet. Der mächtig aufragende quadratische Turm mit seinen vier polygonalen Ecktürmchen hatte ursprünglich ein abwerfbares Dach, so daß die Wehrplattform mit ihren heute noch erkennbaren Zinnen für die Verteidigung mit allerlei Kriegsgerät frei war. Im Inneren liegen in vier Geschossen übereinander die Wohnräume, alle mit offenen Kaminen ausgestattet. Das gewölbte Kellergeschoß wurde häufig als Kerker für Gefangene benutzt. Noch wohnlicher, da über größerer Grundfläche errichtet, ist die Turmburg in Wetzlar-Hermannstein. Abb. 123 Landgraf Hermann I. von Hessen ließ sie 1373–1379 vielleicht von dem Baumeister Tyle von Frankenberg erbauen, der durch seine Kirchenbauten in Frankenberg und Wetzlar bekannt ist. Die Angriffsseite des schiefwinklig-trapezförmigen Donjons wurde durch einen vollgemauerten halbrunden Eckturm verstärkt. Das Innere enthält zwei ungewöhnlich repräsentative Wohngemächer übereinander, überdeckt mit je vier Kreuzrippengewölben auf einem Mittelpfeiler.

In enger Verwandtschaft zur Turmburg steht die Palasburg, wie sie in Beilstein als Ruine erhalten geblieben ist. Abb. 48 Sie besteht aus einem großen rechteckigen Baukörper, der anders als in Hermannstein an allen vier Ecken durch schlanke, vollgemauerte Ecktürmchen gesichert ist. Man nennt dieses Element des Burgenbaues Ecktourellen und leitet es von den französischen Donjons ab. Der weiträumige Baukörper erlaubte ein repräsentatives Wohnen, ersparte zugleich durch seine dicken Mauern, die Ecktourellen und die einst über dem abschließenden Bogenfries liegende Wehrplatte den Bau eines Bergfrieds. Die Grafen von Nassau ließen diese Palasburg in der ersten Hälfte des 14. Jahrhunderts errichten.

Von einer Randhausburg spricht man, wenn die Wohn- und Wirtschaftsbauten einer Burg so um einen meist sehr engen Hof angeordnet werden, daß ihre im Untergeschoß fensterlosen Außenmauern gleichzeitig den inneren Mau-
Abb. 115 erring der Verteidigung bilden. In Spangenberg errichteten die gleichnamigen Herren, eine Seitenlinie der Grafen von Treffurt, eine derartige Randhausburg im 13. Jahrhundert. Mehrfach zerstört, wurde sie immer wieder im selben Typus erneuert. Die Mantelburg ist ähnlich, nur ist bei ihr die äußere »Mantelmauer« von den Gebäuden unabhängig, die sich unregelmäßig und nicht an allen Stellen an sie anlehnen. Schloß Romrod war im Mittelalter eine Mantelburg, ihre mächtige gotische Mantelmauer ist noch erhalten. Bei einer Frontturmburg steht der Bergfried an der besonders gefährdeten Zugangsseite, vereinigt also die Funktionen des Torturms mit der der letzten Zuflucht. Diesen Typ vertritt sowohl die eben genannte Burg Span-
S. 249 genberg als auch die Trendelburg, von den Herren von Schöneberg im 13. Jahrhundert erbaut. Sie ist eine Spornburg, die besonders gefährdete Zufahrt vom Ort aus schützt außer dem Halsgraben der Bergfried als Frontturm. Bei Spornburgen, aber auch Hangburgen wurde zur Sicherung der leicht zugänglichen Bergseite häufig die Schildmauer angewandt, dieser Burgentyp danach dann Schildmauerburg genannt. Ihre Beschaffenheit demonstriert auch heute noch besonders eindrucksvoll die Ruine
Abb. 66 der Burg Hohenstein im Taunus. In beträchtlichem Abstand zur Kernburg, die wegen der Anordnung des Bergfrieds als Frontturmburg zu bezeichnen ist, erhebt sich die mächtige, freistehende Schildmauer, die den gesamten Bergsporn jenseits des Halsgrabens in ganzer Breite abriegelt und die Vorburg schützte. Wegen der hintereinander liegenden Vor- und Kernburg, die jede für sich einen unabhängigen Verteidigungsabschnitt bilden, kann man Hohenstein auch als Abschnittsburg bezeichnen. Noch deut-
S. 244 f. licher ist dieser Typ allerdings bei der Burg in Runkel aus-
Abb. 108 geprägt. Zu den Schildmauerburgen gehören auch Ehren-
Abb. 47 fels und Greifenstein.

Die Mittel zur Verteidigung änderten sich im Verlauf des späten Mittelalters mit der Entwicklung neuer Angriffswaffen und Belagerungsmethoden. Hier wirkten sich besonders die Erfahrungen der Kreuzzüge aus, bei denen im erbitterten Ringen um Kreuzfahrerburgen oder arabisch-maurische Festungen eine neue Taktik zur Zerstörung oder Überwindung noch so hoher Mauern entfaltet wurde. Dazu gehörten Belagerungsmaschinen wie gewaltige Steinschleudern, Blyden genannt, Belagerungstürme zum Überklettern der Mauern wie auch die Technik des Unterminierens, mit der man unterirdische Stollen bis an den Fuß der Burgmauer herantrieb und dann einen Mauerabschnitt zum Einsturz brachte. Einfacher, aber auch gefährlicher war es, oberirdisch am Mauerfuß ein großes Feuer zu entzünden und damit das Bindemittel des Mauerwerks durch die Hitze zu zerstören, eventuell noch durch Unterhöhlen den Einsturz der Mauer zu beschleunigen. War es dem Belagerer erst einmal gelungen, an den Fuß der Mauer zu gelangen, konnte er auch versuchen, sie mit Sturmleitern zu übersteigen. Von oben war er zwischen den Zinnen schwer zu bekämpfen; wenn er sich eng an den Mauerfuß duckte, trafen ihn die Wurfgeschosse kaum. Deshalb führte man im 14. und 15. Jahrhundert das sogenannte Flankierungsprinzip ein, indem man in die bis dahin meist gerade oder bogenförmig gemauerten glatten Mauern runde, weit vorragende Flankentürme einfügte, aus deren Schießscharten heraus man auch parallel zur Burgmauer und damit zum Mauerfuß schießen konnte. Um den bis dorthin vorgedrungenen Gegner bekämpfen zu können, übernahm man aus dem Mittelmeerraum den Maschikuli genannten Pechnasenkranz und die Hurdengalerie, einen hölzernen Wehrgang auf der Mauerkrone, der so weit überkragte, daß man durch Öffnungen im Boden mit Pfeilen oder Speeren gezielt nach unten schießen und auch Steine, siedendes Wasser oder Pech herabwerfen konnte.

Da vom Burgenbrechen häufig sehr viel abhing, etwa die Wiederherstellung des Reichsfriedens, dauerten die Belagerungen immer länger, wodurch auch die Kriegskosten steil anstiegen. Um diesen Prozeß abzukürzen, wurden immer größere Belagerungsgeräte gebaut: mächtige Bogengeschütze oder mechanische Wurfgeschütze, Ballisten genannt, mit denen man nicht nur große Steine, sondern auch Brandfässer und Brandkugeln gegen oder über die Mauern schleudern konnte. Anstelle des einfachen Stoßbalkens zum Aufbrechen des Burgtors entwickelte man große, fahrbare und mit einem Schutzdach versehene Rammböcke. Aus der Sicht des Belagerten mußte alles getan werden, um diese Kriegsmaschinen möglichst weit von der Kernburg und ihrem Mauerring fernzuhalten. Deshalb legte man nachträglich um die Burgen in Spangenberg, Münzenberg, Greifenstein und viele andere einen zweiten, relativ weit vorgeschobenen Mauerring mit Flankentürmen und Wehrgängen. Die einzige Zufahrt lag dann zwischen zwei hohen, parallel geführten Mauern, von denen aus man den Gegner niederzwingen konnte, weshalb man diese Anlage Zwinger nannte. Die weit vorgeschobenen äußeren Mauerringe hatten den Nachteil, einen sehr großen Umfang zu haben, so daß zu ihrer Verteidigung sehr viele Bewaffnete erforderlich waren, für die man Unterkünfte und Vorratsräume benötigte.

Die Burganlagen wurden immer größer und vielteiliger. Zu den im 12. Jahrhundert verwendeten Elementen Ringmauer, Torturm mit Kapelle, Palas und Bergfried kamen im Spätmittelalter die schon erwähnten äußeren Befestigungsanlagen mit äußeren Tortürmen und Zugbrücken, eine Vorburg als Wirtschaftshof für Vieh und Gesinde, Vorratsspeicher, Brunnen und Zisternen, Backstube und Küche sowie die Kemenate als heizbares Wohngebäude für Frauen und kleine Kinder dazu. Merians Stich von der
S. 212 Burg Greifenstein aus dem Jahre 1646 zeigt uns, zu welcher Größe und baulichen Vielfalt die Burg eines kleinen Territorialherrn anwuchs. Man erkennt links im Bild die Konzentration von Tortürmen zur Sicherung der Zufahrt, rechts den äußeren Verteidigungsring. Die sternförmige Erdbastion in der Bildmitte ist allerdings eine Zutat aus nachmittelalterlicher Zeit.

Das Ende für die deutsche Burg kam mit dem zunehmenden Einsatz pulvergetriebener Geschütze am Ausgang des 14. Jahrhunderts. So wurde 1378 die Engelsburg in Rom wirkungsvoll mit Kanonen beschossen. Die Burg Tannenberg bei Seeheim an der Bergstraße hatte sich unter Hartmut d. J. von Kronberg zu einem gefährlichen Raubritternest entwickelt. Sie wurde bei der Belagerung durch die Kurfürsten von Mainz, Trier und der Pfalz sowie die Reichsstädte Frankfurt, Worms und Speyer 1399 mit Hilfe von Kanonen erobert und anschließend dem Erdboden gleichgemacht. Bis dahin hatte man die Wehrmauern einer Burg möglichst hoch und damit zwangsläufig nach oben immer dünner werdend gebaut, um das Übersteigen zu verhindern. Kanonenkugeln boten derartige Mauern aber eine gefährliche große Aufschlagsfläche. Deshalb entwikkelte man als Antwort auf die pulvergetriebene Belagerungsartillerie Festungswälle oder -mauern, die niedrig und gedrungen, aber sehr stark waren. Die herkömmliche gotische Burg war überflüssig geworden. Sie hatte die Funktionen Verteidigung, Verwaltungs- und Wohnsitz vereinigt. Jetzt trennen sich diese Aufgabenbereiche.

Der Landesverteidigung dienten vom 16. Jahrhundert an Festungen, die häufig nur eine militärische Besatzung hatten, dem Wohnsitz des Adels Schlösser, die nur noch leicht oder überhaupt nicht mehr befestigt waren. Viele kleinere und sehr abgelegene Burgen wurden einfach aufgegeben und dem Verfall überlassen. Die strategisch günstig gelegenen baute man zu Festungen um. In Hessen bewährte sich der landgräfliche Baumeister Hans Jacob von Ettlingen mit der Burg Friedewald (1484–1487), den Burgen in Herzberg (1480–1494), in Schweinsberg (um 1488) und, etwa zur gleichen Zeit, in Neustadt. Der dort noch stehende »Junker-Hansen-Turm« demonstriert anschaulich Abb. 106
den Wandel vom Bergfried zum Festungsturm. Der untere massive Teil war der eigentliche Geschützturm, der reizvolle Fachwerkaufbau mit dem hohen achtseitigen Pyramidenhelm und den vier Ecktürmchen, sogenannten Wichhäuschen, war mehr als Ausguck und als stolzes Wahrzeichen von Burg und Stadt gedacht.

Die in der Nähe von Städten und an belebten Handelsstraßen liegenden Burgen baute man zu Schlössern um, so in Steinau und nahezu allen Residenzstädten Hessens. Der niedere, abhängige Adel begab sich in den Hofdienst der Landesherren, zog in Burgmannensitze oder Palais in den Städten oder bewirtschaftete von Herrenhäusern in den Dörfern aus seine Güter. Das Leben war auf den Burgen nicht immer angenehm gewesen. Dabei muß man allerdings bezüglich der Größe und Lage einer Burg Unterschiede machen. Ein Fürstenschloß wie das in Marburg unmittelbar oberhalb der Stadt bot alle für die Zeit möglichen Annehmlichkeiten. Ganz anders waren die Verhältnisse in einer auf einsamer Berghöhe inmitten ausgedehnter Forsten liegenden Burg eines kleinen Lehnsmannes. Wir genießen heute von einer derartigen Burgruine aus die wunderschöne Mittelgebirgslandschaft und meinen fälschlich, diese habe auch die Erbauer zur Anlage ihrer Burg an dieser Stelle bewogen. Natur war jedoch im Mittelalter noch der ärgste Feind des Menschen, bedrohte den Burgbewohner mit eisigem Frost und meterhohem Schnee, der ihn von der Außenwelt abschnitt, mit Stürmen und Blitzschlag. Die Wälder waren voller wilder Tiere oder räuberischen Gesindels. In den düsteren, kalten Burggemächern lebte man auf engstem Raum zusammengedrängt und hatte kaum Auslauf ins Freie, höchstens ein kleines Burggärtlein für Kräuter, Frischgemüse und vielleicht auch Blumen. Viel Abwechslung bot das Leben hier nicht, und so ging für die Menschen des Spätmittelalters die größte Faszination nicht von den noch so stolzen Burgen, sondern von den Städten aus.

Die Städte

Sosehr die politische Geschichte des Spätmittelalters auch von den Territorialherren und Ritterfamilien bestimmt wurde, so verhältnismäßig wenig haben diese direkt zur kulturellen Entwicklung im Zeitalter der Gotik beigetragen. Hier lag das Schwergewicht ganz bei den Städten, die sich in diesem Zeitraum bildeten und ihre erste Blüte erlebten. Zuvor gab es in Hessen zwar größere Siedlungen, jedoch nur die vom Stauferkaiser Friedrich Barbarossa gegründeten Reichsstädte Friedberg, Wetzlar und Gelnhausen, die jedoch ähnlich wie Frankfurt ihre bauliche wie auch stadtrechtliche Ausprägung erst in der Gotik erfuhren. Zwar hatten die Römer mit Wiesbaden, Friedberg und Dieburg auch bereits stadtähnliche Siedlungen angelegt, eine Siedlungskontinuität ist jedoch nur für den Platz, nicht aber für den Stadtgrundriß festzustellen.

Von allen Epochen der Geschichte hat die Gotik die meisten Städte in Hessen hervorgebracht. Nicht alle lassen dies heute noch erkennen, wie zum Beispiel Fulda, das als Barockstadt gilt, bei dem man aber auf Schritt und Tritt auf die städtebaulichen und architektonischen Grundlagen der Gotik stößt. Fulda gehört zu der größeren der beiden Hauptgruppen gotischer Städte, nämlich den gewachsenen, im Unterschied zu den einheitlich geplanten. Keimzelle dieser gewachsenen Städte war entweder eine Pfalz bzw. Burg oder eine große Abtei bzw. ein Stift. Der Akt der Stadtwerdung ist bei dieser Gruppe kein einmaliger, sondern ein stufenweiser Prozeß.

Das bedeutendste Beispiel dafür und zugleich die bedeutendste Stadt der Gotik in Hessen ist Frankfurt, trotz aller Zerstörungen in Kriegs- und Nachkriegszeiten immer noch im Stadtbild an den gotischen Kirchen, Klöstern, Steinhäusern und Türmen der Stadtbefestigung abzulesen. Begünstigt durch den hier möglichen Mainübergang, der als Furt der Franken der Stadt ihren Namen gab, wurde an diesem Platz schon sehr früh gesiedelt. Eine erste, für den späteren Aufstieg jedoch bereits entscheidende Bedeutung erhielt er durch die Anlage einer karolingischen Pfalz, auf dem heutigen Römerberg westlich des Doms durch Grabungen gesichert und 794 Stätte einer von Karl dem Großen einberufenen glänzenden Reichsversammlung. Nach der Teilung des Karolingerreichs war Frankfurt für einige Zeit die Residenz der ostfränkischen Könige, weswegen die Pfalz unter Ludwig dem Frommen noch erweitert und unter Ludwig dem Deutschen um das Jahr 857 mit der Stiftskirche St. Salvator ausgestattet wurde. Im Zeitalter der ottonischen Kaiser, die aus dem Harzraum stammten und hier ihre Pfalzen erbauten, hat die Pfalz zwar an Bedeutung verloren, nicht jedoch die um sie herum gewachsene Siedlung, die allmählich das zur Zeit der Salier funktionslos gewordene Gelände der Pfalz in Anspruch nahm. Mit den Staufern, die Frankfurt zum Mittelpunkt eines Reichsterritoriums in der Wetterau und am Untermain zu machen versuchten, wurde es wieder Zentrum der Reichspolitik. Als Ersatz für die offensichtlich untergegangene Pfalz entstand südlich davon, näher am Main, der staufische Saalhof als königliche Burg.

Bis in diese Zeit reicht bereits die Messe zurück, die wahrscheinlich auf dem Gelände der aufgegebenen Pfalz südlich der Stiftskirche abgehalten wurde. Man nutzte wahrscheinlich die Konzentration vieler Menschen aus Anlaß kirchlicher Feiern für einen Handel aus, der wohl zunächst den Charakter von Jahrmärkten bei Kirchweihfesten hatte. Daher leitet sich die doppelte Verwendung des Wortes Messe sowohl für eine kirchliche Handlung als auch für einen größeren weltlichen Handel ab. Die kaiserlichen Privilegien wurden erst relativ spät beurkundet, für die Herbstmesse 1246 durch Friedrich II., für die Frühjahrsmesse 1330 durch Ludwig den Bayern. Die drei wichtigsten Voraussetzungen zur Entwicklung städtischer Freiheiten sind das Marktrecht, der Mauerbau und die Ratsverfassung. Noch im Hochmittelalter konnte Frankfurt mit der Einführung der Messen und dem Bau der Stadtbefestigung, in die der Saalhof einbezogen war, die beiden ersten Voraussetzungen schaffen. Es sollten aber noch zwei Jahrhunderte bis zur Reichsunmittelbarkeit und damit gänzlich unabhängigen Ratsverfassung vergehen. Bis zum Beginn des 13. Jahrhunderts wurde Frankfurt von einem königlichen Beamten, dem Vogt, regiert. An seine Stelle trat dann der Schultheiß, immer noch vom König eingesetzt, jedoch eingebunden in ein Kollegium von Schöffen, mit denen er das königliche Gericht bildete und die Stadt regierte. Aus diesem Gremium entwickelte sich der Rat, 1266 erstmals genannt, als er um eine sogenannte zweite Bank erweitert, d. h. die Zahl seiner Bürgervertreter vergrößert wurde. Zwei Jahre zuvor erwähnen die Urkunden zum erstenmal das Rathaus, es stand damals noch ungefähr an der Stelle, wo in der Spätgotik der Domturm errichtet wurde.

Die sogenannten städtischen Freiheiten konnten wirtschaftlich bedeutende Städte wie Frankfurt nur im Schutz der Reichsgewalt erringen. Dadurch aber waren sie auch mit deren Krisen verbunden und immer in Gefahr, von den angrenzenden Territorialherren vereinnahmt zu werden. Da das königliche Amt des Schultheißen auch mit der Einziehung der Abgaben verbunden war, besaß es einen beträchtlichen wirtschaftlichen Wert und konnte von dem ewig in Geldnöten steckenden Kaiser verpfändet werden, was auch 1311 erstmalig geschah. Jetzt bestand für Frankfurt die Gefahr, daß die Kurfürsten von Mainz oder die Landgrafen von Hessen den Kauf des verpfändeten Schultheißenamtes dazu benutzten, die Stadt an sich zu bringen. Diese gefährlichste Bedrohung städtischer Freiheiten konnte nur dadurch abgewendet werden, daß die Stadt Frankfurt 1372 selbst das verpfändete Schultheißenamt aufkaufte.

Sie errang dadurch die tatsächliche Reichsunmittelbarkeit, ein nicht nur für sie , sondern auch für die Geschichte Hessens entscheidender Schritt, zu dem sie nur aufgrund ihrer hervorragenden wirtschaftlichen Entwicklung seit Beginn des 14. Jahrhunderts in der Lage war. Dafür war es von Vorteil, daß sie das einzige überregional bedeutende wirtschaftliche Zentrum in Hessen war und sich in diesem Rang durchaus mit anderen deutschen Städten wie Lübeck, Danzig, Köln, Nürnberg oder Regensburg messen konnte, obwohl diese meist größer waren. Das in den hessischen Städten Friedberg, Wetzlar, Limburg, Butzbach, Marburg, Fulda und Hersfeld produzierte Tuch kam über die Frankfurter Messen in den Handel, der darin seinen Schwerpunkt hatte, aber auch andere Güter wie Wein umfaßte, den Geldhandel nicht zu vergessen, der die Stadt heute noch beherrscht. Die aufsteigende Tendenz der wirtschaftlichen Entwicklung hielt bis zum Ende des 14. Jahrhunderts an, die Anzahl der Steuerzahler stieg bis 1389 an, um dann leicht abzusinken. Der Messeverkehr hatte seinen Höhepunkt in den Jahren 1383–1397. Der Andrang war so groß, daß König Wenzel die Gesamtzeit der Messen auf neun Wochen im Jahr erhöhen mußte.

An dem neuen Wohlstand hatten nicht nur die alteingesessenen vornehmen Familien Anteil, die häufig den kaiserlichen Ministerialen oder dem abhängigen Adel entstammten und die 14 Schöffen des alten Stadtregiments gestellt hatten. Wohlhabend gewordene Kaufleute und Handwerker verlangten 1320 eine Beteiligung am Stadtregiment, was ihnen mit der Einführung einer weiteren Ratsbank auch gelang, so daß der zum zweitenmal erweiterte Rat nun 42 Mitglieder hatte. Seit 1311 sind zwei gleichzeitig amtierende, vom Rat gewählte Bürgermeister bekannt, die an die Stelle des königlichen Schultheißen traten. Die inneren Auseinandersetzungen waren damit noch nicht zu Ende: In den Jahren 1355–1366 äußerten sie sich in heftigen Bürgerkämpfen, weil erneut eine Gruppe von emporgekommenen Kaufleuten und Handwerkern an die Macht drängte. Dadurch entstand eine gefährliche Krise für die Stadtverfassung, denn zur Beilegung der Kämpfe hatten sich, außer dem kaiserlichen Hof, auch der Graf von Hanau als Landvogt und der Erzbischof von Mainz als kaiserlicher Kommissar eingeschaltet. Doch auch diese Krise als Folge des neuen Reichtums konnte mit Hilfe des Wohlstands bewältigt werden, denn er allein verschaffte der Stadt die beträchtlichen Geldmittel zum bereits erwähnten Ankauf des verpfändeten Schultheißenamtes.

Nach der Festigung der inneren Verhältnisse konnte die Stadt ihre äußere Position durch die Übernahme von Mittelpunktsfunktionen des Reiches weiter ausbauen. Schon 1147 war hier Heinrich, Sohn Konrads III., und 1152 Friedrich I. von den deutschen Fürsten zum König gewählt worden. Mit der »Goldenen Bulle« von 1356 bestimmte Kaiser Karl IV. endgültig den Frankfurter Dom zur Stätte der Königswahlen. Hier hielten die Kurfürsten 1394 ihren ersten königlosen Beratungstag ab, wurde 1427 das Reichssteuergesetz beschlossen, ab 1471 die Zusammenkünfte des Städtetags abgehalten und 1495 das Reichskammergericht eröffnet. In der mächtigen Reichsstadt gab es im Jahr 1355 14 Zünfte, auf deren Kosten sich allerdings die Anpassung des Rates an die neuen Machtverhältnisse vollzog.

Wie alle Städte erhielt auch Frankfurt einen ständigen Bevölkerungszuwachs aus den ländlichen Gebieten Hessens nach der Devise der Zeit »Stadtluft macht frei«. Gewiß, Leibeigenschaft und Frondienste kannte die Stadt nicht, doch darf man sich von den bürgerlichen Freiheiten des Mittelalters keine allzu demokratischen Vorstellungen machen. Auch die städtische Obrigkeit verlangte bedingungslose Unterwerfung unter ihr Regiment. Bezüglich der Rechte gab es ein Dreiklassensystem: Hier standen an oberster Stelle die Ratsfamilien, die die Stadtregierung stellten, ohne aus Wahlen hervorgegangen zu sein. Die zweite Klasse bildeten die übrigen Bürger, zu denen man zunächst nur zählte, wenn man Grundbesitz in der Stadt besaß, später konnte man sich auch einkaufen, mußte aber eine eidliche Verpflichtung gegenüber dem Rat ablegen. Am leichtesten hatten es Bürgersöhne oder einheiratende Männer, die Bürgerrechte zu erwerben. Wem dies nicht möglich war, dem blieb nur die unterste Klasse der Beisassen, die ohne Rechte und soziale Absicherung in der Stadt leben und mit Einschränkungen auch arbeiten durften. So war die Ausübung eines selbständigen Handwerks oder Gewerbes natürlich nur den Bürgern erlaubt.

Zu ihnen zählten die Juden nicht, obwohl sie seit dem hohen Mittelalter am wachsenden Wohlstand der Stadt durch den nur ihnen gestatteten Geldverleih gegen Zinsen Anteil hatten. Ihre beachtlich große Gemeinde mußte 1241 die erste schwere Verfolgung erdulden, lebte ab ungefähr 1270 in einem eigenen Viertel und wuchs gegen Ende des 13. Jahrhunderts auf 200 Personen an. In den königsnahen Städten hatten sie den Status von Kammerknechten des Königs, an den sie Steuern zahlten und unter dessen Schutz sie lebten. Zu welch hoher kultureller Blüte sie sich im 13. Jahrhundert im Schutz einer Reichsstadt entwickeln
Abb. 39 konnten, beweist das Judenbad in Friedberg, das um 1260 in den edelsten Bauformen der Gotik erbaut wurde. In Frankfurt gab es sicher ähnlich stattliche Anlagen, doch wurde hier die Judengemeinde 1349 durch den mörderischen Mob völlig ausgelöscht, nachdem Kaiser Karl IV. sie an die Stadt verpfändet und damit seines Schutzes beraubt hatte. Seit etwa 1360 gab es wieder einige wenige Juden, die ab 1462 gettoartig in der Judengasse lebten.

Frankfurt war mit 10 000 Einwohnern die größte Stadt des Mittelalters in Hessen, Lübeck und Köln waren jedoch doppelt so groß. Die Städte Wetzlar, Friedberg, Kassel, Eschwege und Marburg erreichten 4000–5000 Bewohner, Bensheim, Gelnhausen, Butzbach, Gießen, Fritzlar, Fulda und Hersfeld nur 2000. Alle übrigen der rund 150 im 12. und 13. Jahrhundert neu gegründeten Städte, also mehr als 90 Prozent, blieben unter dieser Einwohnerzahl. Manche hatten von Anfang an gar keine Aussicht auf eine echte städtische Entwicklung. Das gilt vor allem für die späten Gründungen und bei diesen besonders für die in der Grafschaft Nassau. Ihre höhenreiche Mittelgebirgslandschaft forderte geradezu zur Anlage von Burgen auf, die wiederum der Anlaß für viele gescheiterte Städtegründungen waren. Das Beispiel des wirtschaftlich blühenden Frankfurt verlockte die Landesherren stets erneut, über die Gründung von Handels- und Handwerkerstädten zu höheren Steuereinnahmen in Form von Geld zu kommen. Auch galt es, den Bevölkerungsüberschuß der Dörfer aufzufangen. Nachdem die Rodungen der für die Landwirtschaft geeigneten Flächen im 13. Jahrhundert abgeschlossen waren, konnten die Dörfer nicht mehr allen Kindern eine Existenz bieten. Das war vor allem in den nördlichen, auch heute noch sehr waldigen Gebieten Hessens der Fall. Die Landgrafen von Thüringen traten deshalb besonders als Städtegründer hervor. Dabei wollten sie gleichzeitig das Land besser erschließen und gegen den Zugriff der Mainzer Erzbischöfe sichern. Dies wird sehr deutlich in der Neuanlage der Stadt Melsungen ab 1194, die eindeutig gegen das mainzische Fritzlar gerichtet war.

Den Unterschied zwischen einer gewachsenen und einer planmäßig angelegten Stadt erkennt man am besten am Grundriß. Für die erste Gruppe ist Fritzlar charakteristisch. Das 724 erstmals erwähnte, von Bonifatius gegründete Benediktinerkloster kam unter Karl dem Großen in königlichen Besitz. Irgendwann in der ersten Hälfte des 11. Jahrhunderts wurde es in ein Chorherrenstift umgewandelt und gelangte in den Besitz der Erzbischöfe von Mainz, deren bedeutendstes Bollwerk gegen die Landgrafen von Thüringen bzw. von Hessen es über Jahrhunderte war. Das Stift wurde zur Keimzelle der Stadt, im Grundriß noch deutlich als ein ovaler Kern ablesbar, einst von einer Stiftsmauer umgeben. Der aufgrund einer Katasterkarte von 1806 gezeichnete Stadtplan verzeichnet innerhalb die- S. 207
ser Stiftsfreiheit noch 16 Kurien. Ihr Name leitet sich vom lateinischen Wort »curia« (Hof) ab. Sie dienten den adligen Chorherren als Sitz. Diese waren zwar Kleriker, die einen Teil ihrer Zeit in mönchsartiger Gemeinschaft verbrachten, die Klausur jedoch auch verlassen und in einer

eigenen Hofhaltung leben und repräsentieren konnten. Es waren meist die jüngeren Söhne der einflußreichen Adelsfamilien, die auf diese Weise eine standesgemäße Versorgung erhielten. Jede Kurie war eine Baugruppe aus einem massiven Wohnhaus, Küchenbau, Stallungen, oft auch einer eigenen Kapelle, das Ganze eingefaßt mit einer Mauer und durch einen Torbogen zugänglich. Den Mittelpunkt der Stiftsanlage bildete natürlich die große Kirche mit den Klausurbauten an ihrer Südseite. Dazu kamen die Wirtschaftshöfe mit den Wohnhäusern der Hörigen, die man zur Versorgung der Chorherren brauchte: Maurer, Zimmerleute, Schuster, Schneider, Metzger, Fischer, Bäcker, Bierbrauer und Weingärtner. Da das Stift im frühen Mittelalter einsam in einem wenig erschlossenen Gebiet lag, mußte es sich selbst mit allem Notwendigen versorgen. Aus dem daraus erwachsenen Zwang, Hörige anzusiedeln, entstand die Funktion der Klöster und Stifte als Keimzellen der Städte.

Den entscheidenden Einfluß bei der Entwicklung einer Siedlung zur Stadt hatten die Kaufleute. Sie übten ihr Gewerbe zunächst mobil aus und zogen von Handelsplatz zu Handelsplatz, die meist nicht ständig, sondern nur für eine gewisse Zeit im Jahr besetzt waren. Vom späten 10. Jahrhundert an kam es zur Ausbildung von festen Marktplätzen, die im Schutz einer Burg, eines Klosters oder eines Stifts angelegt wurden. Man nutzte – ähnlich wie schon am Beispiel Frankfurts geschildert – den Menschenstrom aus dem Umland bei hohen kirchlichen Festen für den Handel aus. So wurde auch nördlich des Stifts Fritzlar unmittelbar neben der Stiftsmauer ein regelmäßiger rechteckiger Marktplatz abgesteckt, der zunächst noch ohne Gebäude, das heißt nur zeitweise genutzt war.

Erst als die Kaufleute sich an den Marktplätzen ständig niederließen, wurde der Platz umbaut. Die unregelmäßige Größe und Anordnung der Hausparzellen deutet darauf hin, daß dies nicht planvoll, sondern nach und nach geschah. Als die attraktivsten Grundstücke rings um den Markt vergeben waren, errichtete man einfach im südlichen Platzbereich an der Stiftsmauer eine ganz unregelmäßige Häuserzeile, außerdem in den westlichen Teil hinein eine Inselbebauung. Dadurch wurde der Markt in seiner Größe stark reduziert und in seiner ursprünglich regelmäßigen Rechteckform beeinträchtigt. Aus der Verkleinerung des Platzes muß man aber keineswegs auf einen Rückgang des Handels schließen, nur auf den erwähnten Übergang von fliegenden Händlern, die wegen ihrer großen Planwagen mehr Raum benötigten, zu ansässigen Kaufleuten, denen nun für ihre Warenlager stattliche Häuser zur Verfügung standen.

An der Ostseite des Untermarktes hat sich in Fritzlar ein solches Kaufhaus erhalten. Da der Marktplatz erstmalig S. 208
wohl nach der Zerstörung des Stifts 1079 durch die Sachsen beim anschließenden Wiederaufbau bebaut wurde, handelt es sich bei dem stattlichen Ständerbau aus der zweiten Hälfte des 15. Jahrhunderts nicht mehr um die Erstbebauung. Diese war wohl eingeschossig, erst mit dem knapper werdenden, begehrten Platz direkt am Markt entstand der Zwang zur technisch schwierigen und damit kostspieligen mehrgeschossigen Bauweise. Nach den jüngst in Limburg am Haus Römer gewonnenen Erkenntnissen (s. S. 27) ist mit derartigen Ständerbauten erst vom 13. Jahrhundert an zu rechnen. Die Schmalheit des Gebäudes ist abhängig vom Grundstück und beweist, wie begehrt die Parzellen am Markt waren. Den im Lauf der Jahrhunderte gewachsenen Raumbedarf konnte man hier nur durch die Erhöhung auf vier Geschosse befriedigen. So entstand ein überaus schlanker Bau, der freilich gotischem Formgefühl sehr entgegenkommt und dies in seiner aufstrebenden Gestalt zusätzlich durch die Ausbildung des polygonalen Mittelerkers mit dem bekrönenden Türmchen betont. Das hohe, in zwei Spitzbögen geöffnete Erdgeschoß diente, wie auch das Dachgeschoß, der Lagerung der Waren, die anderen Geschosse waren dem Wohnen vorbehalten.

Als alle Parzellen am Marktplatz vergeben waren, der Zuzug der Kaufleute und Handwerker aber weiter anhielt, siedelten sich diese an den Zufahrtsstraßen an, die alle aus dem Umland zum Markt Kommenden passieren mußten und die deshalb noch als günstig anzusehen waren. Der Stadtplan zeigt deutlich die aus allen Himmelsrichtungen radial zur Mitte stoßenden Einfallstraßen Geismarstraße, Schildergasse, Haddamarstraße, Werkel-, Münster- und Holzgasse. Die Geh- und Fahrgewohnheiten der Menschen wurden so zur Grundlage des Städtebaus in einer gewachsenen Stadt.

Diese Randbebauung an den Einfallstraßen war wohl schon weitgehend abgeschlossen, als Fritzlar 1232 ein weiteres Mal niedergebrannt wurde, diesmal durch Landgraf Konrad. Die Zerstörung von Stift und Stadt eines kirchlichen Oberhirten, der zudem der Lehnsherr der Landgrafen war, wurde damals noch als ein solcher Frevel verurteilt, daß Konrad 1234 als Buße auf die Grafschaft verzichten und dem Deutschen Orden beitreten mußte. Das zerstörte Fritzlar aber wurde durch die Erzbischöfe von

Mainz wiederaufgebaut und erhielt, zum Teil auf den Grundmauern der romanischen Stadtmauer, die stärkste und großartigste Befestigung aller hessischen Städte, die sie bis 1761 uneinnehmbar machte. Die insgesamt acht Stadttore sind leider alle 1842 abgebrochen worden, um dem damals anwachsenden Verkehr Platz zu schaffen. Im übrigen blieb die Stadtmauer aber in großen Partien bis auf den heutigen Tag erhalten, von den 15 Stadttürmen stehen
S. 208 noch zwölf, darunter der mächtige »Graue Turm«. Durch seinen hufeisenförmigen Grundriß war er mit der platten Seite in die Stadtmauer eingebunden und ragte mit der mehr als halbkreisförmigen Rundung in den Graben hinein. So konnte – entsprechend dem Flankierungsprinzip im Burgenbau – der Mauerfuß gesichert werden.

Als sich 1237 die Franziskaner in Fritzlar niederließen, war die Stadt innerhalb des neuangelegten Mauerrings schon so stark bebaut, daß nur eine Randlage im nordwestlichen Gebiet direkt an der Mauer möglich war. Es könnte die Stelle eines Burgmannensitzes gewesen sein, der dem Kloster von einer jener Adelsfamilien gestiftet wurde, die sich als Lehnsmannen der Erzbischöfe in der Stadt niedergelassen hatten. Da sie für den gewährten Schutz die Verteidigung eines bestimmten Mauerabschnitts übernehmen mußten, liegen ihre Höfe meist unmittelbar am Stadtrand. In Fritzlar kann man im Katasterplan von 1806 noch die Stelle des Hardehäuser Hofs erkennen, der einst diese Funktion besaß. Vielleicht hat auch der Deutsche Orden für die Gründung seines Hofs 1290 in Fritzlar einen Burgmannensitz übernommen. Aufgrund der Lage unmittelbar hinter der Mauer im Ostteil oberhalb des Münstertors wäre dies naheliegend.

Die 1001 erstmals urkundlich genannte Königspfalz, die wahrscheinlich schon unter Karl dem Großen errichtet worden war, hatte ihren Platz westlich der Stiftskirche, südlich des Friedhofs und des ehemaligen Amtshauses, das mit seiner Funktion die Nachfolge der Pfalz angetreten hatte. Eine erzbischöfliche Burg zum Schutz dieses gegen die Landgrafen weit vorgeschobenen Stützpunktes gab es innerhalb der Stadtmauer ganz im Westen, wo der Platz heute noch in der Straßenbezeichnung »Der Burggraben« weiterlebt. Sie war erst wenige Jahre alt, als sie 1232 zusammen mit der Stadt zerstört wurde. Die Erzbischöfe planten die Neuerrichtung 1287, fingen 1323 auf dem Gelände südlich des »Grauen Turmes« auch damit an, vollendeten das Werk aber nie. Vielleicht war der Rat der Stadt inzwischen so einflußreich geworden, daß er die Fertigstellung der Burg verhindern konnte, hätte sie doch seine bis dahin durchgesetzten Rechte mit der ständigen Gegenwart eines kurmainzischen Burgvogts wieder in Frage gestellt.

In der vergleichbaren Klosterstadt Fulda gelang es nämlich den Bürgern nicht, eine Ratsverfassung durchzusetzen, denn sie hatten ihren Landesherrn ständig innerhalb der Stadtmauer, wo Fürstabt Heinrich V. von Weilnau (1288–1313) in der nördlichen Ecke auf einer Anhöhe eine Burg erbauen ließ. Als sein Nachfolger, Abt Heinrich VI. von Hohenberg, im Jahr 1331 den Bürgern größere Rechte verweigerte, gab es einen regelrechten Aufstand. Dabei wurde die Abtsburg zerstört, das Stift und die umliegenden Klöster geplündert. Letztendlich jedoch siegte der Landesherr über die Bürger, die zwar einen Rat wählen durften, der jedoch unter der Aufsicht des fürstäbtlichen Schultheißen stand. Anders verlief die Entwicklung in Fritzlar. Hier war die Stiftsvogtei ursprünglich bei den Landgrafen von Thüringen, die sie 1232 endgültig an Kurmainz abgeben mußten. Ein Rat wird 1217 zum erstenmal genannt, seit 1266 gab es zwei Bürgermeister als dessen Vorstand. Wie in Frankfurt fanden auch in Fritzlar innerhalb der regierenden Oberschicht mehrfach heftige Auseinandersetzungen statt, die jedoch am selbstbewußten Regiment des Patriziertums nichts änderten. So konnte man den Erzbischof daran hindern, in der Mainzer Stiftsfehde 1462 Fritzlar an die hessischen Landgrafen zu verpfänden, was das Ende einer gewissen Selbständigkeit bedeutet hätte.

Schon aus der Lage des Rathauses unmittelbar der Stiftskirche gegenüber erkennt man, daß es nicht als Sitz des Rates, sondern für den Vogt, einen Beamten der Landgrafen von Thüringen, erbaut worden ist. Als diese 1232 die Vogtei abgeben mußten, richtete hier das Zisterzienserkloster Haina seinen Hof ein. Die großen und reichen Klöster trachteten im späten Mittelalter danach, in den bedeutenden Handelsstädten Höfe zu unterhalten, um Anschluß an das wirtschaftliche und politische Leben zu bekommen und für Notzeiten einen Zufluchtsort innerhalb der schützenden Mauern zu haben. Der Hainaer Hof wurde 1274 dorthin verlegt, wo in der Renaissance das prachtvolle »Hochzeitshaus« erbaut wurde. Den alten Hof erwarb im selben Jahr der Rat und nutzte das erweiterte Vogtsgebäude als Rathaus, das damit das älteste in Hessen ist. Es hat allerdings seine Gestalt mehrfach gewechselt, nachdem es 1441 einen Fachwerkaufbau erhalten hatte, den man leider 1839 abbrach, schließlich 1965/66 in den Umrißlinien in etwa wiederherstellte.

Obwohl die nach 1232 erneuerte Stadtbefestigung ein beachtlich großes Areal umschloß, reichte dies in der zweiten Hälfte des 13. Jahrhunderts für die ständig wachsende Einwohnerschaft nicht mehr aus. Man legte im stark abschüssigen Gelände südlich des Stifts eine Neustadt an, die einen eigenen Mauerring erhielt und ein selbständiges Gemeinwesen war, das erst 1464 mit der Altstadt vereinigt wurde. Die Gründung selbständiger Neustädte unmittelbar neben einer manchmal gerade erst entstandenen Altstadt war ein sehr häufig angewandtes Mittel zur Bewältigung des Bevölkerungswachstums. Unter den zahlreichen Beispielen seien nur Korbach, Grebenstein, Eschwege, Frankenberg, Marburg, Rotenburg, Spangenberg und Büdingen genannt. Eine flächenmäßige Erweiterung der Altstadt wäre mit einem großen finanziellen Aufwand verbunden gewesen, weil man dann die Stadtbefestigung hätte erweitern müssen, was wegen der größeren Länge sehr viel mehr Bewaffnete für die Verteidigung erfordert hätte. Die Neustädte blieben häufig unbefestigt. Bei Gefahr flohen die Bewohner in die ummauerte Altstadt, der sie rechtlich nicht angehörten, was den Patriziern der Altstadt nur angenehm sein konnte. Auf diese Weise verhinderten sie die Beteiligung neuer, zu Wohlstand gekommener Bürger am Stadtregiment. Zu den drei für Frankfurt genannten Klassen von Einwohnern – Patrizier, Bürger, Beisassen – kommt hier noch die vierte der Neustadt- oder Vorstadtbürger mit einem eigenen Status, der wohl zwischen dem der Altstadtbürger und Beisassen einzuordnen ist. Innerhalb der Altstädte wurde der begehrte Platz immer knapper und deshalb jede verfügbare Fläche bebaut. So verschwanden nach und nach die rückwärtigen Gärten, die Natur wurde verdrängt, und die Stadt kristallisierte zum rein steinernen Gebilde. Die Häuser wurden aufgestockt, die ohnehin relativ schmalen Straßen wirkten dadurch enger und dunkler.

Die Lebensbedingungen verschlechterten sich besonders für die Armen ohne Bürgerrechte. Hier half in Notzeiten die Gemeinschaft. Ihr war der Mensch des Mittelalters stärker als zu allen anderen Zeiten zugeordnet. Die Vorstellung vom Individuum, das frei von Bindungen selbst über sein Schicksal entscheidet, gehört erst der Neuzeit an und wäre für einen Menschen des Mittelalters undenkbar gewesen. Er war fest in die Gemeinschaft eingebunden, die Herrschenden in ihre Familiendynastie, der Erzbischof in das Domkapitel, die Ratsherren in die Patriziergesellschaft und die Bürger in die Zünfte. Niemand konnte aus diesem ihm vorgegebenen Rahmen ausbrechen. Die Zunft schrieb dem Handwerker vor, wie viele Gesellen er beschäftigen und damit, wie viele Waren er produzieren durfte. So waren seinem Wohlstand von der Gemeinschaft klar umrissene Grenzen gesetzt. Doch die Zunft bot allen Mitgliedern und ihren Familien eine soziale Absicherung gegen unverschuldete Nöte und Fährnisse. Die Hausgemeinschaften umfaßten nicht nur die Familien nach unserer heutigen Definition, sondern auch Nichtverwandte wie ledige Gesellen, Lehrlinge, Knechte und Mägde. Solange die Beisassen arbeiten konnten oder in die Hausgemeinschaft eingebunden waren, litten sie keine Not.

Wer aber in Krisenzeiten nicht Lohn und Brot fand, wer krank und gebrechlich wurde, war auf die Hilfe von Kirche und Rat angewiesen. Dafür schuf man in allen gotischen Städten die Hospitäler als Siechen- und Armenhäuser. Man legte sie angesichts der vielen Seuchen wegen der Ansteckungsgefahr außerhalb der Stadtmauern an, in Fritzlar schon 1147 südlich des Stifts im Gebiet der späteren Neustadt. Dieses Hospital wurde jedoch in ein Augustinerinnenkloster umgewandelt, als es in die sich ausweitende Siedlung einbezogen worden war. Das neue Hospital zum Heiligen Geist verlegte man ganz weit nach Südwesten in das offene Gelände jenseits des Mühlgrabens. Zu den bekanntesten mittelalterlichen Hospitälern gehören das Hôtel-Dieu in Beaune und das Heilig-Geist-Hospital in Lübeck. Wie diese erfüllten auch zahlreiche historische Hospitäler in hessischen Städten bis vor einigen Jahren noch ihre alte Zweckbestimmung als Altenpflegeheime für Bedürftige. Ganz im Sinne mittelalterlichen Gemeinschaftsdenkens lebten die Kranken und Alten in großen Sälen auf engstem Raum zusammengedrängt. Man bewundert im Hôtel-Dieu in Beaune die stattlichen breiten Betten, bis man erfährt, daß sie mit drei bis vier Kranken belegt wurden.

Wichtigster Teil jedes Hospitalkomplexes war die Kapelle, meist so unmittelbar mit dem großen Krankensaal verbunden, daß ein akustischer, wenn nicht gar optischer Kontakt zum Altar möglich war. Angesichts der sehr bescheidenen medizinischen Kenntnisse und Fähigkeiten des Mittelalters blieb den Kranken nur der Trost des Glaubens, der auch für die Armen und Einsamen die einzige Hoffnung war. Am besten von allen hessischen Städten hat Treysa, heute Stadtteil von Schwalmstadt, sein mittelalterliches Hospital in einem größeren Gebäudekomplex rings um die Kapelle bewahrt. Nicht immer errichtete man Steinbauten, sehr häufig wählte man das Fachwerk, in Butzbach sogar für die Kapelle. Ihr noch im späten 15. Jahrhundert Abb. 13

erbauter Chor macht sie zur ältesten Fachwerkkirche in Hessen.
Am Beispiel der Stadt Fritzlar haben wir die wichtigsten Elemente des mittelalterlichen Städtebaus kennengelernt. Erwähnt werden sollen noch die Mühlen südlich der Stadt an dem eigens von der Eder abgezweigten Mühlgraben. Über ihn führt heute noch die monumentale gotische Steinbrücke. In ihrem nördlichen Widerlager befindet sich die Brückenkapelle, in der jeder die schützende Stadt verlassende Reisende sein Gebet verrichtete, denn er brauchte den himmlischen Schutz dringend angesichts der ihn bedrohenden Gefahren. Die Flurbezeichnung des Geländes oberhalb der Brücke als »Weinberg« verrät uns, daß man im Mittelalter sogar in diesem rauhen Klima Rebstöcke angebaut hat, so dringend benötigte man Meßwein, aber auch ein Getränk für Festlichkeiten.
Fritzlar wurde stellvertretend für alle Städte behandelt, die sich allmählich um eine Burg, ein Kloster oder Stift entwickelten. Im Rahmen ihrer Territorialpolitik haben jedoch insbesondere die Landgrafen von Thüringen eine Reihe von Städten planmäßig angelegt, wie heute noch jeweils am Stadtgrundriß abzulesen ist. Als Beispiel dafür soll Melsungen näher betrachtet werden. Es hat eine günstige Lage am »Sälzerweg«, einer uralten Handelsstraße von Thüringen über das Sauerland an den Niederrhein, über die das Salz aus den Quellen von Sooden-Allendorf in Handelsstädte wie Fritzlar transportiert werden konnte. Dort, wo dieser »Sälzer Weg« zunächst in einer Furt und später über eine Brücke die Fulda überquerte, bildete sich früh eine Siedlung. Der befestigte Ort wird 1079 erstmals genannt und etwa ein Jahrhundert später durch Pfalzgraf Hermann von Sachsen an das Erzbistum Mainz verkauft. Mit Fritzlar zusammen bildete es einen gefährlichen Sperrriegel durch das Gebiet der Landgrafen von Thüringen, die es deshalb 1193/94 in einer Fehde gegen Kurmainz zu gewinnen suchten, was ihnen schließlich gelang, wenn auch nur als Mainzer Lehen. Melsungen wurde in diesem Krieg zerstört, ab 1194 aber von den Landgrafen viel größer nach einheitlichem Plan neu angelegt.
Der heute noch am Verlauf der Stadtmauer ablesbare Gründungskern hat die Form eines Rechtecks mit abgerundeten Ecken. Rückgrat des Stadtgrundrisses ist das Straßenkreuz aus Kasseler Straße/Rotenburger Straße und Fritzlarer Straße/Brückenstraße, die jeweils durch ein Stadttor in die freie Landschaft führen. In gleichmäßigen Abständen verlaufende Neben- und Stichstraßen teilen die Siedlungsfläche in regelmäßige Blöcke ein. Zur Längsachse der Kasseler Straße gibt es drei Parallelstraßen, von denen Eisfeld und Burg- bzw. Strohgasse durch die Entengasse früher als die Mühlenstraße auf die Kasseler Straße geführt werden. Im so ausgesparten großen Rechteckblock am nordwestlichen Stadtrand lagen die Burg, der Fronhof und drei Burgmannenhöfe. Dies alles verrät eine sinnvolle, zielgerichtete Planung ebenso wie der gleichmäßige Zuschnitt der Parzellen. Man kann ihn am besten beim Baublock zwischen Fritzlarer Straße, Rotenburger Straße und Rosengasse beobachten. Im Blockinneren ist deutlich noch jene Mittellinie zu erkennen, die von Anfang an die Grundstücke exakt so trennte, daß alle eine Tiefe von 23 m hatten, auch die an der Schmalseite zur Fritzlarer Straße hin. Das Maß von 23 m tritt in Melsungen noch öfters als Tiefe der Grundstücke auf und geht offensichtlich auf die ursprüngliche planmäßige Anlage der Stadt ab 1194 zurück. Auffallend ist auch, daß die drei Baublocks südlich von Fritzlarer Straße und Brückenstraße die gleiche Größe und Gestalt haben. Nördlich dieser kürzeren, jedoch für den überörtlichen Verkehr besonders wichtigen Querachse wurden zwei Baublocks von der Wohnbebauung ausgespart und für die Stadtkirche und das Rathaus reserviert. Ob beide ursprünglich ohne trennende Häuserzeile frei in einem großen Platz standen, wie dies bei den sehr ähnlich angelegten Städten Grebenstein und Zierenberg der Fall ist, kann derzeit mit Sicherheit nicht festgestellt werden. Die Grundstückstiefe von 23 m spricht dafür, daß die Zeile zwischen Stadtkirche und Rathaus von Anfang an bestand.
Die Plätze rings um den Markt waren die begehrtesten und den »locatores« vorbehalten. Diese waren die vom Landesherrn ausgesandten Gründer der Stadt, entweder Beamte (Ministeriale) oder Kaufleute, die Siedlungswillige anwarben und die Ansiedlung organisierten. Sie schlossen sich zur Schwurgilde der »conjuratores« zusammen, deren zwölf oder 24 Mitglieder durch einen Eid an die Genossenschaft gebunden waren. Als Lohn für ihre Aktivitäten erhielten sie die besten Grundstücke am Markt und bildeten somit das Patriziertum, das später den Rat und die Bürgermeister stellte. Auch in Melsungen übten ein Schultheiß und zwölf Schöffen das landgräfliche Gericht aus. Seit dem Ende des 13. Jahrhunderts sind ein Rat mit zwölf Mitgliedern und ein Bürgermeister bekannt. Das Rathaus hat sicher von Anfang an der Stelle gestanden, wo sich jetzt der stattliche Fachwerkbau von 1554–1556 befindet. Der Vorgängerbau wurde zusammen mit dem ganzen Stadtkern ein Opfer des großen Feuers vom 20. Mai 1554. Die

zentrale Lage von Markt und Rathaus deutet darauf hin, welch größere Bedeutung im Vergleich zur Stiftsstadt Fritzlar bei einer planmäßig angelegten Handelsstadt diese bürgerschaftlichen Einrichtungen besaßen. Für das Selbstverständnis des Mittelalters war allerdings die Stadtkirche das wichtigste Bauwerk. Vom Ursprungsbau bald nach 1194 sind nur noch Mauerteile des Westturmes erhalten, alle anderen Teile wurden durch den Stadtbrand bei der Erstürmung der Mainzer am 27. April 1387 zerstört, Chor und Langhaus zwischen 1415 und 1425 neu erbaut.

Wie schon in bezug auf die Anordnung von Kirche und Rathaus erwähnt, haben die Stadtgrundrisse von Zierenberg und Grebenstein eine auffallende Ähnlichkeit mit dem von Melsungen. Auch hier wird das langgestreckte Rechteck mit abgerundeten Ecken in der Längsrichtung durch vier parallel geführte Straßen und eine Hauptquerachse sowie mehrere kleinere Gassen erschlossen. Nur verläuft die Längsachse bei Zierenberg und Grebenstein ziemlich genau von Osten nach Westen und nicht wie in Melsungen von Nordwesten nach Südosten, hier begründet durch die Lage des Fuldaübergangs und der Burg. Die aus liturgischen Gründen mit dem Chor stets nach Osten ausgerichtete Kirche steht deshalb in Melsungen nicht parallel zur Längs-, sondern zur Querachse, wodurch auch die Lage des gesamten zentralen Platzes mit Rathaus und Kirche eine andere Ausrichtung erfährt. Zieht man diese aus der Topographie herrührenden Unterschiede ab, erkennt man die enge Verwandtschaft aller drei Stadtgrundrisse. Da Zierenberg um 1290 und Grebenstein bald nach 1297 von Landgraf Heinrich I. von Hessen gegründet worden sind, ist anzunehmen, daß man das einhundert Jahre zuvor angelegte Melsungen zum Vorbild genommen hat. Es besteht aber auch eine Ähnlichkeit zu planmäßig angelegten lippischen Städten wie z. B. Lemgo, um 1200 vom Edelherrn Bernhard II. zur Lippe angelegt. Offensichtlich handelt es sich dabei um einen für gotische Städte in Mitteldeutschland typischen Grundriß, wie er abgewandelt auch noch bei der Anfang des 13. Jahrhunderts vom Kloster Corvey gegründeten Stadt Volkmarsen vorkommt.

In Süddeutschland und der Schweiz war vom Ende des 12. Jahrhunderts an ein anderer Typ mit einer breiten mittleren Marktstraße, davon ausgehenden Quergassen und der in einem ausgesparten Baublock abseits der Hauptstraße liegenden Stadtkirche verbreitet. Da er sich bei fast allen vom Geschlecht der Zähringer angelegten Städten findet, z. B. in Bern, Freiburg und Breisach, wird er nach diesen benannt. Doch haben ihn auch die Wittelsbacher z. B. in Straubing und Landshut verwendet. Als Kaiser Friedrich Barbarossa um 1170 die Reichsstadt Friedberg gründete, griff er auf diesen Marktstraßengrundriß zurück, der ihm als einem Angehörigen des schwäbischen Staufergeschlechts aus seiner süddeutschen Heimat bekannt war. Die staufische Anlage von Friedberg wiederholt die römische, indem sie an die Stelle des Kastells die ebenfalls regelmäßig rechteckige Reichsburg mit einer Ausdehnung von 160 x 250 m an das Ende jenes langgestreckten Höhenrükkens setzt, auf dem schon die römische Vorstadt Civitas Taunensium lag und dem jetzt die 30 m breite und 600 m lange Kaiserstraße als Marktstraße folgt. In Hessen blieb dieser »Zähringer-Grundriß« von Friedberg ein Fremdling ohne Nachfolger. Soweit die Landgrafen von Thüringen bzw. die von Hessen als ihre Nachfolger bei ihren planmäßigen Städtegründungen nicht den Grundrißtyp von Melsungen verwandten, wählten sie ein Siedlungsschema, das wohl schon in die Zeit der fränkischen Erschließung des Landes zurückreicht und aus einer Anordnung der Burg an höchster Stelle eines Berges, der Kirche auf halber Höhe darunter und der Siedlung am Fuß des Hanges besteht. Nach diesem Prinzip sind z. B. die Städte Marburg, Homberg/Efze, Frankenberg und Wolfhagen angelegt, leicht erkennbar an der exponierten Lage der Kirche hoch über der Stadt und nicht in deren Mitte zusammen mit dem Rathaus wie beim Typ Melsungen.

Von allen mittelalterlichen Städten Hessens hat Marburg seinen gotischen Charakter am reinsten bewahrt. Neuere Forschung setzt die Existenz von Burg und Siedlung bereits in die Zeit der Karolinger, was vom Siedlungsschema her auch naheliegt. Die Landgrafen von Thüringen bauten die Burg zur Sicherung der Lahnfurt, als Stützpunkt gegen das kurmainzische Amöneburg und als Verwaltungssitz aus. Sie wird urkundlich 1138/39 erstmals bezeugt. Der regelmäßige Grundriß der Marktsiedlung zu ihren Füßen deutet auf eine planmäßige Gründung oder Neuanlage, die gegen 1200 – also etwa gleichzeitig mit Melsungen – erfolgt sein muß. Die hl. Elisabeth stiftete 1228 auf ihrem Witwengut außerhalb der Stadt im Norden ein Franziskanerhospital, in dem sie die letzten drei Jahre ihres Lebens im Dienst der Armen wirkte und in dessen Kapelle sie bestattet wurde. Nach ihrer Heiligsprechung 1235 wurde die prachtvolle Grabes- und Wallfahrtskirche anstelle der bescheidenen Kapelle aufgeführt, die zugleich Kirche des Deutschen Ordens und etwas später auch Grablege der Landgrafen von Hessen wurde. Entlang dem Verbin-

dungsweg von der Stadt entwickelte sich die Bebauung zunächst in der Neustadt, dann dem Steinweg folgend, bis sie den Deutschordenshof um die Elisabethkirche erreicht
Abb. 98, 89 hatte. Landgrafenschloß und Elisabethkirche sind die herausragenden gotischen Bauwerke der Stadt, die sich jedoch
Abb. 96 vom späten 13. Jahrhundert an eine sehr stattliche Pfarrkirche schuf. Daraus kann man auf einen beachtlichen Wohlstand und auch einige dem stets gegenwärtigen Landesherrn abgerungene Rechte der Bürgerschaft schließen. Daß Marburg als Residenzstadt sogar eine gewisse Selbständigkeit besaß, verrät uns die Tatsache, daß die Stadt Steuern und Abgaben insgesamt an den Landgrafen abliefern durfte. Diese wurden intern unter den steuerzahlenden Bürgern von städtischen Beamten umgelegt und eingezogen und nicht, wie es sonst bei landsässigen Städten üblich war, von einem Beamten des Territorialherrn erhoben.

Da die Bedeutung Marburgs mit dem Ende als Residenzstadt 1604 sank und auch die einst von der Wollindustrie, den Gerbereien und den Töpfereien getragene Wirtschaftskraft zurückging, blieb es von barocken Änderungen weitgehend unberührt und weist deshalb heute noch von allen gotischen Städten Hessens die meisten gotischen Bauten auf. Allein vier stattliche Kirchen sind noch vor-
Abb. 89, 96, handen: die Elisabethkirche, die Pfarrkirche St. Marien,
S. 238 die Dominikaner-Klosterkirche und die Klosterkirche der Kugelherren. Der Baukomplex des ehem. Franziskanerklosters in der Barfüßerstraße ist zwar weitgehend barock erneuert, in seiner Grundstruktur aber noch ebenso erkennbar gotisch wie die Siechenkapelle im Stadtteil Weidenhausen. Zu dieser ungewöhnlich großen Zahl erhaltener gotischer Sakralbauten kommen zahlreiche Profan-
Abb. 98, 99 bauten. Hier ist natürlich an erster Stelle das Schloß mit seiner Kapelle zu nennen, dann eine ganze Reihe von Burgmannenhäusern in der Ritter- und westlichen Barfüßerstraße, das Rathaus, einige steinerne Bürgerhäuser wie z. B. Markt 18 und zahlreiche Fachwerkhäuser.

Leider ist die Stadtbefestigung ab 1775 weitgehend niedergelegt worden, so daß wir auf andere hessische Beispiele angewiesen sind, wenn wir uns von den gotischen Stadttürmen ein Bild machen wollen. Auf die stärkste hessische Stadtbefestigung im Mittelalter, die nach 1232 in Fritzlar errichtet wurde und damit zugleich zu den ältesten zählt, wurde bereits hingewiesen. Der wuchtige steinerne Zylin-
Abb. 4 der des Leonhardsturms am Fulder Tor in Alsfeld von
S. 210 1386 und des Hexenturms in Gelnhausen von 1447–1478 beweisen, wie gut auch kleinere mittelalterliche Städte zur Verteidigung ihrer Freiheit gerüstet waren. Dominiert hier noch ganz der wehrhafte Charakter mit Zinnenkranz und Steinhelm, so kommt beim reicher ausgestalteten Eschenheimer Turm in Frankfurt auch der Bürgerstolz der Abb. 36
Reichsstadt zum Ausdruck. Auf einen älteren quadratischen Unterbau aus dem Jahre 1400 setzte der Baumeister Madern Gerthener 1426–1428 einen hohen Rundturm. Am Übergang der beiden geometrischen Körper ordnete er beiderseits des spitzbogigen Stadttors zu dessen besserer Verteidigung polygonale Türmchen an. Der obere Turmabschluß mit dem spitzen Steinhelm erhielt durch die vier in den vorkragenden Wehrgang eingebundenen Wichhäuschen eine sehr bewegte malerische Silhouette.
Dem Jerusalemer Tor in Büdingen von 1503 sieht man an, Abb. 12
daß es schon für pulvergetriebene Artillerie berechnet ist. Die beiden Flankentürme sind im Vergleich zu den oben beschriebenen Stadttürmen auffallend niedrig, haben aber sehr dicke Wände, hinter denen Kanonen aufgestellt waren, wie die breiten Schießscharten verraten. Das Spitzbogentor dazwischen wirkt fast wie ein Triumphbogen, vor allem durch die reiche Maßwerkbrüstung, die auch den mittleren Gußerker und die Geschütztürme umzieht. Selbst der Wehrbau erhält jetzt reine Schmuckformen, die keinerlei funktionelle Bedeutung mehr haben.

Der zum Ende des Spätmittelalters immer deutlicher werdende Bürgerstolz äußert sich außer in den Stadtbefestigungen vornehmlich in den Rathäusern. Von deren Existenz wissen wir durch Urkunden bereits seit dem 13. Jahrhundert, so in Frankfurt seit 1264. Dieses erste Rathaus mußte 1415 dem Bau des Domturms weichen. Zehn Jahre zuvor hatte der Rat zwei Bürgerhäuser erworben, von denen das Haus Römer bereits 1322 erwähnt wird. Es ist das mittlere Giebelhaus der auch heute noch als Rathaus
dienenden Gebäudegruppe, der es den Namen gegeben Abb. 33
hat. Das andere, 1380 schon zum Römer gehörende Haus hieß »Goldener Schwan« und lag am heutigen Paulsplatz, also ein beträchtliches Stück entfernt. Das im Bild rechts sichtbare Giebelhaus »Löwenstein« wurde erst 1596, das linke Haus »Laderam« sogar erst 1878 dazuerworben. Das Wahrzeichen von Frankfurt, der berühmte Römer mit seiner Dreigiebelfront, war also erst seit dem Ende des 19. Jahrhunderts in der Hand des Rates, der die einst schlichten Bürgerhausfassaden mit den Treppengiebeln 1896/97 durch den Balkon und die Statuen neugotisch bereichern ließ. Erst jetzt schämte sich die mächtige ehemalige Reichsstadt ihres erstaunlich bescheidenen Rathauses und ließ es zum Paulsplatz hin um das Mehrfache seiner bishe-

rigen Größe erweitern. Anders als Köln, Bremen oder Lübeck hatten die sparsamen Ratsherren in Frankfurt nicht das Bedürfnis nach einem großen, repräsentativen Rathaus. Allerdings wird ihr Selbstbewußtsein außer in der einst mit 60 Türmen ausgestatteten Stadtbefestigung in Abb. 25 dem großartigen Turm der Stifts- und Pfarrkirche St. Bartholomäus sichtbar, die man seit dem Mittelalter fälschlich als Dom bezeichnet, obwohl hier nie ein Bischof seinen Sitz hatte.

Die ältesten Rathäuser waren in Hessen wohl aus Fachwerk, denn die Steinbauweise war wegen ihrer Möglichkeit der Verteidigung dem Adel vorbehalten. Das Beispiel des tatsächlich erhaltenen ältesten Rathauses in Fritzlar, ein zunächst eingeschossiger romanischer Steinbau, ist kein Gegenbeweis, da es nicht für den Rat, sondern den landgräflichen Vogt erbaut und erst 1274 zum Rathaus wurde. Die Fachwerkbauweise erreichte im Spätmittelalter ihre höchste Blüte und eine Monumentalität, die hinter der von Steinbauten keineswegs zurückblieb. Das beweisen die großartigen Fachwerkrathäuser von Zierenberg Abb. 102, 24 aus der Zeit um 1450, Michelstadt von 1484, Frankenberg Abb. 3 von 1509 und Alsfeld von 1512–1516. Das Erdgeschoß enthält entweder eine offene Laube oder eine weiträu- S. 198 mige, nach außen geöffnete Halle, wie sie in Frankenberg besonders gut erhalten ist. Daß zum Ende des Mittelalters hin auch in den landsässigen Städten den Bürgern der Steinbau erlaubt wurde, beweist Büdingen. Sein noch vor- S. 192 handenes älteres Rathaus wurde in seiner heutigen Hintergassensituation in der ersten Hälfte des 15. Jahrhunderts aus Fachwerk erbaut. Schon bald aber genügte es den Ansprüchen des Rates nicht mehr, und man errichtete ab 1458 an der heute »Altstadt« genannten Hauptstraße einen steinernen Neubau. Die Bürger von Marburg konnten sich 1512–1516 unter den Augen des ständig hier residierenden Abb. 97 Landgrafen einen repräsentativen Steinbau schaffen, der vom architektonischen Anspruch her dem Stadtsitz eines Adelsherrn gleicht.

Über die Entwicklung der Fachwerkbaukunst des Mittelalters hat man seit etwa 20 Jahren neue Aufschlüsse erhalten. Die Sanierung der historischen Städte brachte manchen gotischen Bau zutage, den man bis dahin wegen der Veränderungen aus späteren Zeiten für nachmittelalterlich gehalten hatte. Das Forschungsmaterial hat sich dadurch vervielfacht, und diese Entwicklung ist noch längst nicht abgeschlossen, ständig gibt es Neuentdeckungen. Genauso bedeutsam für die Bürgerhausforschung ist jedoch das erst seit zwei Jahrzehnten verfügbare Datierungsmittel der Dendrochronologie. Darunter versteht man die Altersbestimmung von Baumhölzern mit Hilfe der Jahresringe. Ein Baum wächst in niederschlagsreichen Jahren mehr als in trockenen, was man an der Stärke der Jahresringe ablesen kann. Nun gibt es zwischen extrem trockenen und extrem nassen Jahren noch alle denkbaren Zwischenstufen. Fällt man deshalb heute eine 200 Jahre alte Eiche, kann man den Rhythmus von dicken, halbstarken und dünnen Jahresringen zu einer durch die spezifische Abfolge unverwechselbaren Kurve umzeichnen. Sie reicht bei unserem hypothetischen Beispiel bis 1788 zurück. Findet man nun ein Stück Eichenholz eines Baumes, der 1888 gefällt wurde und ebenfalls 200 Jahre alt war, kann man beide Kurven miteinander zur Deckung bringen und dadurch das Fällungsdatum dieses Baumes ermitteln. Inzwischen verfügt die Wissenschaft über so viel Material, daß die Kurven bis in die vorchristliche Zeit zurückreichen. Sie dürfen allerdings immer nur innerhalb einer einheitlichen Klimazone verwendet werden, denn es leuchtet ein, daß eine Eiche in Südengland zur selben Zeit ein anderes Wachstum als eine im Bayerischen Wald gehabt haben kann.

Eine ebenso weitverbreitete wie falsche Vorstellung ist die Annahme, die Bauleute des Mittelalters hätten nur abgelagertes Eichenholz zum Bau verwandt. Das Bauholz wurde damals noch nicht wie heute zu Balken zersägt, sondern mit der Axt durch sogenanntes Beilen vom runden in einen rechteckigen Querschnitt gebracht. Wer je versucht hat, abgelagertes Eichenholz mit der Axt zu bearbeiten, weiß, daß das nicht geht, weil es viel zu hart ist. Nur im frischen Zustand ist das Beilen möglich. Hier ist allerdings nur vom Eichenholz die Rede, das in Hessen während des Mittelalters fast ausschließlich für den Außenbau verwandt wurde. Nadelholz brauchen wir also bei unserem Thema nicht zu berücksichtigen, es gibt auch noch keine lückenlosen Kurven dafür. Kann man also das Fällungsdatum einer Eiche ermitteln, aus deren Holz ein Haus errichtet wurde, ergibt sich damit automatisch der Baubeginn. Man braucht für das exakte Fällungsdatum jedoch die sogenannte Waldkante, das heißt, die Rinde mit dem letzten Jahresring. Ein ungefähres, aber immer noch ziemlich genaues Datum erhält man, wenn wenigstens noch das Splintholz vorhanden ist. Es sind dies die etwa zehn äußersten Jahresringe, die noch vom Saft durchströmt waren, während die anderen im Inneren auch beim stehenden Baum schon abstarben. Mit dem Splintholz ist also eine Datierung auf ± 5 Jahre genau möglich.

S. 210 Als man 1963 in Gelnhausen das Haus Kuhgasse Nr. 1 wiederherstellte und nach den am Bau entdeckten Anhaltspunkten in der originalen Gestalt rekonstruierte, hielt man es für das älteste Fachwerkhaus Hessens und datierte es in die Zeit um 1340. Inzwischen hat man mit Hilfe der Dendrochronologie das Erbauungsdatum 1351–1355 ermittelt. Der Giebel ist allerdings jünger. Man muß ihn sich für ein gotisches Haus auch sehr viel steiler vorstellen. Das allein mit Hilfe stilistischer Vergleiche 1963 geschätzte Datum kam also der tatsächlichen Erbauungszeit schon recht nahe. Damals glaubte man, daß der gotische Ständerbau erst in der ersten Hälfte des 14. Jahrhunderts entwikkelt worden sei. Fachwerkhäuser gibt es natürlich schon sehr viel länger. Wann sich der Übergang vom vorgeschichtlichen Pfostenbau zum Fachwerk vollzogen hat, konnte bisher nicht exakt festgestellt werden. Man kann jedoch vermuten, daß die ersten Fachwerkhäuser in den Siedlungen des frühen Mittelalters, die sich vom Ende des 12. Jahrhunderts an zu Städten entwickelten, eingeschossig waren. Platz gab es damals noch genug und somit keinen Grund, die technisch schwierige und damit nicht mehr im Eigenbau zu leistende mehrgeschossige Bauweise zu wählen. Deren Ausbildung hängt wahrscheinlich mit der zunehmenden baulichen Verdichtung zusammen, die in den Städten durch die Intensivierung von Warenproduktion und Handel in Verbindung mit dem Mauerbau erforderlich wurde.

Bei der durchgreifenden Modernisierung des Hauses Römer 1 in Limburg in den Jahren 1975–1977 konnte man S. 230 für den älteren rückwärtigen Teil im Norden das Erbauungsdatum 1296 ermitteln, wodurch zum erstenmal ein noch stehendes Fachwerkhaus aus der Zeit vor 1300 entdeckt worden war. Limburg besaß damit für kurze Zeit das älteste bekannte Fachwerkhaus in Deutschland. Dann fand sich zur allgemeinen Überraschung ausgerechnet in S. 203 Frankfurt-Sachsenhausen in der Schellgasse ein noch älteres mit der Datierung auf 1291, was nach intensiverem Nachdenken gar nicht mehr so erstaunlich war. Schließlich muß man davon ausgehen, daß die mehrgeschossige Fachwerkbauweise für Hessen ihre Anfänge in der Messestadt Frankfurt gehabt hat, wo der Platz sicher schon früh sehr begehrt gewesen und damit knapp geworden war. Hier stellt sich der Verlust der gesamten Altstadt am Römerberg im Zweiten Weltkrieg für uns immer schmerzlicher dar, denn die meist noch unter Putz oder Verschieferung versteckten Fachwerkkonstruktionen verbrannten, ohne erforscht zu sein. Niemand wird deshalb je erfahren, wann der mehrgeschossige Fachwerkbau hier seinen Anfang nahm. Einen Ableger dieser frühen Holzbaukunst gab es jedenfalls bereits 1291 in Sachsenhausen, wo sich offensichtlich am Mainübergang früh eine Brückenkopfsiedlung gebildet hatte, die vom wirtschaftlichen Aufstieg Frankfurts profitierte.

Nicht lange konnten die Frankfurter sich rühmen, das älteste Fachwerkhaus Deutschlands zu besitzen, da ermittelte man 1981/82 wiederum in Limburg beim Haus Römer 2–6 das Erbauungsdatum 1289. Dies war nicht wegen des um ganze zwei Jahre höheren Alters eine Sensation, sondern weil es sich um einen ungewöhnlich großen und technisch schon sehr ausgereiften Bau handelt, den man für das späte 13. Jahrhundert bis dahin nicht für möglich gehalten hatte. Er ist nicht mehr vollständig, jedoch noch in weiten Teilen im Originalzustand erhalten geblieben. Die größten Veränderungen brachte 1581–1583 ein Umbau mit sich, bei dem die Hauptfassade neugestaltet und die Innenraumaufteilung geändert wurde. Man reduzierte damals die große Halle, die ursprünglich nahezu das gesamte Erdgeschoß des Hauses eingenommen hatte und 5 m hoch war. Eine solche große Erdgeschoßhalle gab es häufiger in gotischen Ständerbauten, hauptsächlich überall dort, wo sich Handelsherren niederließen. Als die hessischen Handelsstädte nach dem Ende des Dreißigjährigen Krieges zu Ackerbürgerstädten absanken, unterteilte man die großen Hallen durch Zwischenwände und -decken in kleinere Räume. Im sogenannten Haus Leck in Greben- S. 211 stein kann man sich heute noch eine Vorstellung von der Großräumigkeit derartiger Hallen machen.

Beim Haus Römer 2–6 in Limburg befindet sich unter der Erdgeschoßhalle ein großer Gewölbekeller, ebenfalls 5 m hoch, unter seinem Fußboden nochmals ein kleineres Gewölbe, zu dem von oben ein gemauerter Schacht führt. Das Ganze liegt in einem schmaleren, aber gleichzeitig entstandenen Annex des Hauses und entpuppte sich als die älteste derzeit bekannte Abortanlage in einem mittelalterlichen Wohnhaus. Auch in den übrigen Teilen ergab das Haus interessante Aufschlüsse über die Wohnkultur im Mittelalter, die jedoch von den Forschern erst noch publiziert werden sollen. Über den Bauherrn weiß man bisher leider nichts. In der Nähe wurden noch weiteren Häusern Holzproben entnommen, die mehrfach das Datum 1289 ergaben. Daraus ist unter Einbeziehung des erwähnten Hauses Römer 1 von 1296 auf eine intensive Bautätigkeit am Fuß des Burgbergs ab 1289 zu schließen. Ob sie durch einen Stadtbrand oder den steilen wirtschaftlichen Aufschwung ausgelöst wurde, ist noch nicht erforscht. Von der Größe und Lage her könnte es sich beim Haus Römer 2–6 um ein Burgmannenhaus oder die Kurie eines Stiftsherrn handeln, die jedoch als Bauten des Adels im 13. Jahrhundert bevorzugt in Massivbauweise errichtet wurden. Der große Keller deutet eher auf den Lagerraum eines Kaufmanns hin. Limburg hatte im Mittelalter einen bedeutenden Weinbau und war ein sehr lebendiger Marktort, wie die Bezeichnungen Roß-, Fisch- und Kornmarkt sowie Salzgasse aussagen.

Die mehrgeschossige Ständerbauweise brachte in den immer enger bebauten Stadtkernen zwar den gewünschten Wohn-, Arbeits- und Lagerraum, erforderte aber auch schon beachtliches technisches Können und gutes und so-
Abb. 7 mit teures Bauhoz. Beim Haus Kirchplatz 5 in Bad Hersfeld erkennt man in der Fassade deutlich die durch beide Geschosse reichenden Ständer, die an den Langseiten des Hauses sogar bis zur Traufe durchgehen, da hier das oberste Geschoß nicht vorkragt. Für derartige 7–10 m hohe Ständer benötigte man entsprechend gerade gewachsene Eichenstämme, die auch damals schon knapp und somit teuer waren. Der im Spätmittelalter alles beherrschende Kirchenbau verschlang für seine mächtigen Dachstühle und die hohen Gerüste allein schon ganze Wälder. Dazu kamen die unzähligen Fachwerkhäuser in den ständig wachsenden Städten. Das Aufrichten der 7–10 m hohen Eichenständer war nicht einfach, mußten sie doch zunächst provisorisch gesichert werden, bis der Querverband mit anderen Ständern durch Riegel, Kopfbänder oder Schwertungen ihnen den erforderlichen Halt gab.

Alle Formen der frühen Fachwerkbauten vom späten 13. Jahrhundert an waren konstruktiv bedingt. Im 15. Jahrhundert kommen mehr und mehr Schmuckformen auf. Unser um 1450 entstandenes Haus in Bad Hersfeld, wohl für den Pfarrer der Stadtkirche bestimmt, ist in den Brüstungsfeldern unterhalb der Fensterreihen mit maßwerkähnlichen Pässen und Andreaskreuzen verziert. Die Eck-
Abb. 86 ständer des Pfarrhauses von Großen-Linden werden durch Schrägstreben und Gegenstreben ausgesteift. Was hier noch ganz konstruktiv bedingt erscheint, fügt sich beim mittleren Bundpfosten schon zu einer dekorativ anmutenden Fachwerkfigur zusammen, wie sie auch am vorderen Teil des Hauses Römer 1 in Limburg vorkommt und als Vorform des »Hessischen Mannes« anzusehen ist. Beide Beispiele sind in die Zeit um 1500 zu datieren, echte Mannfiguren können erstmals am Rathaus in Melsungen nachgewiesen werden.

Die mittelalterlichen Stadtkerne der hessischen Städte waren in den ersten drei Jahrzehnten nach dem Zweiten Weltkrieg vom Untergang bedroht, da ihre engen Gassen den wachsenden Verkehr nicht bewältigen konnten, Lärm und Abgase bei mangelnder Belichtung und fehlenden Grünflächen sie vollends unbewohnbar erscheinen ließen. Angesichts immer monotoner werdender Schlafstädte in ihrem Umland entdeckte man jedoch seit etwa 1970 ihre städtebaulichen, architektonischen und kommunikativen Werte neu. Befreit vom Durchgangsverkehr, wurden sie wieder als Wohnstandort angenommen, auch die Funktion als Einkaufszentren wurde mit der Anlage von Fußgängerstraßen wiederhergestellt. Obwohl viele gotische Städte Hessens wie z. B. Marburg, Limburg oder Alsfeld inzwischen um das Mehrfache ihrer ursprünglichen Größe gewachsen sind und über ausgedehnte Neubaugebiete verfügen, bilden die mittelalterlichen Stadtkerne nach wie vor das Zentrum des kulturellen, politischen und wirtschaftlichen Lebens. Auf den relativ kleinen Marktplätzen und in den engen Gassen fühlen sich die Menschen beim Einkaufen, Flanieren, bei Straßenfesten und Wahlveranstaltungen der Parteien offensichtlich wohler als in den weiträumigen Stadterweiterungsgebieten.

Das Geheimnis der Faszination mittelalterlicher Städte liegt darin, daß sie weitaus stärker als die heutigen zum Leben unter freiem Himmel bestimmt waren. Auf den Plätzen wurde Recht gesprochen, zum Schutz vor Regen vielfach in offenen Ratslauben. Hier verkaufte man Waren, wenn nicht von Ständen aus, dann aus den offenen Schragen im Erdgeschoß der Häuser. Hier musizierte man, führte Mysterienspiele auf, zog Zähne oder betrieb auch sonst die Heilkunst vor dem staunenden Publikum. Vielfach arbeiteten Handwerker in den Gassen vor ihren Häusern, die ihnen mit der immer dichter werdenden Bebauung nicht mehr genug Hofraum ließen. Straßen und Plätze waren deshalb in der mittelalterlichen Stadt wie Innenräume ohne oberen Abschluß gestaltet, allseits so von Platzwänden umgeben, daß der Blick nie ins Freie fiel, dadurch aber auch die Zugigkeit weiträumiger moderner Plätze mit freistehenden Einzelbauten vermieden wurde.

Betrachtet man die Grundrisse auch der planmäßig angelegten Städte wie Melsungen, stellt man fest, daß Seitengassen nur äußerst selten gemeinsam auf eine Hauptstraße münden, sondern meist gegeneinander versetzt sind. Bezeichnenderweise sind auch die Platzwände des Marktes aus der Flucht der einmündenden Straßen herausgerückt, so daß der Blick aus diesen heraus stets auf ein Gebäude fällt. Die Straßen und Gassen werden auch nicht schnurgerade geführt, sondern weisen leichte bis starke Krümmungen auf, so daß auch im Straßenraum die Häuserfassaden Abb. 4 sichtbar werden. Die Untere Fuldergasse in Alsfeld ist ein schönes Beispiel dafür. Natürlich hat die gebogene Führung der Einfallstraßen hinter den Stadttoren auch eine fortifikatorische Bedeutung, da man auf diese Weise den Gegner daran hindern wollte, bis in die Stadtmitte hineinschießen zu können. Daß jedoch dieses Gestaltungsprinzip auch auf ästhetischen Kriterien beruhte, beweisen die vielen innerstädtischen Straßen, die ähnlich gekrümmt verlaufen, ohne daß hier fortifikatorische Gründe gegeben waren. Die Häuser stehen im Mittelalter stets mit den Giebelseiten zur Straße und sind von der Schmalseite her erschlossen. Aus Platzmangel baute man sie mit den Langseiten direkt aneinander, ließ höchstens eine schmale Traufgasse dazwischen. Daß die Fachwerkobergeschosse auskragen, ist zunächst konstruktiv bedingt, wird aber auch als Mittel der Raumerweiterung gern genutzt.

Man kann die Sozialstruktur einer mittelalterlichen Stadt auch jetzt noch an der Größe, Breite und Ausgestaltung der Häuser ablesen. Doch durfte, im Unterschied zu heute, niemand das festgelegte Höhenmaß der Bürgerhäuser überschreiten. Die Angehörigen der Patrizierfamilien, häufig dem Adel entstammend, konnten zwar ihren Einfluß und Reichtum durch Steinbauten zu Schau stellen, wie dies der Kölner Kaufmann Johann von Melem 1464 Abb. 35 mit dem Steinernen Haus in Frankfurt tat, waren aber in bezug auf die Breite und Höhe in die Reihe der Fachwerkbauten eingegliedert, wie man bei den Steinhäusern Fisch- Abb. 84 markt 1 und 12 in Limburg aus dem 15. Jahrhundert und Markt 18 in Marburg, erbaut 1319–1323, erkennen kann. Selbst das vom Territorialherrn Graf Ludwig II. von Ysenburg für seinen Sohn Johann errichtete Steinerne Haus in Abb. 11 Büdingen erhielt in der Zeit um 1500 zwar einen herausgehobenen Bauplatz neben dem Stadttor, übersteigt aber in der Geschoßzahl und Dachhöhe nicht die Fachwerkbauten der Bürger in der Schloßstraße und Hauptstraße.

Als das zwar sehr haltbare, aber teure Pergament vom Beginn des 14. Jahrhunderts an mehr und mehr durch das Papier ersetzt wurde, wuchs auch die schriftliche Überlieferung über die Lebensverhältnisse in den Städten. Meist wurden zwar nur Rechts- oder Geldgeschäfte festgehalten, doch aus vielen nebenbei beschriebenen Tatbeständen gewinnen wir langsam ein anschauliches Bild, seit sich die Wissenschaft stärker dem Alltagsleben im Mittelalter und nicht nur der politischen Geschichte widmet.

Seit der Veröffentlichung von Jürgen Schmidt über die Geschichte von Melsungen kann man an diesem Beispiel genauere Aussagen über das Leben in einer mittelalterlichen Stadt machen. Auch hier bildete der vom Landgrafen eingesetzte Schultheiß mit zwölf Schöffen das Gericht. Die von ihm verhängten Strafen waren für unsere heutigen Verhältnisse außerordentlich hart. Jedoch muß man sich klarmachen, daß sich die damalige Gesellschaft längst nicht so wirkungsvoll gegen Betrug, Diebstahl, Raub, Körperverletzung oder gar Totschlag wehren konnte. Allein schon das Fehlen geeichter Waagen und Meßgeräte erleichterte den Betrug beim Handel, der deshalb auch immer unter den Augen des Schultheißen oder Rates stattfand. Türen und Fenster waren meist völlig ungesichert, Schlösser konnten sich nur die Reichen leisten. Da es noch keine Schutz- oder gar Kriminalpolizei gab, waren Morde schwer aufzuklären. Außerhalb der schützenden Stadtmauern war das Leben ohnehin durch räuberisches Gesindel ständig bedroht. Wer nicht unbedingt aus beruflichen Gründen reisen mußte oder sich keine Gewappneten als Begleitschutz leisten konnte, blieb lieber daheim. Die Bürger verließen deshalb ihre Stadt nur selten auch über Nacht, häufiger schon am Tage zur Arbeit in den Gärten und auf den Feldern. Für polizeiliche, aber auch andere öffentliche Aufgaben beschäftigte der Rat einen Stadtknecht. Der Strafvollzug fand in aller Öffentlichkeit statt. Leichtere Vergehen wurden am Schandpfahl beim Wachhaus am Rathaus geahndet, an den man, mit Handschellen gefesselt, dem Spott der Menge preisgegeben war. Am Weinhaus in Alsfeld ist diese auch als »Pranger« bekannte Ein- Abb. 3 richtung erhalten geblieben. Als Gefängnis diente in Melsungen wie andernorts einer der Türme der Stadtbefestigung, deshalb auch »Diebesturm« genannt, zeitweilig auch ein Raum im Brückentor. Die Galgen lagen außerhalb der Stadt am Weg nach Gudensberg auf einer Anhöhe, um weithin als Abschreckung sichtbar zu sein.

Das Bildungswesen war früher als allgemein angenommen entwickelt, denn schon 1357 wird in Melsungen die »Pfarr- und Stadtschule« erwähnt, geleitet von einem Theologen und sicher nur den Kindern der Wohlhabenden zugänglich. In der zweiten Hälfte des 15. Jahrhunderts waren acht Geistliche an der Stadtkirche und den Kapellen tätig. Der Rat beschäftigte außer dem schon genannten Stadtknecht einen Stadtschreiber, ein bis zwei Braumeister mit drei Brauknechten, einen Stadtförster, drei Torwächter und den Turmmann, der auch die Funktion eines Stadtmusikanten zu erfüllen hatte, indem er nachts alle Stunde

»mit Posaunen aus dem Turm in die Bürgerschaft zu blasen hatte«. Auf alle Waren und Güter waren an den Landesherrn Steuern und Abgaben zu zahlen, in Kriegszeiten wurden diese mehrfach erhöht, außerdem mußte Melsungen einen Trupp kriegstüchtiger Männer stellen – 1456 waren es immerhin 120.

In friedlichen Zeiten hat man auch kräftig gefeiert, etwa aus Anlaß von Hochzeiten, bei denen in Melsungen junge Mädchen als Tänzerinnen erwähnt werden, die ausgerechnet mit Schafskäse entlohnt wurden. Beim Karneval wird vom Bügeltanz der jungen Männer berichtet, die geschmückte Reifen über dem Kopf hielten. Ein großes Schützenfest fand 1466 statt. Bei diesen Festlichkeiten sprach man sicher reichlich dem Bier zu, das von den genannten Braumeistern und ihren Knechten in der städtischen Braupfanne in einem Nebengebäude des Rathauses gebraut wurde. Es gab auch ein städtisches Weinhaus und eigene Weinberge, deren Rebensaft wahrscheinlich stark gesüßt werden mußte, um für die Bürger trinkbar zu sein. Die Patrizier konnten sich wohl den köstlichen Rheinwein leisten, der den Reichtum des Rheingaus und damit auch seiner Kunstschätze begründete. Dem Landesherrn ist der Melsunger Wein gewiß ebenfalls zu sauer gewesen, was ihn jedoch nicht daran hinderte, ihn mit Abgaben zu belegen.

Für die Reinlichkeit der Bürger sorgte eine öffentliche Badestube in der Mühlengasse, in der es einen Service durch junge Mädchen gab, etwa in der Art japanischer Geishas. Die öffentliche Moral war weder dadurch noch durch das gemeinsame Bad beider Geschlechter in Gefahr. Derartige Einrichtungen wurden offensichtlich reichlich benutzt und waren eine Einnahmequelle, denn 1460 melden die Melsunger Archivalien den Übergang der Badestube am Bottloch (Badeloch) aus Privathand in den Besitz des Landesherrn, später in den der Stadt.

Die schon im Zusammenhang mit der Stadt Fritzlar genannte soziale Einrichtung des Hospitals befand sich in Melsungen zusammen mit der dazugehörenden Georgskapelle an der Fulda, wird 1303 erstmals erwähnt und 1470 um ein Siechenhaus vor dem Kasseler Tor erweitert. Die finanzielle Grundlage bildete eine Stiftung, die von der Geistlichkeit und dem Rat gemeinsam verwaltet wurde. Für die laufenden Geschäfte waren zwei Vormunde zuständig. Als Landgraf Philipp anfragte, ob nicht ein armes Weib von außerhalb aufgenommen werden könne, wurde die Absage damit begründet, daß das Hospital schon 31 Insassen habe und weitere 20 auf der Warteliste stünden. Die Hospitäler waren demnach echte Einrichtungen der kommunalen Selbstverwaltung und dem Zugriff des Landesherrn nicht zugänglich.

Es ist bisher viel von der Territorialpolitik, dem Burgenbau und dem alltäglichen Leben in den Städten die Rede gewesen, also vom profanen Teil der mittelalterlichen Welt. Man kann diese jedoch nicht verstehen, wenn man sich nicht immer wieder jene Frömmigkeit vor Augen hält, von deren Tiefe und Intensität auch im profanen Alltag wir aufgeklärten Menschen der Gegenwart uns keine Vorstellung machen können. Alles Denken und Streben des Mittelalters war auf das jenseitige Leben nach dem Durchschreiten des irdischen Jammertals gerichtet. Der Mensch war sich seiner Sündhaftigkeit sehr viel bewußter und bemühte sich, seine Schuld durch das ständige Gebet oder mildtätige Stiftungen zu tilgen. Der ärgste Raubritter, belastet durch Totschlag, Brandschatzung und Plünderung sogar von Klöstern, versuchte rechtzeitig, sich durch gespendetes Geld oder Land, den Einkauf einer Tochter oder Schwester in ein Nonnenkloster und Stiftungen die Gunst fürbittender Gebete nach seinem Tode zu sichern, um beim Jüngsten Gericht nicht auf der Seite der Verdammten zu stehen.

Allgegenwärtiges Zeugnis dieser tiefen Frömmigkeit war der Kirchenbau, der bei uns zu keiner anderen Zeit so große Dimensionen angenommen hat. Nur die antike griechische Stadt mit gewaltigen Tempeln und relativ bescheidenen Wohnbauten bietet eine Parallele. Mit dem Bau der riesigen Kathedralen in Frankreich und England wurde die Gotik entwickelt. Alles künstlerische Wollen, alles technische Können und alles wirtschaftliche Streben mündete in den Kirchenbau, auf profaner Ebene vergleichbar mit dem Schloßbau im Barock, der Eisenbahn im 19. Jahrhundert und der Raumfahrt in unserer Zeit. Da Hessen im Mittelalter kein eigenes Bistum hatte, entstanden hier keine Kathedralen, jedoch zahlreiche gotische Pfarrkirchen, die im Verhältnis zur Einwohnerzahl der Stadt übergroß sind. Mit ihren hohen Dächern und stattlichen Türmen überragen sie das niedrige Häusermeer der Bürger, einen ganz anderen, gleichsam unirdischen Maßstab anschlagend, der keinem profanen Gebäude, auch nicht den öffentlichen Bauten wie Rathaus oder Stadttürmen, gestattet war. Doch standen diese Kirchen stets inmitten der Bürgerhäuser, von diesen oder auch von primitiven Marktbuden umgeben und dadurch in das Stadtbild eingebunden. Erst der Historismus des 19. Jahrhunderts setzte seine Sakralbauten in die Sichtachsen breiter Straßen oder in die Mitte weiträumiger Plätze. Dadurch kam es auch zu den völlig falschen Freilegungen mittelalterlicher Kirchen von der rahmenden Umbauung, die ihnen jene Monumentalität nahm, wie sie nur im Kontrast von niedrigen Bürgerhäusern zu den hohen Kirchenschiffen und -türmen wirksam wurde. Bei der Walpurgiskirche in Alsfeld und der Stadtkirche in Homberg an der Efze wird dies deutlich. Die städtebauliche Einbindung der Sakralbauten in die Bürgerhausbebauung dokumentiert aber auch bis heute die untrennbare Durchdringung des religiösen Lebens mit dem profanen Alltag.

Abb. 1

S. 222

Kirchliche Kunst

Architektur

Die gotische Baukunst entstand in Frankreich, wo ihre ersten Anfänge schon rund ein Jahrhundert früher als in Deutschland zu finden sind. Natürlich tauchte sie nicht plötzlich als neue Stilrichtung auf, sondern erwuchs allmählich und ganz organisch aus der romanischen Kunst. Ihr gegenüber führt sie als Neuerungen die Wölbung aller Bauteile, die Ausbildung eines Strebensystems, die Zergliederung der Wand und neue Ornamentformen wie das Maßwerk ein. Dazu haben die Landschaften Frankreichs unterschiedliche Beiträge geleistet. Während sich die Umwandlung geschlossener romanischer Mauern in gotische Gliedersysteme in Nordfrankreich vollzog, schuf man im Süden die Voraussetzungen für die Einwölbung von Großbauten. Dazu waren die Römer schon in der Antike in der Lage gewesen, wie man am Pantheon in Rom heute noch feststellen kann. Der von Kaiser Hadrian in den Jahren 120 bis 125 n. Chr. aufgeführte Rundtempel mit einem inneren Durchmesser von 43,2 m ist mit einer mächtigen halbrunden Kuppel gewölbt, deren Schub von den 6,2 m starken Außenmauern abgefangen wird.
Die frühchristliche Baukunst übernahm die Kuppelwölbung für ihre Zentralbauten wie Sta. Costanza in Rom, 354 von der Tochter Kaiser Konstantins des Großen als Mausoleum erbaut. Die weströmische Kirche verwendete diesen Bautyp aber nur selten, sondern bevorzugte eindeutig die flachgedeckte Basilika, die auch die romanische Baukunst in Deutschland prägt. Dagegen wurde der kreuzförmige, meist mit fünf Kuppeln gewölbte Zentralbau zum Archetypus der byzantinischen Baukunst. Im westlichen Teil des Abendlandes aber verlernte man die Kunst, große Räume zu überwölben. Erst als man angesichts der durch die Holzdecken begünstigten unzähligen Kirchenbrände den steinernen Raumabschluß aller Gebäudeteile suchte, kamen Kuppelgewölbe und die ebenfalls schon in der Antike verwandten Tonnengewölbe wieder in Erinnerung. Man war bei den Kuppelkirchen nicht einmal auf entfernte byzantinische Vorbilder angewiesen, sondern fand sie sowohl bei S. Marco in Venedig (1063–1073) als auch in Apulien, das lange Zeit unter dem Einfluß von Byzanz gestanden hatte. Von Italien aus wurden also wahrscheinlich die ersten Kuppelkirchen in Südfrankreich beeinflußt. Es sind dies u. a. die Kathedrale von Angoulême (1101–1128) und St.-Front in Périgueux (nach 1120). Die Kuppel fand zwar in Deutschland für die Wölbung von Großbauten keine Nachfolge, wurde aber in der Frühgotik zum Domikalgewölbe weiterentwickelt.
Die zweite schon auf die Antike zurückgehende Gewölbeform ist die Tonne, geometrisch als halber Zylinder zu definieren. Sie überdeckte einst die Maxentius-Basilika in Rom (306–310 n. Chr.) und war auch im Frühmittelalter weiter im Gebrauch, allerdings nur für schmale Räume wie Krypten. Die ersten Versuche, größere Kirchenräume mit Tonnengewölben nach oben abzuschließen, wurden wiederum in Südfrankreich gemacht. Zu den frühesten Beispielen dafür zählen St.-Philibert in Tournus (nach 1066 gewölbt), der Chor von St.-Benoît-sur-Loire (um 1080) und Notre-Dame-du-Port in Clermont-Ferrand (begonnen 1099). Ein Tonnengewölbe übt auf seine gesamte Länge einen beachtlichen Seitenschub auf die Außenwände aus, so daß diese nach außen gedrückt werden und einzustürzen drohen, wenn man diesen Schubkräften nicht entgegenwirkt. Bei einem einschiffigen Saalbau ist das noch relativ einfach, da man nur dessen Außenmauern entsprechend dick ausbilden mußte. Schwieriger ist das Problem schon bei einer dreischiffigen Basilika zu lösen, deren über die Seitenschiffe emporragende sogenannte

Obergadenwände nicht so stark ausgebildet werden können, da sie dann für die sie tragenden Arkadenpfeiler eine zu große Last bedeuten würden. Man hat sich deshalb in Clermont-Ferrand und bei anderen südfranzösischen Basiliken zu helfen gewußt, indem man über den Seitenschiffen Emporen anordnete, deren einhüftige Gewölbe (mit einem Viertelkreis als Durchmesser) etwa dort auf die Obergadenwände treffen, wo im Mittelschiff die Längstonne ansetzt, so daß deren nach außen gerichteter Druck über die Seitenschiffgewölbe in die Seitenschiffaußenwände abgeleitet wird. Die einhüftigen Emporengewölbe nehmen insoweit schon das später entwickelte System der Strebebögen vorweg.

Die genannten Kirchen in Südfrankreich sind typisch romanische Bauwerke, bei denen die Massigkeit und Schwere der Mauern, Pfeiler und Bögen vorherrscht, das Verhältnis von Last und tragender Stütze sowie von horizontalen zu vertikalen Gliederungselementen ausgeglichen ist. Die Gotik aber strebt die Auflösung der Mauermassen in ein Gliederungssystem mit großen Glasflächen an; in Verbindung damit erzeugt sie im Kircheninneren den Eindruck der Schwerelosigkeit und betont eindeutig die aufstrebende Vertikale. Die Anfänge dafür liegen in Nordfrankreich, hauptsächlich in der Normandie. Die Obergadenwand der Abteikirche Mont-St.-Michel (erbaut ab 1064) ist durch aufgelegte Blendbögen und halbrunde Dienste gegliedert. Bei den von Wilhelm dem Eroberer und seiner Frau Mathilde in Caen gestifteten Kirchen St.-Etienne (begonnen 1064/66) und Ste.-Trinité (1059–1066) wird die Zergliederung der Stützen und Wände noch weiter vorangetrieben. Diese Bauten hatten zwar von Anfang an in den Seitenschiffen Gewölbe, im Mittelschiff aber Holzdecken. Zu dieser Zeit verfügte man in Südfrankreich schon über die Fähigkeit, die breiten und hohen Mittelschiffe mit Tonnen zu wölben. Doch läßt sich diese Gewölbeform nicht in das Gliederungssystem der nordfranzösischen Frühgotik eingliedern.

Dies machte erst die Entwicklung des Kreuzrippengewölbes möglich. Es entstand aus der Durchdringung zweier Tonnengewölbe und wird bei den genannten normannischen Kirchen schon im letzten Drittel des 11. Jahrhunderts verwendet, etwa gleichzeitig auch in Deutschland beim Dom in Speyer. Kreuzgratgewölbe auch im Mittelschiff von Basiliken wagte man erst gegen 1100, so unter Heinrich IV. in den Domen von Speyer und Worms. Die logische Fortsetzung der Wandgliederung aus Bündelpfeilern und Runddiensten ist das Rippengewölbe, bei dem den Graten eines Kreuzgewölbes zunächst breite Bänder, dann Rund- oder Birnstäbe unterlegt werden. Außerdem streckt sich das Kreuzrippengewölbe in der Frühgotik von einem halbkreisförmigen zu einem spitzbogigen Querschnitt in die Höhe. Die ersten frühgotischen Kathedralen in Frankreich haben im Inneren noch einen viergeschossigen Aufbau der Mittelschiffwände, bestehend aus Arkaden, Emporen, Triforium und Obergadenfenstern. Von dorther, besonders von den Kathedralen in Noyon und Soissons, übernahm der Dom in Limburg (1235 geweiht) den viergeschossigen Wandaufbau und die sechsteiligen Kreuzrippengewölbe. Erst als man bei der Kathedrale von Chartres (1194 begonnen) offene Strebebögen als Widerlager für den bei Kreuzrippengewölben punktförmig anfallenden Schub der Obergadengewölbe entwickelt hatte, konnte man auf die Emporen verzichten und den für gotische Basiliken obligatorischen dreigeschossigen Wandaufbau wählen. Sicher hätte man gern auch noch das Triforium weggelassen, um die gesamte Wand in Öffnungen oder Glasflächen aufzulösen, doch man brauchte diese dunkle, geschlossene Zone, da sich dahinter die Pultdächer der Seitenschiffe verbergen müssen.

Offenes Strebewerk und dreigeschossiger Wandaufbau sind zwei der drei Kennzeichen für den Übergang von der Früh- zur Hochgotik, das dritte ist das Maßwerk. Es entwickelte sich aus dem Zusammenwachsen mehrerer Fenster. Beim Obergaden der Kathedrale von Chartres sind zwei schlanke, hohe Spitzbogenfenster so dicht aneinandergerückt, daß das zwischen ihnen liegende Wandstück auf die Stärke eines steinernen Pfostens reduziert ist. Das darüber befindliche Rundfenster beginnt mit den beiden Spitzbogenbahnen zu einer Gesamtfigur zu verschmelzen. Aus dieser frühgotischen Vorform in Chartres ist dann bei den Chorkapellen der Kathedrale von Reims (1211 begonnen) erstmals echtes gotisches Maßwerk geworden, indem zwischen den drei Einzelfenstern alle restlichen Zwickelflächen aufgelöst wurden. Aus der einfachen Wandöffnung der Romanik entstand in der Gotik ein steinernes Stabwerk, das schließlich zum Hauptornament der gotischen Baukunst wurde, ganze Fassaden wie in Straßburg oder Oppenheim überzieht, aber auch zur Ausschmükkung von Altären, Gestühl, Taufsteinen und anderen Kunstgegenständen dient.

Für die Entwicklung der Hochgotik in Deutschland waren die Kathedralen von Reims, Paris, Amiens und die Abteikirche in St.-Denis besonders bedeutsam, die die Münster in Straßburg und Freiburg (beide um 1240–1250 begon-

nen) sowie den Kölner Dom (1248 begonnen) beeinflußten. Noch etwas früher, nämlich 1235, hielt die Hochgotik mit der Elisabethkirche in Marburg ihren Einzug in Hessen, allerdings nicht mit einer Bischofskirche und der dafür bevorzugten basilikalen Raumform, sondern mit einer Grabes- und Wallfahrtskirche in der Gestalt der Hallenkirche. Auch dafür sind die Vorbilder in Frankreich zu finden, worauf bei der Würdigung der Elisabethkirche noch näher eingegangen werden soll.
Zuvor soll erläutert werden, auf welche Weise die Einflüsse der französischen Gotik nach Deutschland gelangten. Hierbei hatten die mittelalterlichen Bauhütten durch ihre Art der Ausbildung und Organisation einen sehr wichtigen Anteil. Daneben spielte natürlich auch der Bischof, Abt oder adlige Stifter als Bauherr eine Rolle, die aber nicht mehr so wichtig war wie in der Romanik. Es ist treffender, nicht vom Architekten, sondern vom Baumeister des Mittelalters zu sprechen, denn eine akademische Ausbildung auf der Grundlage schriftlich fixierten architektonischen Wissens, das allen Lernenden gleichzeitig zur Verfügung stand, gab es noch nicht. Erst im Zeitalter der Renaissance wurden die Lehrbücher des römischen Ingenieurs Vitruv (etwa 31 v. Chr.) übersetzt, publiziert und zur Grundlage der theoretischen Architektenausbildung gemacht. Wohl aber existierten sogenannte Musterbücher, die von den Bauhütten für die praktische Anwendung theoretischer Hilfsmittel zusammengestellt wurden. Zwar ist nur eines davon erhalten geblieben, doch ist es durchaus berechtigt, daraus auf die Existenz weiterer zu schließen, die wegen der Kostbarkeit des Pergaments später abradiert und überschrieben worden sind, wie dies mit den sogenannten »Reimser Palimpsesten« geschah. Es waren dies gotische Entwurfszeichnungen, die man schon bald nach ihrer Entstehung abradierte und mit juristischen Texten überschrieb, mit Hilfe moderner Fotografiertechnik aber wieder sichtbar machen konnte. So mag manches Hüttenbuch der Gotik heute noch als Palimpsest unter jüngeren Aufzeichnungen verborgen sein.
Das eine erhaltene stammt von dem französischen Baumeister Villard de Honnecourt aus der Zeit um 1200–1230 und gibt zahlreiche Details gotischer Bauten wieder, aus denen man die Reisen des Verfassers durch Frankreich, die Schweiz, Deutschland bis nach Ungarn nachvollziehen kann. Das Skizzenbuch enthält Grund- und Aufrisse von Chören und Türmen, Maßwerkformen, Anleitungen zur Konstruktion regelmäßiger Polygone und Bogenformen sowie Zeichnungen von Skulpturen und Chorgestühlen. Derartige Musterbücher wurden in den Bauhütten als Geheimnis der Baumeister, Steinmetzen und anderer Zünfte gehütet. Sie waren Laien nicht zugänglich. Daneben legte man auch Sammlungen großformatiger Pläne an. Die bedeutendste ist in der »Frauenhaus« genannten Bauhütte des Straßburger Münsters erhalten geblieben.
Selbst wenn der angehende gotische Baumeister von seiner sozialen Stellung her die Möglichkeit zum Studium an einer Universität gehabt hätte, so wäre man dort keineswegs in der Lage gewesen, ihm mathematische Kenntnisse zur Konstruktion gotischer Bauformen zu vermitteln. Die Mathematik zählte unter der Bezeichnung »Arithmetik« zu den Sieben Freien Künsten, in die sich der Unterrichtsstoff in zwei Bereiche gliederte. Der erste wurde »Trivium« genannt, bestand aus der Grammatik, Rhetorik und Dialektik und wurde beim Unterricht eindeutig bevorzugt. Der zweite mit der Bezeichnung »Quadrivium« umfaßte zwar die Arithmetik, Geometrie, Musik und Astronomie, doch darf man daraus nicht auf einen systematischen Mathematikunterricht schließen. Eine Ausbildung in Arithmetik sollte den Studenten lediglich in die Lage versetzen, den sogenannten »Computus« zu beherrschen. Dies war ein Verfahren, bei dem es darum ging, mit Hilfe mehrerer Formeln und einer primitiven Astronomie das Datum des Osterfestes jährlich neu zu berechnen. Daraus erkennt man erneut, wie stark die Welt des Mittelalters selbst im Bereich der Naturwissenschaften von der Religion durchdrungen war. Theologie und Philosophie beherrschten die Universitäten, für technische Fragen gab es keinerlei Interesse. So gehörte Mathematik an der Sorbonne in Paris nicht zu den Prüfungsfächern, und von einem Baccalaureus an der Universität Oxford wurde noch 1408 nur das Rechnen mit geraden Zahlen gefordert.
Das die Städte beherrschende Zunftwesen erlaubte auch nicht die Einrichtung öffentlicher Bauschulen. So war eine Ausbildung nur in den Bauhütten möglich. Deren Organisation ist durch Schriftquellen erst für das 15. und 16. Jahrhundert überliefert. Da in diesen jedoch häufig von altem Brauch die Rede ist, sind die Regeln auch für das 13. und 14. Jahrhundert vorauszusetzen. Nach ihnen war für den Beruf des Baumeisters zunächst eine fünfjährige Lehre als Steinmetz vorgeschrieben. Nach bestandener Gesellenprüfung hatte man sich auf die Wanderschaft durch große oder auch kleinere Baustellen in Mitteleuropa zu begeben. Danach suchte man bei einem möglichst fähigen Steinmetzmeister eine feste Anstellung als »Meisterknecht«, falls es nicht gelang, bei einem berühmten Baumeister als

»Diener auf Kunst« anzukommen. Da die Baumeister der Gotik in gleicher Weise Bildhauer und Architekten sein mußten, umfaßte diese zweijährige gehobene Ausbildung folgenden Stoff: 1. Die Herstellung von Kapitellen, Fialen, Laubwerk, Krabben, Schlußsteinen und anderen Architekturdetails. 2. Die Mitwirkung bei der Anfertigung von Statuen und figürlichen Reliefs unter intensiver Anleitung durch den Meister. 3. Bei entsprechenden Fortschritten die selbständige Arbeit an Einzelstücken. 4. Parallel zu dieser praktisch-kreativen Tätigkeit erfolgte die Unterweisung in den Regeln der Geometrie, wie sie mit Hilfe von Zirkel und Schnur auf der Baustelle zur Konstruktion der großen und kleinen Bauteile umgesetzt wurden. 5. Das Zeichnen von sogenannten Architekturrissen, vor allem den Umgang mit dem Zirkel und dem Richtscheit, die zum Symbol dieses Berufsstandes wurden.

War der »Meisterknecht« oder »Diener auf Kunst« in diesen Ausbildungsgängen entsprechend weit fortgeschritten, konnte ihm sein Meister schon die Überwachung eines Bauabschnitts übertragen, oder er entsandte ihn sogar auf eine andere ihm unterstellte Baustelle, die er dann stellvertretend leiten durfte. Nun konnte er nach Anfertigung einiger Meisterstücke von der Zunft die Bestätigung zum Meister erhalten. Eine derartige Ausbildung hatte den Vorteil, sehr stark an der Praxis orientiert zu sein und so das allein auf der Erfahrung beruhende Wissen der einen Generation an die nächste weitergeben zu können. Dies war außerordentlich wichtig, denn die gotischen Sakralbauten nahmen so riesige Ausmaße an, daß keine Generation in der Lage war, ihre Entstehung von der Grundsteinlegung bis zur Weihe zu erleben. Jede mußte vielmehr einen Abschnitt vollenden, dabei das Ganze als Konstruktionssystem im Auge behalten, ohne die Hoffnung zu haben, es vollenden zu können. Das schon mehrfach zitierte Gemeinschaftsdenken des Mittelalters kannte nicht das schöpferische Individuum, sondern das Gemeinwesen Bauhütte, in dem sich jeder dessen bewußt war, nur Glied in einer Kette zu sein mit der Verpflichtung, Übernommenes fortzuführen und an kommende Generationen weiterzugeben. Daraus erklärt sich eine Vorform denkmalpflegerischen Verhaltens gegenüber bestehender älterer Bausubstanz. Wenn irgend möglich, wurden Fundamente, Teile des aufgehenden Mauerwerks oder gar ganze Bauteile beibehalten und unter Zurückstellung des eigenen Gestaltungswillens in das eigene Werk integriert. Wenn dies bei den großen Kathedralen wie z. B. in Straßburg oder Freiburg häufiger als bei hessischen Stadtkirchen zu beobachten ist, so liegt dies an der Neugründung bzw. dem starken Wachstum vieler Städte im 13. Jahrhundert, die Kirchenneubauten auf jungfräulichem Boden oder anstelle viel zu kleiner Vorgängerbauten begünstigten.

Ungeachtet der geschilderten Einbindung der gotischen Baumeister in die Hüttentradition treten sie dennoch schon häufiger wenigstens mit ihrem Namen in Erscheinung, wie sie für die Kathedralen von Amiens und Reims durch Inschriften in den Labyrinthen überliefert sind. Vom Meister Erwin der Straßburger Westfassade wissen wir durch schriftliche Überlieferung letztendlich auch nicht viel mehr, von Meister Wilhelm von Sens besitzen wir immerhin eine Schilderung seines Berufsunfalls auf dem Gerüst in der Kathedrale von Canterbury. Mit den Parlern kennen wir immerhin schon eine ganze Baumeisterfamilie, deren Name sich von der Berufsbezeichnung des Poliers ableitet. Seit Kaiser Karl IV. Peter Parler aus Gmünd an den Veitsdom nach Prag berufen hatte, breiteten sich von dort aus die Angehörigen dieser Baumeistersippe in alle Teile des Reiches bis nach Mailand aus. In Hessen sind aus der Spätgotik als herausragende Baumeister Tyle von Frankenberg und Madern Gerthener in Frankfurt bekannt, denen man sogar schon mehr als ein Werk zuordnen kann, ohne daß damit bereits eine in Biographie und Œuvre lückenlos erfaßbare Künstlerpersönlichkeit zu erkennen ist. Dies war erst der Renaissance in Italien vorbehalten.

Für den Entwurf und die Planung bedeutender Sakralbauten wurden wohl sehr viel häufiger Zeichnungen auf Pergament angefertigt, als der vorhandene Bestand vermuten läßt. In Hessen sind nur zwei Risse von Madern Gerthener für den Frankfurter Domturm erhalten. Derartige Entwürfe konnten bis zu 5 m hoch sein und waren mit Blei- bzw. Silberstift oder mit Feder und Tinte auf zusammengenähte Pergamentbahnen gezeichnet. Für Detailentwürfe konnte man auch Wachstafeln, mit Kreidegrund überzogene Holztafeln oder den geglätteten Putz der Wände benutzen. Diese Zeichnungen hatten jedoch keinen festen Maßstab wie heutige Pläne, enthielten auch fast nie Maßangaben. Sie sind mehr als Ideenskizzen und nicht als exakte Ausführungsplanung zu werten. Der auf uns überkommene sehr lückenhafte Bestand enthält hauptsächlich Aufrisse im Charakter von Ansichten, seltener schon Grundrisse, z. B. für den Dom in Mailand, und keinerlei Schnitte. Die Festlegung der Maße erfolgte im Verhältnis 1:1 für die Bauwerke insgesamt auf dem sorgfältig geglätteten Bauplatz mit Hilfe von eingeschlagenen Holzpflökken und der Meßschnur mit eingeknoteten Fußangaben. Dabei ging man für die lichten Maße von festen Zahlenverhältnissen aus und benutzte häufig den Kreis wie auch das gleichseitige Dreieck zur sogenannten »Triangulation«. Liturgisch wichtig war die Ausrichtung des Chors nach Osten, die vielfach nach dem Sonnenaufgang am Tag des Titelheiligen vorgenommen wurde. Die bei einigen Kirchenbauten bemerkbaren Richtungsänderungen zwischen den einzelnen Bauteilen können auf einer Änderung des Patroziniums oder des Meßverfahrens beruhen.

Die Fundamentierung ist der schwächste Teil der gotischen Bauausführung. Vielfach behielt man einfach die Grundmauern des romanischen Vorgängerbaus bei, um auf den Werken der meist heiliggesprochenen ersten Missionare aufzubauen. Beim Straßburger Münster nahm man dafür sogar in Kauf, daß die Proportionen im Vergleich zum Vorbild der Abteikirche von St.-Denis gedrungener ausfielen. Wo der Boden sich als nicht tragfähig erwies, versuchte man ihn durch Schlagen und Stampfen sowie das Einrammen von Eichenholzpfählen zu festigen. Solange die Holzpfähle in ihrer ganzen Länge im Grundwasser steckten, bewährte sich diese Gründung durchaus. Die Regulierung und Kanalisierung der Wasserstraßen im 20. Jahrhundert hat allerdings zu schweren Schäden und teuren Nachgründungen mit Beton geführt.

Die Wände und Pfeiler sind durchweg als Zweischalenmauerwerk ausgebildet. Dabei wurden äußere und innere Schale sorgfältig aus Quadern zusammengefügt oder in Bruchstein gemauert, der breite Zwischenraum jedoch lediglich mit einer Füllung aus Kalkmörtel und Gesteinsbrocken ausgegossen. Die Herstellung der Quadersteine mit exakt geglätteter Oberfläche, vor allem aber die Anfertigung der zahlreichen Profilstücke, Ornamentteile oder Figurenreliefs war aufwendig, deshalb zeitraubend und erforderte eine gute Organisation. Die von verschiedenen Steinmetzen in der Bauhütte aus dem rohen Block einzeln herausgehauenen Stücke mußten sich beim Versetzen nahtlos zu einer Gesamtform zusammensetzen lassen. Daß man so gut wie niemals irgendwelche Unregelmäßigkeiten entdecken kann, auch nicht bei großen Maßwerkfenstern mit sehr zahlreichen Einzelstücken, spricht für die Genauigkeit von Entwurf und Ausführung. Dabei war es die Aufgabe des Poliers, den Steinschnitt festzulegen und die Grundlinien des Formstücks auf dem Steinblock mit Hilfe von Ritzzeichnungen anzugeben. Dies geschah auf dem Reißboden, einer größeren geglätteten Fläche, die man in einer Scheune oder einem älteren, leerstehenden Kirchenraum vorfand und mit einem Bretterboden oder einem Estrich versah. Die Linien des Pergamentplans wurden nun mit Hilfe des Schnurzirkels oder auch großer Stechzirkel auf den jeweiligen Steinblock übertragen.

Die Ausarbeitung des Werkstücks war dann die Aufgabe des einzelnen Steinmetzen, der dafür nach Leistung bezahlt wurde. Um sein Werk von dem der anderen Steinmetzen für die Abrechnung unterscheiden zu können, wurde jedes Stück mit einem Steinmetzzeichen gekennzeichnet. Es sind dies keine Versetzzeichen, wie die Zimmerleute sie auf den Enden der Fachwerkbalken anbringen, sondern Autorensignaturen aus Kreuz- und Winkelformen, kurvigen und buchstabenähnlichen Zeichen. Als man die Werkstücke nach der Abrechnung am Bau anbrachte, gerieten die Steinmetzzeichen meist an eine der fünf verdeckten Innenseiten, so daß nur wenige für uns sichtbar sind. Bei intensivem Suchen wird man aber an fast jeder gotischen Kirche Steinmetzzeichen entdecken.

Für das Versetzen der schweren Quadersteine und Werkstücke am Bau benutzte man mechanische Hilfsmittel. Aus Seilen und Rollen wurden Kräne gebaut, für deren Anbringung in großer Höhe man vielfach ältere Türme zunächst stehen ließ. Beim unvollendeten Westbau des Wetzlarer Domes kann man den Bauvorgang bis heute anschaulich nachvollziehen, denn man sieht noch den Nordturm des romanischen Vorgängers in voller Höhe, um ihn herum die mit seiner Hilfe hochgezogenen gotischen Mauern. Die bei einigen mittelalterlichen Kirchen, z. B. beim Dom in Regensburg, überlieferte Bezeichnung Eselsturm deutet darauf hin, daß man das Baumaterial vielfach auch auf dem Rücken von Eseln über spiralförmig in den Türmen angelegte Rampen nach oben befördert hat.

Für das Anheben der Werkstücke gab es seit der Antike als sinnvolle Vorrichtungen zum Befestigen der Zugseile den Wolf und die Steinzange. Diese waren jedoch offensichtlich nicht mehr auf allen Baustellen bekannt, denn bei der Stadtkirche in Volkmarsen beginnen die für die Steinzange typischen Löcher erst beim Mauerwerk westlich des Südportals. Auf dem danebenstehenden Strebepfeiler haben die stolzen gotischen Bauleute ihre neueste Erfindung in einer Ritzzeichnung für die Nachwelt festgehalten. Bis dahin hatten sie die Seile wohl nur um die Quadersteine geschlungen, verknotet und gegen das Abrutschen durch stehengelassene Verdickungen gesichert. Man mußte bei dieser primitiven Art der Transportbefestigung den Stein vor dem endgültigen Vermauern nochmals auf dem Gerüst bearbeiten und anheben, um die Seile lösen zu können.

S. 250

Dies wird durch die in Volkmarsen an einem Kran hängende Steinzange überflüssig. Sie faßt mit ihren beiden unteren Klauen in zwei in die seitlichen Quaderflächen eingearbeitete Löcher, zieht sich beim Anheben nach dem Scherenprinzip zusammen und öffnet sich wieder, wenn das Werkstück an seinem endgültigen Versatzort aufsetzt. Der Nachteil der Steinzange liegt einmal darin, daß man zum Einmeißeln der beiden Löcher den Schwerpunkt des Werkstücks sehr genau abschätzen muß, weil sich sonst der Stein verkantet und dabei unter Umständen aus der Zange rutscht. Zum anderen ist eines der beiden Löcher immer in der Ansichtsfläche zu sehen. Dies ist beim Wolf nicht der Fall, weshalb dessen Verwendung auch schwerer nachzuweisen ist. Bei ihm braucht man nur eine rechteckige Eintiefung, die möglichst genau in die Mitte der oberen Fläche so eingearbeitet werden muß, daß sie sich nach unten schräg erweitert. In sie hinein wird der Wolf gesteckt. Er besteht aus einem Bügel und drei Eisenkeilen, von denen zwei nach außen konisch verstärkt sind, so daß sie genau in das beschriebene Wolfsloch eingepaßt und miteinander und dem Bügel durch einen Bolzen verbunden werden können.

Die Dächer der kleineren Dorfkirchen hat man auch noch im Spätmittelalter mit Stroh oder Reet gedeckt, alle anderen aber mit Schiefer, Blei oder Tonziegeln in Mönch-Nonne-Form.

Die Bauhüttentradition mit der Wanderschaft der Gesellen und der Entsendung von Meisterknechten zu auswärtigen Baustellen begünstigte die Verbreitung neuer Bauformen nicht nur von Frankreich nach Deutschland, sondern auch innerhalb Hessens. Es ist deshalb durchaus berechtigt, von einer hessischen Bauschule der Hallenkirchen zu sprechen. Sie geht von der Elisabethkirche in Marburg aus, die zugleich Beginn und Höhepunkt der gotischen Baukunst in Hessen ist und deren Bedeutung weit über die Landesgrenzen hinausreicht. Anlaß für die Errichtung eines so prächtigen Bauwerks (ab 1235) war die Heiligsprechung der Landgräfin Elisabeth vier Jahre nach ihrem Tode. Die kleine Kapelle des Franziskanerhospitals war für den Pilgerstrom zum Grabe der vom Volk sehr verehrten Heiligen bald zu klein. Kaiser Friedrich II. übertrug sie dem Deutschen Orden, sicher durch Vermittlung des Landgrafen Konrad. Er war der Schwager Elisabeths und trat 1234 als Sühne für seine Zerstörung Fritzlars dem Orden bei, dessen Hochmeister er nach dem Tode Hermanns von Salza 1239 wurde. Wahrscheinlich hat er die Elisabethkirche auch für sich und den hessischen Zweig seiner Familie zur Grablege bestimmt. Damit hatte das Bauwerk vier Funktionen zu erfüllen, aus denen sich die Trikonchos genannte Chorform mit drei nach Osten, Süden und Norden ausgerichteten Polygonen ergeben hat. Dabei diente Abb. 89
das östliche Polygon als Chor der Deutschordenskirche, das nördliche als Grablege der hl. Elisabeth, das südliche als Gruft für den Landgrafen Konrad und später die Abb. 91
Landgrafen von Hessen sowie das Schiff als Kirche der Pilger.

Den Trikonchos gibt es in der rheinischen Baukunst seit der Mitte des 11. Jahrhunderts, so in Köln bei St. Maria im Kapitol (um 1040–1065), Groß St. Martin (um 1150–1172) und anderen Kirchenbauten des 12. und 13. Jahrhunderts, kommt aber auch bei den frühgotischen Kathedralen von Noyon, Cambrai und Soissons vor, so daß er auch auf französischen Einfluß zurückgehen kann. Auf jeden Fall trifft dies für die Raumform der Hallenkirche zu, wie sie in Südfrankreich schon in der Romanik angewandt wurde, zum Beispiel bei Notre-Dame-la-Grande in Poitiers und St.-Martin-d'Annay in Lyon. Während bei einer Basilika das Mittelschiff meist doppelt so breit und hoch wie die Seitenschiffe ist und deshalb von oben aus den Fenstern über den Seitenschiffdächern Licht erhalten kann, sind bei einer Hallenkirche alle drei Schiffe gleich hoch und meist auch gleich breit. Dadurch können auch die Öffnungen zwischen den Schiffen höher und breiter sein, so daß mehr Licht von den Seiten einströmt und der Diagonalblick quer durch den gesamten Raum möglich wird. Deshalb eignet sich der Hallenraum auch besonders als Pfarr- und Pilgerkirche für große Volksmengen, die darin besser der Liturgie und Predigt folgen können als in den hierarchisch gestuften, meist in ein mystisches Dämmerlicht getauchten Basiliken. In der deutschen Baukunst des 13. Jahrhunderts brach deshalb ein regelrechtes Hallenfieber aus, bei dem man in technisch sehr gewagter Weise Basiliken durch das Ausbrechen der Obergadenwände nach Erhöhung der Seitenschiffe umbaute. Ein hessisches Beispiel dafür ist die Klosterkirche in Flechtdorf. Die früheste und größte Verbreitung fand die Hallenkirche in Westfalen. Nach dem Vorbild der Kathedrale St.-Pierre in Poitiers (1162–ca. 1220) sind bei den westfälischen Hallenkirchen alle drei Schiffe gleich breit.

Das Langhaus der Elisabethkirche in Marburg dagegen hat einen für Basiliken typischen Grundriß, bei dem das Mit- S. 233
telschiff entsprechend seiner doppelten Höhe auch doppelt so breit wie die Seitenschiffe ist. Man hat deshalb vermutet, daß hier zunächst eine Basilika geplant war, die erst

während des Baues in eine Hallenkirche umgewandelt wurde, und als Beweis dafür die überschnittenen Fensterlaibungen an der Nahtstelle zwischen Südkonche und Langhaus angeführt. Auch wurde auf die Totenkirche in Treysa verwiesen, die bezüglich ihrer Architekturformen von Marburg abhängig ist und von dort noch vor dem Planwechsel die basilikale Raumform übernommen haben soll. Dagegen hat Jürgen Michler überzeugend dargestellt, daß der zweigeschossige Wandaufbau des Trikonchos seine logische Fortsetzung nur in einem zweigeschossigen Langhaus findet, was allein bei einer Hallenkirche möglich ist. Die Überschneidungen bei den Fenstern in der Ecke zwischen Südpolygon und Langhaus erklärt er schlüssig aus den Differenzen zwischen Außen- und Innenwand, die in jeder Ecksituation beim Anschluß eines Polygons an ein Langhaus entstehen. Dazu kommt innen der Unterschied der siebenteiligen Eckdienste zu den übrigen dreiteiligen Wandvorlagen. Sitzt unter diesen geschilderten Voraussetzungen ein Fenster innen in der Mittelachse zwischen den Gewölbediensten, gerät es außen automatisch aus der Mittelachse und wird in die Ecke gedrängt, und die Überschneidung der Überfangbögen ist nicht mehr zu vermeiden. Da ein gotischer Kirchenraum immer sehr viel mehr von innen her gedacht ist, nahm man lieber an der zur profanen Welt gekehrten Seite die Unregelmäßigkeiten in Kauf. Für den relativ seltenen zweigeschossigen Wandaufbau mit zwei Fensterreihen übereinander lieferte offensichtlich wiederum Frankreich die Anregung durch die ehemalige Abteikirche St.-Yves in Braine, St.-Léger in Soissons und St.-Mathurin in Larchant, letzteres auch eine Wallfahrtskirche. Das in reiner Form gleichzeitig mit der Liebfrauenkirche in Trier erstmals in Deutschland vorkommende Maßwerk ist auf die ab 1211 erbauten Chorkapellen der Kathedrale von Reims zurückzuführen. Für die frühe Entstehungszeit und direkte Ableitung aus Reims ist charakteristisch, daß der Kreis nicht mit den Spitzbögen der beiden ihn tragenden Bahnen verschmilzt, wie dies erst beim zweiten Bauabschnitt des Langhauses in Marburg ab etwa 1248 der Fall ist.

S. 247

Über die Baugeschichte in Marburg sind wir ungewöhnlich gut durch Urkunden, zusätzlich durch die Daten der Dendrochronologie unterrichtet. Hier ist nämlich der gesamte Dachstuhl aus der Gotik erhalten. Er bestätigt, daß die frühesten bekannten Walmdächer tatsächlich noch die originalen aus der Gotik sind. Die Dachgestaltung einer Hallenkirche stellte die gotischen Baumeister vor ganz neue Aufgaben, galt es doch, drei gleich hohe Schiffe zu überdecken. Dafür gibt es vier verschiedene Möglichkeiten. Die erste mit drei parallelen Satteldächern in der Längsrichtung bringt erhebliche Entwässerungsprobleme in den tiefen Einschnitten dazwischen mit sich und wurde nur sehr selten, z. B. bei der Marienkirche in Danzig, angewandt. Die zweite mit einem einzigen sehr breiten und damit zugleich auch sehr hohen Satteldach kommt vom 14. Jahrhundert an häufig vor, erforderte jedoch für den gewaltigen Dachstuhl riesige Holzmengen und entsprach mit dem großen, ungegliederten Dachvolumen nicht dem ästhetischen Empfinden der Früh- und Hochgotik. Die Hallenkirchen Westfalens und die von ihnen abhängigen in den angrenzenden Gebieten bevorzugen deshalb die Anordnung eines längsgerichteten Satteldaches über dem Mittelschiff und querstehender Satteldächer über jedem Seitenschiffjoch, endend jeweils in einem steinernen Giebel.

Kirchen dieses Typs wirken von außen wie eine Reihung von Querschiffen. In Hessen kommt diese Lösung u. a. bei der Walpurgiskirche in Alsfeld und der Stiftskirche in Butzbach vor. Die Dachlösung der Elisabethkirche in Marburg, der direkt von ihr abhängigen Liebfrauenkirche in Frankenberg und der Stadtkirche in Friedberg besteht ebenfalls aus Querdächern, die jedoch über den Seitenschiffjochen nicht in Steingiebeln, sondern Walmen enden. Der Baumeister der Elisabethkirche wählte diese neue Dachform wahrscheinlich, um die Einheit von Trikonchos im Osten und Hallenlanghaus im Westen auch in der Dachlösung zu wahren. Der Anschluß eines abgewalmten Polygons an den ersten Giebel des Langhauses hätte auch kaum organisch gestaltet werden können.

Abb. 1, S. 193
Abb. 89

Für ihre Größe und aufwendige Gestaltung hat die Elisabethkirche eine relativ kurze Bauzeit gehabt. Der eigentliche Kirchenraum war schon 48 Jahre nach der Grundsteinlegung zur Weihe 1283 vollendet. An den beiden Westtürmen hat man allerdings noch bis in das erste Viertel des 14. Jahrhunderts gearbeitet. Im Unterschied zu den meisten Doppelturmfassaden der Gotik wurde sie hier jedoch ohne Unterbrechung oder Planwechsel bis in die Turmspitzen hinein ausgeführt, während man die Türme der Dome in Köln, Regensburg und Meißen erst im 19. Jahrhundert fertigstellte. Durch die relativ kurze Bauzeit, die dadurch bedingte Einheit der Detailformen und die Vollständigkeit in allen Bauteilen könnte man die Elisabethkirche für ein Produkt der Neugotik halten. Der Antrag der Bundesregierung bei der UNESCO auf Anerkennung als Denkmal von Weltgeltung wurde darum auch zunächst von Frankreich mit dem Argument abgelehnt, sie sei neugotisch oder zumindestens im 19. Jahrhundert stark restauriert worden. Dabei ist sie wie kaum ein anderer mittelalterlicher Sakralbau vor späteren Veränderungen auch des Historismus bewahrt geblieben.

Das gilt auch für den Innenraum und seine reiche Ausstat-
Abb. 94, 95, 92 tung mit Glasgemälden, Altären, Lettner, Skulpturen,
S. 235 f. Grabdenkmälern und dem Elisabethschrein. Dadurch ge-
Abb. 93 a, b winnt man hier ein selten vollständiges und richtiges Bild von der Gestalt einer gotischen Kirche, während fast alle anderen entweder leergeräumt wurden, wenn sie nach der Reformation calvinistisch geworden waren, oder barock neu ausgestaltet wurden, wenn sie katholisch blieben.

Marburg hatte wie die hier nach der Landesteilung 1567 regierende Landgrafenfamilie die lutherische Konfession angenommen. Als nach deren Aussterben 1604 die Kasseler Linie unter Landgraf Moritz dem Gelehrten das Erbe antrat, versuchte dieser, den Calvinismus durchzusetzen, zu dem er durch seine zweite Ehe mit Juliane von Nassau übergetreten war. Dies gelang ihm unter Vertreibung der meisten Professoren in das lutherische Gießen zwar bei der Universität, nicht jedoch bei der Bürgerschaft. So unterblieb das sonst übliche Ausräumen der Kirchen von allen bildlichen Darstellungen, das in Hessen leider zu großen Verlusten an mittelalterlicher Kunst geführt hat. Sicher hat bei der Elisabethkirche auch der Respekt vor der Heiligen schützend gewirkt, war sie doch durch ihre Tochter die Begründerin der hessischen Landgrafendynastie.

Der Innenraum der Elisabethkirche erhält seinen ganz eigenen Charakter durch die Verbindung des basilikalen Grundrisses mit dem Aufriß eines Hallenraumes. Das Mittelschiff erscheint dadurch relativ breit, die Seitenschiffe wirken dagegen gangartig schmal und sehr steil. Sie
Abb. 90 schließen sich beim Blick in der Längsachse durch die enge Stellung der Pfeiler optisch stark gegen das Mittelschiff ab, lassen jedoch das Licht aus den in zwei Reihen übereinander angeordneten Fenstern in ganzer Fülle einströmen. Die kräftigen, durch ihre Höhe jedoch schlank wirkenden Rundpfeiler bestimmen sehr wesentlich die Raumwirkung. Man nennt diesen Pfeilertyp aus rundem Kern und vier aufgelegten Runddiensten den kantonierten Pfeiler. Er wurde in der Nachfolge der Elisabethkirche zum Kennzeichen hessischer Hallenkirchen.

So groß war der Einfluß der Wallfahrtskirche über dem Grab der heiliggesprochenen Landgräfin, daß er sogar die Gestalt der Zisterzienserkirche in Haina bestimmte. Vom Jahre 1216 an wurde die Klosterkirche zunächst noch ganz nach dem Ordensschema der ersten Kirche von Clairvaux errichtet. Im Grundriß der Ostteile gleicht deshalb Haina noch weitgehend dem romanischen Eberbach, beim aufgehenden Mauerwerk werden allerdings im Maßwerk und in den Gewölben die Formen der nordfranzösischen Kathedralgotik verwendet, die Bernhard von Clairvaux bis zu seinem Tode für den Zisterzienserorden als zu prächtig abgelehnt hatte. Im zweiten Jahrhundert nach seiner Gründung läßt der Zisterzienserorden in bezug auf die strengen Regeln seiner Baukunst deutliche Auflösungserscheinungen erkennen. Das Mutterkloster von Haina, die Abtei Altenberg unweit Köln, ging hier sogar noch einen Schritt weiter, indem es für seinen Kirchenbau auch den Grundriß eines Kathedralchors und offenes Strebewerk am Außenbau wählte. Beim Langhaus in Haina verläßt der Orden weitgehend seine eigene Bautradition, indem er von der Elisabethkirche ab etwa 1260 das Hallenlanghaus übernahm. Man erkennt dies im Grundriß an den schmalen Seitenschiffen und dem breiten Mittelschiff, im Aufriß an den
kantonierten Pfeilern und den beiden übereinanderliegen- Abb. 52
den Fensterreihen, von denen hier allerdings die untere sehr viel kleiner ausgebildet ist und bei den Westjochen ganz weggelassen wird. Die Verwendung von Glasgemäl-
den, figürlichen Schlußsteinen und Tierdarstellungen an Abb. 53, 54
den Konsolen der Gewölbedienste beweist, wie weit man S. 215
sich bereits von den Lehren Bernhards entfernt hatte, der diesen ganzen Aufwand ablehnte, da er nur vom eigentlichen Gottesdienst ablenke.

Auch die Stiftskirche in Wetter ist als Hallenkirche mit Abb. 119
kantonierten Rundpfeilern leicht als Nachfolgebau der Elisabethkirche zu erkennen. Über ihre Erbauung existieren keine schriftlichen Belege, so daß man nur aus den stilistischen Zusammenhängen mit den anderen Bauten der Marburger Bauschule auf eine Entstehungszeit um 1250–1280 anschließen kann. Der relativ gut erhaltene, nur im Querschiff 1859–1864 leicht veränderte Bau läßt auch bei der Ausbildung des Chorpolygons aus fünf Seiten eines Zehnecks auf den Einfluß der Elisabethkirche schließen. Allgemein üblich bei kleineren Stifts- und Pfarrkirchen sind Chorgrundrisse aus fünf Seiten eines Achtecks, die nur drei schräge Apsisflächen haben und deshalb mit geringerem Aufwand hochgemauert werden können. Die
fälschlicherweise »Dom« genannte Stiftskirche in Wetzlar, Abb. 121, S. 253
erbaut 1250 bis 1307, hat eine Hauptapsis aus drei Seiten eines Sechsecks, eine noch seltenere Form. Im übrigen weisen das Maßwerk des Chors, die kantonierten Rund-

pfeiler und die Raumform der Hallenkirche auf das Marburger Vorbild hin.

Das getreueste Abbild der Elisabethkirche ist jedoch die Abb. 21 Stadtpfarrkirche in Frankenberg. Sie wurde 1286 begonnen, ihr Chor war um 1300 vollendet und besaß den gleichen Trikonchos wie das Marburger Vorbild. Um die Mitte des 14. Jahrhunderts trug man jedoch die Ostapsis ab und ersetzte sie unter der Bauleitung von Tyle von Frankenberg durch einen sehr viel längeren, breiteren und höheren Chor. Das Hallenlanghaus mit seinen Maßverhältnissen und kantonierten Rundpfeilern folgt ebenfalls ganz der Elisabethkirche.

Abb. 99 Die Schloßkapelle in Marburg ist ein besonders qualitätvoller Bau der Marburger Schule. Sie unterscheidet sich von den anderen Nachfolgebauten der Elisabethkirche schon durch den Bauherrn, der hier nicht eine Pfarrgemeinde oder ein Stift, sondern der Landesherr selbst war. Die zierlichen Architekturformen von höchster Eleganz deuten auf Beziehungen zur französischen imperial-sakralen Baukunst. Den Zeitraum von der Mitte des 12. bis zum Ende des 13. Jahrhunderts kann man auch als das »Zeitalter der heiligen Könige« bezeichnen. Es begann 1164 mit der Überführung der Reliquien der Heiligen Drei Könige nach Köln. Im Jahr darauf erfolgte die Heiligsprechung Karls des Großen auf Betreiben von Kaiser Friedrich Barbarossa. König Ludwig IX. ließ 1239 eine für die Dornenkrone Christi gehaltene Reliquie nach Paris überführen und errichtete für ihre Aufbewahrung die Sainte-Chapelle im alten Königsschloß westlich der Kathedrale Notre-Dame auf der Seine-Insel. Diese Tat und sein auch sonst christliches Leben führten zu seiner Heiligsprechung 1297. In dieses Bestreben der Kaiser und Könige, ihren Herrschaftsanspruch durch die Heiligsprechung von Vorgängern oder Angehörigen der eigenen Dynastie sakral zu legitimieren, paßt auch die Kanonisation der Landgräfin Elisabeth sowie der Bau ihrer Grabeskirche und der Schloßkapelle, letztere ganz im Stil der französischen Sainte-Chapelle, wie sie außer in Paris (um 1239/42–1248) kurz zuvor in St.-Germain-en-Laye (um 1235–1240) entstanden war.

Diese kleinen, aber besonders kostbaren Räume werden durch die weitgehende Auflösung der Wände in Glasflächen charakterisiert. Die beiden polygonalen Seitennischen in der Nord- und Südwand der 1288 geweihten Marburger Schloßkapelle kann man als Reduktion des Trikonchos der Elisabethkirche ansehen. Der Innenraum hat 1972/73 seine ursprüngliche farbige Fassung zurückerhalten. Die Originalfarben sind noch unter mehreren Schichten historisierender Neufassungen erhalten und überraschen durch ihre Intensität wie auch Zusammenstellung. Die Wand- und Gewölbeflächen sind in einem Rosa gehalten, das aus Weiß und Krapplack gemischt wurde. Mit weißen Fugen wurde eine Quaderung aufgemalt. Die Wanddienste, Gewölberippen und Fenstergewände sind weiß, ihre Kehlen mit Mennigerot bemalt. Um die Schlußsteine der Gewölbe gibt es »Hosen« genannte Manschetten in Azuritblau, Malachitgrün und Zinnoberrot mit goldenen Lilien. Die Schlußsteine haben vergoldetes Dekor auf zinnoberrotem Grund, die Deckplatten der Kapitelle sind weiß und grün, das Maßwerk ist weiß und ocker gefaßt.

Aus der Beschreibung geht bereits hervor, daß durchweg reine, in der Natur vorkommende Pigmente verwendet wurden, von denen einige aus Halbedelsteinen gewonnen wurden und deshalb fast so teuer wie Gold waren. Die bei Sonnenschein und blauem Himmel sehr intensiv wirkende Farbgebung wurde durch die Brechung des Lichts mittels der ursprünglichen Farbverglasung wesentlich gemildert.

Das Beispiel der farbig gefaßten Schloßkapelle steht nicht allein, sondern hat Parallelen bei nahezu allen Bauten der Marburger Schule. Die heutige sehr harmonische Raumstimmung der Elisabethkirche mit Naturstein- und Putzflächen täuscht, einst waren sie alle in einem relativ intensiven Rot mit weißem Fugennetz bemalt, wie die erhaltenen Reste vor allem in der Sakristei beweisen. Auch dafür hat Jürgen Michler Vergleichsbeispiele in Frankreich benannt, wo man u. a. in Escomes, Cambronne oder Rampillon größere Restpartien entdecken kann, während in den meisten Kathedralen die Farbspuren bei den Restaurierungen seit dem 19. Jahrhundert beseitigt wurden, da man den Naturstein so verehrt, daß man seine Bemalung in der Gotik einfach nicht wahrhaben will. Für uns sind heute Naturstoffe wie Werkstein und Eichenholz besonders kostbar, deshalb zeigen wir sie auch in ihrer natürlichen Oberfläche. Das Mittelalter aber kannte noch keine Kunststoffe, die natürlichen Materialien waren deshalb nichts Besonderes und wurden meist farbig gefaßt. Bei einigen hessischen Hallenkirchen hat man die ursprüngliche Farbfassung im Inneren nach den aufgefundenen Spuren rekonstruiert, leider nicht immer in reiner Kalktechnik mit natürlichen Erdfarben, sondern gelegentlich in Kunststoffarben mit synthetischen Pigmenten.

Die Innenfarbigkeit gotischer Kirchen wechselt häufig auch mit den Architekturformen eines jüngeren Bauab-

schnitts, bei dem dann der ganze Kirchenraum neu gefaßt wurde. Sorgfältige Untersuchungen von Denkmalpflegern und Restauratoren brachten 1976/77 bei der Klosterkirche in Haina einen solchen Befund zutage. Als die Ostteile in zwei ersten Bauphasen gegen 1260 vollendet waren, strich man die kreuzförmigen Pfeilerkerne der Vierung rot, die kleineren Dienste schwarz. Nach Fertigstellung des Langhauses bis zur Weihe 1328 erhielt die gesamte Kirche eine Neufassung mit weißen Pfeilerkernen und ockerfarbigen Diensten. Als man 1933 unter den Übermalungen des 16. und 19. Jahrhunderts nach dem Original suchte, warf man den Befund der ersten beiden aufeinanderfolgenden Raumfassungen durcheinander und kam so zu einer im großen und ganzen zwar zutreffenden, im Detail jedoch fehlerhaften Rekonstruktion. Zutreffend sind aber die rot bemalten Gewölbeflächen mit den weißen Fugen und die aufgemalten Bogenfriese unter den Fenstern. Sie beweisen uns, daß man ähnlich wie schon in der Romanik auch im 13. Jahrhundert noch Architekturgliederungen aufmalte, wenn man sie – aus welchen Gründen auch immer – nicht plastisch aus Naturstein herstellen konnte. Dafür bietet
Abb. 105 der Chor der Johanniterkirche in Neuberg-Rüdigheim ein anschauliches Beispiel. Im übrigen jedoch beschränkt sich die Raumfassung bei den meisten Bauten vom Ende des 13. Jahrhunderts an auf ein farbiges Absetzen der real vorhandenen Architekturglieder.

Die Kirchen der Marburger Bauschule lassen ihre Gemeinsamkeiten auch in der Innenfarbigkeit erkennen. So
Abb. 119 übernahm die Stiftskirche in Wetter von der Elisabethkirche die Rotfärbung mit weißem Fugennetz bei den Wänden, Pfeilerkernen und Gewölben, aus Haina die kleinen schwarzen und stärkeren ockerfarbenen Dienste sowie die Sterne in den Gewölben. Derartig differenzierte Raumfassungen waren auf die Hochgotik beschränkt. Als man nach einem Brand 1476 die Ausmalung der Stadtkirche in
Abb. 21 Frankenberg erneuerte, wurden alle Flächen weiß gestrichen, die Architekturglieder dagegen in einem warmen Rot mit weißen Fugen abgesetzt. Die Gewölbeflächen bereicherte man mit gemalten Ranken.

In der Zeit um die Wende vom 13. zum 14. Jahrhundert macht sich in der gotischen Architektur ein Stilwandel bemerkbar. An die Stelle plastischer, voluminöser Formen treten flächige und scharfkantige. Dies fällt schon bei den Strebepfeilern der 1288 geweihten Schloßkapelle in Marburg
Abb. 98 auf, die an der Ansichtsseite zugespitzt sind. Ein etwas jüngeres Vergleichsbeispiel für diese Scharfkantigkeit der Strebepfeiler gibt es bei der Kirche von Niederhaslach im Elsaß. Die Tendenz zur stärkeren Flächigkeit am Außenbau, verbunden mit einer Scharfkantigkeit im Inneren, wird beim Chor der Marienkirche in Marburg spürbar. Abb. 96
Hier fehlen die Strebepfeiler außen völlig, so daß die Wände des 1297 geweihten Chorpolygons wie aus Papier gefaltet wirken. Zur Aufnahme des Gewölbeschubs wurden die Strebepfeiler in den Innenraum verlegt und als prismenartige Körper in den Ecken des Polygons angeordnet. Die um 1300 begonnene Stadtkirche in Bad Hersfeld Abb. 6
hat diese Chorlösung übernommen. Weitere Beispiele außerhalb Hessens für diese Vorwegnahme spätgotischer Stiltendenzen sind die Chorpolygone der Petrikirche in Soest (1272–1322), der Liebfrauenkirche in Oberwesel (1308–1331) und des Ostchors am Dom in Naumburg (um 1330). Bei letzterem ist das Polygon aus sechs Seiten eines regelmäßigen Zehnecks gebildet, so daß in der Mittelachse nicht wie sonst üblich ein Fenster, sondern ein Pfeiler angeordnet ist. Dadurch kommt es zu malerischen Blicküberschneidungen, wie sie im allgemeinen erst aus der Spätgotik bekannt sind.

Als Stadtpfarrkirche der Reichsstadt Friedberg in der Abb. 37, S. 203
königsnahen Wetterau orientiert sich die Liebfrauenkirche sowohl nach Süden als auch an der Marburger Bauschule im Norden. Die Detailformen von Chor und Querschiff weisen auf die Seitenkapellen des Doms und die Liebfrauenkirche in Mainz, das Maßwerk auf die Westfassade des Straßburger Münsters. Das nach der Vollendung von Chor und Querschiff bis 1306 begonnene Langhaus aber übernimmt den Hallenraum aus Marburg. Dabei verwendet die ältere Vierung noch die kantonierten Rundpfeiler der Elisabethkirche, die bei den östlichen Langhausjochen durch vier weitere in den Diagonalen angeordnete Dienste bereichert werden. Die westlichen Pfeiler haben bereits einen achteckigen Kern, wie er bei spätgotischen Hallenkirchen häufiger anzutreffen ist.

Über dem letzten westlichen Joch war ursprünglich die Errichtung von Doppeltürmen nach dem Vorbild der Elisabethkirche geplant. Die meisten Hallenkirchen der hessischen Schule haben nur einen Turm im Westen, vielleicht waren bei den frühen Bauten in Wetter und Frankenberg auch Doppeltürme geplant, die aber in Eintürme umgewandelt wurden. Keiner konnte sich Steinhelme wie bei der Elisabethkirche leisten, die meist nur sehr anspruchsvolle Kirchenbauten in Bischofs- oder Reichsstädten zieren. Ob sie für die Stadtkirche der Reichsstadt Friedberg geplant waren, ist heute nicht mehr festzustellen, denn sie sind nie fertiggestellt worden. Nach einer Planänderung in der Zeit um 1380 verlegte man nämlich die Doppelturmfront vor das westlichste Langhausjoch und baute sie mit sehr dicken Mauern als ein Bollwerk gegen die Reichsburg aus. Nachdem Kaiser Karl IV. 1349 die Reichsstadt verpfändet hatte und die Burg nach und nach die gesamte Pfandschaft aufkaufte, erreichte das Ringen der Bürgerschaft um ihre Freiheiten gegen 1380 ihren Höhepunkt, die festungsartig verstärkten Doppeltürme der Stadtkirche sollten dabei der Verteidigung gegen die Burgmannen dienen. Der Burgvogt erkannte jedoch diese Absicht und bewirkte 1410 bei König Ruprecht I. ein Verbot des Weiterbaus. Seitdem blieben der bis zu drei Geschossen aufgeführte Nordturm und der anderthalbgeschossige Südturm mit provisorischem oberem Abschluß unvollendet.

In der Reichsstadt Frankfurt gab es bis zum Beginn des 14. Jahrhunderts nur eine relativ kleine und uneinheitliche Kirche, hinter deren Doppelturmfront des 11. Jahrhunderts man ab etwa 1250 ein neues Langhaus errichtete. Über den karolingischen Fundamenten entstand ein nur kurzes, dreijochiges Hallenschiff. Erst ab 1315 schlug man mit dem Bau des langgestreckten Chors und ab 1346 mit dem weitausladenden Querschiff einen großzügigen Maßstab an, wie er einer Reichsstadt entspricht. Deren Bürgerstolz und Anspruch als Wahlstätte der deutschen Könige
Abb. 25 kommt aber erst im Turmbau so recht zum Ausdruck. In der Spätgotik setzt ein regelrechter Wettstreit der großen Städte um den höchsten und prächtigsten Kirchturm ein. In Ulm begann man unter Meister Ulrich von Ensingen einen Westturm, der mit 161 m der höchste des Mittelalters geworden wäre, hätte man ihn vollendet, was jedoch erst 1844–1890 geschah. So aber hatte das Straßburger Münster mit dem ebenfalls von Ulrich von Ensingen entworfenen Nordturm nach der Fertigstellung 1439 den mit 142 m höchsten Kirchturm des Mittelalters in Europa.

Die Höhe dieser Türme steht nicht mehr in einem organischen Verhältnis zur Größe der Kirchen und geht über die sakrale Funktion als Glockenträger weit hinaus. Das spürt man auch bei dem 96 m hohen Domturm in Frankfurt, der zum Wahrzeichen der Stadt bestimmt war. Meister Madern Gerthener, dessen Vater auch schon Steinmetz an der Dombauhütte gewesen war, schuf den Entwuf 1415. Im selben Jahr begann man mit dem Bau, der beim Tod des Meisters 1430 oder 1431 bis zur Überleitung vom quadratischen Grundkörper in das obere Oktogon gediehen war. Nachdem noch mehrere Meister tätig waren und Sparpläne mit einem horizontalen Abschluß des Oktogons glücklicherweise wieder verworfen wurden, vollendete man erst 1506–1513 die originelle gestreckte Steinkuppel nach den Plänen Gertheners, die Laterne sogar erst im 19. Jahrhundert.

Unter dem Einfluß der von Madern Gerthener ausgehenden Frankfurter Bauschule entstanden die Kirchtürme von Kiedrich und Eltville, die weithin sichtbar den vorderen Abb. 71, 15
Rheingau beherrschen. Der Westturm der Pfarrkirche in Eltville wurde um 1400–1430 teils aus Sandstein, teils aus verputztem Bruchstein so gebaut, daß ein farbiges Absetzen der Werkstein- von den Putzflächen kein logisches System ergibt. Daraus ist zu schließen, daß er von Anfang an in allen Teilen in einem Sandsteinrot gestrichen war. Auch darin folgt er dem Vorbild des Frankfurter Domturms.

In Korbach beherrschen gleich zwei stattliche Kirchtürme Abb. 77
das Stadtbild: Der eine gehört zur Kilianskirche der Altstadt, der andere zu St. Nikolai in der Neustadt. An diesen beiden Kirchenbauten kann man den Unterschied zwischen der westfälischen und der hessischen Hallenkirche studieren. Bei St. Kilian wurde der Turm von Meister Kurt Boles aus Köln 1380–1392 ausgeführt, das Langhaus entstand 1388–1450 als typisch westfälische Hallenkirche mit drei gleich breiten Schiffen mit je drei querrechteckigen Jochen, so daß es breiter als tief ist. Beim Betreten spürt man diese Querrichtung des Langhauses nicht, da das Mittelschiff im Chor seine Fortsetzung findet. Wie sehr ein solcher Hallenraum mit seiner Weite und den Möglichkeiten des Diagonalblicks bereits für die Predigt gedacht ist, beweist die gotische Steinkanzel aus dem Ende des 14. Abb. 79 a
Jahrhunderts, eine der ältesten in Hessen. Wuchtige Rundpfeiler tragen die Kreuzgewölbe, deren Rippenprofile von einem Birnstab im Osten zu Hohlkehlen im Westen einfacher werden und sich in der Stärke immer mehr den Gurtbögen angleichen. Dadurch wird im Sinne der Spätgotik die Trennung zwischen den einzelnen Jochen zugunsten einer Vereinheitlichung des Raumes aufgehoben.

Diese Entwicklung setzt sich bei der um die Mitte des 15. Jahrhunderts erbauten Nikolaikirche noch fort. Hier ha- Abb. 81
ben alle Rippen und Gurtbögen gleiche Stärke und gleiches Profil. Auch hier ruhen die Gewölbe auf Rundpfeilern. Damit hören aber die Gemeinsamkeiten auch schon auf, denn im Unterschied zum westfälischen Hallentyp der Kilianskirche übernimmt die Nikolaikirche die Raumform der hessischen Hallenkirche mit breitem Mittelschiff, schmalen Seitenschiffen und einer deutlichen Längsausrichtung mit vier Jochen im Langhaus sowie einem langgestreckten Chor aus zwei Jochen und einem

Fünfachtelpolygon. Möglicherweise hängt diese Umorientierung von Westfalen nach Hessen mit der Übernahme der Oberlehnshoheit durch die Landgrafen von Hessen 1441 zusammen. Bis zum Ende des Mittelalters behält die hessische Hallenkirche das breitere Mittelschiff und den kantonierten Rundpfeiler der Elisabethkirche bei. Abb. 68 Das ist in Schotten, Homberg an der Efze und den beiden Abb. 20, 21 Kirchen in Eschwege der Fall. Dabei hat der Baumeister der zwischen 1451 und 1521 erbauten Marktkirche St. Abb. 20 Dionys in der Altstadt den Marburger Pfeiler weiterentwickelt, indem er nur den vier Runddiensten einen horizontalen Abschluß mit einem Kapitell gibt, den runden Pfeilerkern jedoch nahtlos in die Obergadenwände auslaufen läßt. Mit den aus ihm herauswachsenden Arkadenbögen kommt es zu interessanten Überschneidungen, wie sie die Spätgotik so schätzte.

Hier treten erstmals Netz- und Sterngewölbe auf, deren dekoratives Rippensystem über die Jocheinteilung hinausgreift und damit zur Vereinheitlichung des Raumes sehr wesentlich beiträgt. Ein Netzgewölbe besitzt in Chor und Mittelschiff auch die Katharinenkirche in der Neustadt von Eschwege, im östlichen Joch der Seitenschiffe auch Sterngewölbe. Obwohl Chor und Langhaus erst 1474–1520 erbaut wurden, also gegenüber der Altstädter Kirche die jüngeren sind, hält sie sich bei den Pfeilern enger an das Marburger Vorbild, von dem sie auch die quer- S. 196 gestellten Walmdächer über den Seitenschiffen übernimmt, während St. Dionys als älterer Bau nicht nur die modernere Pfeilerform, sondern auch das alle Schiffe zusammenfassende große Satteldach verwendet, wieder ganz im Sinne der Vereinheitlichung des Baukörpers in der Abb. 8 Spätgotik. Die Stadtkirche in Bad Wildungen gehört in bezug auf das Verhältnis von breitem Mittelschiff zu halb so breiten Seitenschiffen zu den hessischen Hallenkirchen, übernimmt aber aus Westfalen die Zwerchgiebel außen und die Rundpfeiler innen. Sie wurde um 1300 mit dem 1306 geweihten Chor begonnen; das Langhaus entstand in der zweiten Hälfte des 14. Jahrhunderts.

Die Spätgotik hatte eine Vorliebe für hohe, lichterfüllte Chorbauten, die in einen bewußten Kontrast zu den niedrigeren, dunkleren Langhäusern aus einer früheren Bauperiode gesetzt wurden. Dafür sind in Deutschland die bekanntesten Beispiele das Freiburger Münster sowie die Kirchen St. Sebald und St. Lorenz in Nürnberg. Es kann heute nicht mehr mit Sicherheit gesagt werden, ob man die älteren dunkleren Langhäuser ebenfalls abreißen und durch hellere neue ersetzen oder sie in einer Art von denkmalpflegerischem Verhalten stehenlassen wollte, um die Wirkung der neuen Chorbauten zu steigern. Deren Bau war zum einen zur Aufnahme der vielen großen Schnitzaltäre und gemalten Flügelaltäre erforderlich, zum anderen aus liturgischen Gründen.

Mit Hilfe der Lettner wurde die Sicht in das Allerheiligste versperrt, nur die Gebete und der Chorgesang der Kleriker oder Mönche erreichten das Ohr der Laien, für die vom Lettner herab aus der Heiligen Schrift gelesen und am Kreuzaltar davor die Messe zelebriert wurde. Die meisten Lettner hat man in nachreformatorischer Zeit beseitigt, nur in Gelnhausen, Hirzenhain und Kiedrich erhält man Abb. 45, 61, 72 noch einen Eindruck von ihrer räumlichen Wirkung und reichen ornamentalen wie auch figürlichen Ausstattung. Über eine steinerne Wendeltreppe gelangte der Priester auf die obere Plattform. Sie liegt über den Gewölben, die zwischen die vordere und hintere Wand gespannt sind. Dieser zweischalige Aufbau unterscheidet den Lettner von der Chorschranke, die nur aus einer einzelnen Wand besteht. Sie hat vor allem in den Klosterkirchen der Zisterzienser die Aufgabe, den Mönchsteil von dem der Laienbrüder abzutrennen, wie das Beispiel Haina erkennen läßt. Abb. 52

Der beträchtliche Höhenunterschied zwischen dem 1393 begonnenen Neubau des Chors und dem Langhaus aus dem 13. und 14. Jahrhundert wird in Alsfeld beim Blick über die Dächer der Stadt, aber auch im Innenraum in der Abb. 1, 2 Überschneidung der Gewölbe deutlich. Hier war wohl auch ein entsprechender Neubau des Langhauses geplant, der aber unterblieb, denn 1394 stürzte der frühgotische Westturm ein und band alle verfügbaren Kräfte für den Wiederaufbau.

Im Vergleich zu den hessischen Hallenkirchen wirkt das Innere der Liebfrauenkirche in Hadamar breitgelagerter, die Stützen niedriger, das alle Joche zusammenschließende Netzgewölbe tiefer herabgezogen. Die Vereinfachung aller Profile ist für die Entstehungszeit 1379 bis etwa 1450 typisch. So haben die Arkaden nur noch eine einfache abgeschrägte Laibung, weshalb man für sie auch keine Runddienste mehr an den runden Pfeilerkernen brauchte. Das zuletzt mit dem Chor hinzugefügte Ostjoch geht ohnehin zu Achteckpfeilern ohne Dienste über. Als seltene Kostbarkeit besitzt die Kirche noch Reste der originalen Tonplatten des Fußbodens aus der Erbauungszeit. Vier Platten S. 213 fügen sich jeweils zu einem Gesamtmuster aus Maßwerkformen zusammen, die an einigen Stellen durch Reparaturen gestört worden sind.

Zu den letzten hessischen Kirchenbauten vor der Refor-

Abb. 49 mation gehört die Pfarrkirche von Groß-Umstadt, nach einheitlichem Konzept in erstaunlich kurzer Zeit von 1490 bis 1494 errichtet. Allerdings hat man hier auf steinerne Gewölbe verzichtet, wodurch die Bauarbeiten nicht so zeitaufwendig waren. Das mit flachen Holzdecken überdeckte Langhaus ist eine Pseudobasilika, denn das Mittelschiff ist höher, hat aber keine Fenster in den Obergadenwänden. Das wäre auch gar nicht möglich gewesen, denn sie wären in den Dachraum geöffnet gewesen, weil es keine niedrigen Seitenschiffdächer wie bei einer echten Basilika gibt. Vielmehr überdeckt ein großes gemeinsames Dach alle drei Schiffe. Man kann diese Raumform auch genauso treffend als Stufenhalle bezeichnen; sie kommt in Hessen nur im Süden, z. B. in Babenhausen, vor.

Eine weitere Sonderform spätgotischer Sakralräume ist die Emporenkirche, in Hessen in der St.-Valentins-Kirche von Kiedrich und der St.-Leonhards-Kirche von Frankfurt vertreten. Dabei ist das Beispiel aus dem Rheingau das ältere. In Kiedrich stand bereits eine um 1380–1385 errichtete Kirche, von der noch der untere Teil des Langhauses mit den Seitenschiffgewölben erhalten ist, als ab 1454 die Schenkung neuer Valentinus-Reliquien einen großzügigen Umbau auslöste. Ein Meister Wilhelm führte einen breiteren und erheblichen höheren Chor auf, muß aber vor dessen Vollendung gestorben sein, denn die Einwölbung 1481 ist das Werk eines bayerischen Meisters aus der Schule der berühmten beiden Baumeister Hans Stethaimer (wohl Vater und Sohn). Das Gewölbe zeigt enge Beziehungen zu dem im Chor der Schloßkirche von Meisenheim (Kreis Bad Kreuznach). Dort ist ab 1482 als Baumeister Philipp von Gmünd nachzuweisen, aus Frankfurt kommend, aber seinem Namen nach aus Süddeutschland stammend. Er hat auch von etwa 1480 bis 1493 die Valentinskirche in Kiedrich zu einer Emporenkirche umgebaut und sich dafür die ehemalige Stiftskirche von St. Goar (1444–1469) zum Vorbild genommen.

Die Hallenkirche mit Emporen war in der Spätgotik am Mittelrhein stark verbreitet. Ihre Beliebtheit wuchs so sehr, daß man sich nicht scheute, bereits bestehende Kirchen umzubauen. Wie in Kiedrich geschah dies auch bei der St.-Leonhards-Kirche in Frankfurt. Hier stand eine romanische Basilika St. Maria und Georg. Nachdem man 1323 Reliquien des hl. Leonhard erworben hatte, weihte man ihm die Kirche und begann um 1425 den Neubau eines Chors, wahrscheinlich unter Leitung von Madern Gerthener, dem auch der sehr verwandte Westchor der Katharinenkirche in Oppenheim zugeschrieben wird. Die romanischen Chorflankentürme blieben ebenso stehen wie Teile der romanischen Außenmauern mit zwei Portalen, als man um 1500–1520 das basilikale Langhaus in eine sehr malerische fünfschiffige Hallenkirche umgestaltete. Abb. 30
Der Hallenraum ist wesentlich breiter als lang und weist mit seiner gotischen Steinkanzel am mittleren Südpfeiler und den Emporen auf die wachsende Bedeutung der Predigt bereits in der Zeit vor der Reformation hin. Bis 1507 war hier Meister Hans von Bingen tätig, auf den der Gesamtplan zurückzuführen ist. Ihm folgte ab 1508 Hans Baltz von Mertenstein, der als »lapicida et architectus«, also als Steinmetz und Architekt, bezeichnet wird. Von ihm stammt auch der großartige hängende Schlußstein im sogenannten Salvatorchörlein, einer Grabkapelle am äu- S. 201
ßersten nördlichen Seitenschiff. Die scheinbare Aufhebung der Schwerkraft führte hier ein spätgotischer Baumeister und Steinmetz seinen staunenden Zeitgenossen vor. Frei hängen die Rippenenden des kompliziert konstruierten Netzgewölbes mit dem Schlußstein herab, bilden mit einbeschriebenem Maßwerk eine Art von Käfig, in den hinein die Gestalt Christi an der Martersäule gestellt wurde. Im Rippengeäst darüber ist Gottvater verborgen. Die ganze Virtuosität in der Beherrschung des spröden Steins durch die Kunst der Steinmetzen wird hier spürbar. Das Vorbild für ein solches frei hängendes Rippengespinst ist wiederum die Schloßkirche in Meisenheim mit ihrem Gewölbe der Grabkapelle.

Die Entwicklung der gotischen Baukunst vom 13. bis zum frühen 16. Jahrhundert wurde bisher ausschließlich an großen Stadtkirchen, vereinzelt auch an Wallfahrts- und Stiftskirchen erläutert, für die durchweg die Hallenkirche Verwendung fand. Die Pfarrkirchen kleinerer Städte und Dörfer begnügten sich mit einschiffigen Räumen, auch Saalräume genannt. Die sogenannte Ersheimer Kapelle in Hirschhorn sei stellvertretend für diesen Typ erwähnt. Sie S. 219
war die Pfarrkirche des auf der anderen Neckarseite liegenden Dorfes Ersheim und zugleich der Siedlung Hirschhorn am Fuß der Burg. Erst als Hirschhorn mit dem Bau des Karmeliterklosters ab 1404 eine eigene Kirche erhielt und Ersheim im 16. Jahrhundert verlassen und zur Wüstung wurde, verwandelte man sie in eine Friedhofskirche und Grablege der Herren von Hirschhorn. Durch ihre heutige einsame Lage wird der Charakter als Pfarrkirche verwischt. Dorfkirchen liegen in Hessen im allgemeinen inmitten der Ortskerne, gelegentlich auch am Ortsrand, selten aber so weit außerhalb wie in Aulendiebach. Es han- S. 192
delt sich jedoch um eine Wehrkirche, wie man an den

Schießscharten in der Kirchhofmauer mit dem hohen spitzbogigen Tor erkennen kann.

Ein in Hessen weitverbreiteter Dorfkirchentyp ist die Chorturmkirche, bei der sich der Kirchturm nicht wie sonst üblich vor dem Schiff im Westen, sondern direkt über dem Chor im Osten erhebt. Chortürme gibt es schon Abb. 82 in der Romanik, der von Gonterskirchen ist frühgotisch. Seine mächtige Gestalt mit dem überkragenden steinernen Wehrgang beruht auf seiner Funktion als Wehrturm und läßt kaum den feingliedrigen frühgotischen Sakralraum im Inneren vermuten, dessen Detailformen noch in der zweiten Hälfte des 13. Jahrhunderts den Einfluß der Zisterzienser-Bauhütte von Kloster Arnsburg verraten.

Der Einfluß der Elisabethkirche in Marburg reichte bis in kleinere Dorfkirchen hinein, wie man an den kantonierten Abb. 59 Stützen in Heuchelheim feststellen kann. Die steinerne Urform wird hier in den Holzbau übernommen. Die Rundstützen mit den vier hölzernen Diensten tragen hier aber keine Gewölbe, sondern den Längsunterzug für die Deckenbalken. Das im Bild sichtbare anschließende Gewölbe gehört zum einstigen Chorturm aus der zweiten Hälfte des 13. Jahrhunderts, der heute noch darüber aufragt, mit der Erbauung eines selbständigen gewölbten Chors aus einem Joch und Fünfachtelschluß jedoch seine Funktion verlor.

Die relativ kleinen Friedhöfe rings um die Pfarrkirchen inmitten der Städte und Dörfer mußten im Spätmittelalter mit zunehmender Bevölkerung immer dichter belegt werden. Beim Ausheben neuer Gräber stieß man deshalb immer häufiger auf die Gebeine früherer Bestattungen. Da die Menschen des Mittelalters fest an die leibliche Auferstehung der Toten glaubten, mußten alle Skeletteile an einem geweihten Ort aufgehoben werden. Daraus entstand als Bautyp der Karner, deutsch treffender als Beinhaus bezeichnet. Viele sind inzwischen verschwunden – in Alsfeld steht er noch nördlich der Walpurgiskirche, jüngst zum Stadtarchiv umgebaut. Den schönsten Karner besitzt Kiedrich im Erdgeschoß der Totenkapelle St. Michael, nach 1434 begonnen und 1445 geweiht. Sie liegt südlich der Pfarrkirche und bildet mit ihr zusammen eine höchst Abb. 71 eindrucksvolle Baugruppe vor dem Hintergrund der Wein- Abb. 74 berge. Der schlanke, steil proportionierte Baukörper mit dem hohen Dach und dem grazilen Treppentürmchen in der Westfassade ist eine Meisterleistung gotischer Baukunst, die dem Mainzer Domwerkmeister Peter Eseler zugeschrieben wird. Die Außenkanzel an der Nordseite ist als Altan zwischen die beiden Strebepfeiler gefügt und mit einem breiten Kielbogen überdacht. Sie diente zur Schaustellung der Reliquien des hl. Valentin und gibt damit die dritte Funktion des Bauwerks als Heiltumskapelle zu erkennen. Grimmige Bestien auf den Gesimsschrägen der Chorstrebepfeiler sollen die bösen Geister vom Inneren Abb. 76 der Totenkapelle und den Gebeinen der Verstorbenen im Karner darunter fernhalten. Im Inneren der Totenkapelle Abb. 75 fließen die schlanken Wanddienste ohne eine Unterbrechung durch Kapitelle in die Rippen des Netzgewölbes über. Der Chorbogen ist wie ein Portal mit großem Kielbogen und flankierenden Fialen gestaltet und bildet zusammen mit der Doppelmadonna im Korb des schmiedeeisernen Kronleuchters den Hauptblickfang des Raumes.

Eine Baugruppe für sich bilden die Schloßkapellen, die jede Burg besaß und die je nach deren Bedeutung ausgestaltet waren. Die Schloßkapelle in Marburg stellt ohne Abb. 99 Zweifel den Höhepunkt an Reichtum und Qualität der Formen dar. Im allgemeinen werden es schlichte kleine Räume mit einem einfachen Altar gewesen sein. Ein besonderer Kapellenerker wie beim Palas der Burg Tannenberg in Nentershausen ist schon eine Seltenheit. Die Her- Abb. 104 ren von Büdingen hatten in ihrer staufischen Wasserburg eine romanische Kapelle, heute noch erkennbar an dem schönen Säulenportal im Untergeschoß des Kapellenbaus. Ob ihren Nachfolgern der tiefliegende und damit feuchte Raum zu kalt oder nicht reich genug ausgestaltet war, muß offenbleiben. Jedenfalls errichteten die Grafen von Ysenburg um 1495–1499 über der romanischen eine größere gotische Schloßkapelle, die wegen der anschließenden Wehrmauern und eines im Süden angrenzenden Gebäudes eine unregelmäßige Gestalt erhielt. Dies hätte zwar einen Baumeister der Früh- oder Hochgotik gestört, doch für den auf malerische Wirkung der relativ schlichten Architektur im Kontrast zur reichen Ausstattung bedachten spätgotischen Meister war dies kein Problem. So hat auch die 1476–1491 erbaute Stadtkirche in Büdingen zwei un- S. 191 terschiedlich breite Seitenschiffe. Beide Bauten werden wegen der Verwandtschaft der Detailformen demselben Architekten zugeschrieben.

Im Unterschied zur reichen Innenausgestaltung bleiben die gotischen Pfarrkirchen im Äußeren relativ schlicht. Die Hauptgliederung der Baukörper bewirken die Strebepfeiler und die polygonale Brechung der Apsiden. Die wichtigsten Zierformen sind das Maßwerk der Fenster und die Portale. Beim Maßwerk kann man die Entwicklung von der Früh- über die Hoch- zur Spätgotik am deutlichsten verfolgen. Auf die einfachen, aus Kreisen und Spitzbögen zusammengesetzten Formen des 13. Jahrhunderts folgen im 14. Jahrhundert überwiegend sphärische Formen. Das erste sphärische Viereck taucht bereits beim Westfenster der Elisabethkirche in Marburg auf, das zur Weihe 1283 vollendet war. Besonders häufig findet man ein aus drei sphärischen Vierecken zusammengesetztes Muster, z. B. an den Chorbauten des Domes in Frankfurt und der Stadtkirche in Frankenberg. Auch bei den unteren S. 225 Seitenschiffenstern der Valentinskirche in Kiedrich aus der Zeit um 1380–1395 kann man es entdecken, und zwar im Wechsel mit einer Form, die aus einem mittleren sphärischen Viereck und zwei seitlichen sphärischen Dreiecken besteht. Die obere Fensterreihe aus der Bauphase von etwa 1480 bis 1493 ist mit seinem stark bewegten Fischblasenmaßwerk für die Spätgotik charakteristisch.

Es ist hier nicht der Platz, die Entwicklung des Maßwerks in allen Einzelformen zu schildern, die so vielseitig und wechselhaft sind, daß sie ein sicheres Datierungsmittel überall dort darstellen, wo schriftliche Überlieferung fehlt. Diese Möglichkeit bieten, freilich in begrenzterem Umfang, auch die Portale. Das vor 1283 fertiggestellte S. 234 Westportal der Elisabethkirche in Marburg steht noch in der Tradition des staufischen Säulenportals, nur daß jetzt alle Bögen spitz, die Säulchen schlanker und die Profile der Archivolten feinteiliger geworden sind. Auch ist das Laubwerk jetzt naturalistischer als in der Frühgotik, erstmals bei den sehr qualitätvollen Kapitellen am Lettner in Abb. 45 der Marienkirche von Gelnhausen, der um 1240–1250 unter dem Einfluß des Naumburger Meisters entstanden ist. Abb. 117 Beim Südportal der Stadtkirche von Volkmarsen werden in der Zeit um 1280 gleich zwei für die Entwicklung wichtige Neuerungen eingeführt: die Baldachine über den seitlichen Figuren (diese selbst stammen erst von 1404) und die Wimperg genannte Dreiecksbekrönung des Portalbogens.

Das rund ein Jahrhundert später gearbeitete Nordportal Abb. 78 der Kilianskirche in Korbach gibt den ganzen vollentwikkelten Formenapparat der Hochgotik mit den schlanken Fialen, dem steilen, maßwerkgefüllten Wimperg und seinen Krabben auf der Schräge wie auch der abschließenden prachtvollen Kreuzblume wieder. In der Westfront der Abb. 110 Stadtkirche von Schotten wird das Portal mit dem darüberliegenden Maßwerkfenster durch einen gemeinsamen rahmenden Spitzbogen zu einer Großform zusammengeschlossen. Am Fries dazwischen fand die Figurenszene von der Anbetung der Könige ihren Platz. Beim Westportal der Stadtkirche von Homberg an der Efze ist diese Zwi- Abb. 67 schenzone entfallen. Fenster und Eingänge trennt nur noch ein dünner steinerner Sturz. Der große rahmende Bogen erhält durch die Schweifung in der Spitze die Form eines Eselsrückens und an seiner Innenseite einen Spitzbogenfries, dessen zarte schleierartige Formen die Tiefe des verschatteten Portals noch betonen. Hier wird 1374 eine Entwicklung zur Raumbildung spürbar, wie sie gegen 1422/23 von Madern Gerthener am Domturm in Frankfurt vollendet zum Ausdruck gelangt. Die enorme Mauer- Abb. 25, S. 19 stärke im Sockel des Turmes erlaubt es, eine richtige kleine Vorhalle einzutiefen, deren Tiefe optisch durch den Kontrast des zarten, im Licht liegenden Maßwerkschleiers mit dem im Dunkel verbleibenden Gewölbe noch verstärkt wird. Charakteristisch für spätgotisches Formgefühl ist das Durchwachsen der beiden seitlichen Fialen durch die Schrägen des Gesimses. Im Verschleifen, Ineinandergleiten und Durchstecken erinnern spätgotische Formen an vegetabiles Wachstum in der Natur.

Bisher war überwiegend von Pfarr-, Stifts- und Wallfahrtskirchen die Rede, wodurch der Eindruck entstehen könnte, die Orden hätten für die Baukunst im Zeitalter der Gotik keine Bedeutung mehr gehabt. Das ist keineswegs so, wenn sie auch ihre führende Rolle einbüßen und außerdem mehr mit kleineren und mittleren als mit großen Bauten in Erscheinung treten. Eine Ausnahme ist hier nur die Klosterkirche in Haina, die jedoch bis auf die Turmlosigkeit wenig Spezifisches für einen Zisterzienserbau aufzuweisen hat. Vom zweiten Männerkloster dieses Ordens im 13. Jahrhundert ist im 1217 gegründeten Gnadenthal bei Dauborn wenig erhalten, doch reicht es aus, um festzustellen, daß die Kirche nur mittelgroß und relativ einfach in den Formen gewesen ist. Das 13. Jahrhundert war für den Zisterzienserorden sehr viel mehr in bezug auf die Frauenklöster von Bedeutung, von denen sich noch zwölf in ihren Kirchenbauten nachweisen lassen. Beim Kloster Heydau in Morschen-Altmorschen blieben außer der Kirche noch Abb. 103, S. 2 die wesentlichen Teile der Klausur bestehen, da sie nach der Reformation zu einem Schloß der Landgrafen von Hessen umgenutzt wurden. Hier existieren sogar noch alle vier Flügel des Kreuzgangs, während in Haina der Nordflügel zugrunde gegangen und erst im 19. Jahrhundert neu errichtet worden ist und Eberbach den Süd- und Ostflügel nach der Säkularisierung 1803 einbüßte.

Dennoch bietet dieses Zisterzienserkloster immer noch das anschaulichste Bild einer gotischen Klausur in Hessen, zugleich aber auch einen Einblick in den Wandel der Ordensbaukunst. Von der Strenge der Architektur nach den Forderungen eines Bernhard von Clairvaux mit dem Verzicht auf allen überflüssigen Schmuck kann hier im 13. und 14. Jahrhundert keine Rede mehr sein. In der Anordnung der Bauteile sind alle Zisterzienserklöster gleich. Über dem an das Querschiff anschließenden Klausurtrakt liegt Abb. 56 b stets das Dormitorium, der Schlafsaal der Mönche, hier mit 73 m Länge besonders groß und ab 1270 in den ausgereiften Formen der Hochgotik mit reicher Kapitellplastik erbaut. Die Fenster wurden allerdings verändert, als man 1501 den Gemeinschaftssaal in Einzelzellen aufteilte, ein Hinweis auf den weiteren Verfall der Ordensstrenge, die im 12. Jahrhundert jeden Rest privaten Lebens ausgeschlossen hatte.

Auch bei den anderen Bauten der Klausur gab man sich bald nicht mehr mit den einfachen, asketischen Formen der Romanik zufrieden. So wurden von der Mitte des 13. Jahrhunderts an bis in die Mitte des 14. Jahrhunderts hinein alle vier Flügel des Kreuzgangs mit Kreuzrippengewölben und einfachem, geometrischem Maßwerk in den S. 217 rundbogigen Fenstern gotisch erneuert. Hatte Bernhard von Clairvaux noch 1134 nach dem Sinn von figürlichen Darstellungen an Pfeilern und Gewölbekonsolen gefragt und diese als Ablenkung vom Gebet verurteilt, so findet sich jetzt an den einstigen Gewölbeauflagern des abgebrochenen Ostflügels eine ganze Reihe zierlicher Figuren, geAbb. 58 rahmt von Laubwerk oder Maßwerkbaldachinen. Es handelt sich um Abgüsse aus Kunststein nach den Originalen, die wegen des Steinzerfalls aufgrund der Umweltbelastungen in das Klostermuseum gebracht werden mußten. Der Kapitelsaal, stets im Ostflügel unter dem Mönchsdormitorium gelegen, besitzt noch seine romanische Wand zum Kreuzgang mit der mittleren Tür und den beiden seitlichen Öffnungen. Im übrigen aber wurde er etwa 1350 mit einem prachtvollen Sterngewölbe auf einer einzigen Mittelstütze Abb. 56 a ausgestattet. Es ist das älteste der aus der englischen Gotik kommenden Sterngewölbe in Hessen und geht wahrscheinlich auf den Einfluß des Zisterzienserklosters Bebenhausen bei Tübingen zurück. Auch die kompromißlose Strenge der romanischen Kirche konnte man in Eberbach offensichtlich im 14. Jahrhundert nicht mehr ertragen und milderte sie durch den Anbau einer Kapellenreihe an der Südseite, deren große Spitzbogenfenster eine bis dahin ungewohnte Lichtfülle in den Innenraum bringen und mit reichem Maßwerk in kreisförmigen und sphärischen Formen ausgestattet sind.

Im Vergleich zum Mönchsdormitorium ist der Schlafsaal der Laienbrüder mit seinen Kreuzgratgewölben über S. 216 rundbogigen Gurten schlicht. Immerhin haben auch hier die Säulen ornamentierte Kapitelle. Mit 85 m Länge ist er der größte nichtsakrale Raum in Hessen und demonstriert damit die große Zahl der Laienbrüder, die den Wohlstand, aber auch den Niedergang der Zisterzienserklöster begründeten. Sie waren allen asketischen Pflichten mönchischen Lebens unterworfen, ohne dieselben Rechte wie die dem Adel entstammenden Konventualen zu besitzen, und mußten außerdem noch die körperlichen Arbeiten leisten, und das auch zur Fastenzeit bei fleischloser Kost. Dieses Zweiklassensystem schlägt sich auch in der strikten Trennung der Kirche in einen Mönchschor im Osten und eine Laienkirche im Westen durch die Chorschranke (vergl. Haina) sowie der abseitigen Anordnung des Konversenbaus (Haus der Laienbrüder) jenseits der Klostergasse nieder. Mit der Gründung der Bettelorden ohne ein solches Zweiklassensystem verloren die Zisterzienserklöster nach und nach ihre Laienbrüder. Sie konnten deshalb ihre Güter nicht mehr allein bewirtschaften, mußten sie verpachten und gerieten damit sehr viel stärker unter den Einfluß des weltlichen Geschehens.

Brachte das Zeitalter der Gotik somit für die Männerklöster Stagnation oder gar Niedergang, so war es für die Frauenklöster eine Blütezeit. In Hessen wurden im 13. und frühen 14. Jahrhundert zwölf Zisterzienser-Nonnenklöster gegründet. Die Stifter waren durchweg die kleineren und mittleren Territorialherren und Ritterfamilien. Dabei spielte die Unterbringung der unverheirateten Schwestern und Töchter sicher eine große Rolle, doch macht man sich ein falsches Bild von der Frömmigkeit mittelalterlicher Menschen, wenn man dabei den Gedanken der Versorgung im Vordergrund sieht. Vielmehr erhoffte man sich von der dem Himmlischen Bräutigam anverlobten nahen Verwandten eine Fürbitterin um Gnade für das eigene sündige Leben. Je schuldiger die Territorialherren im rücksichtslosen Kampf um ihre Herrschaft oder die unfreien Ritter im Erpressen von Wegezöllen und Abgaben geworden waren, um so mehr Grund hatten sie, den Klöstern fromme Stiftungen in Gestalt von Land, Waldungen oder Geld zu machen. Dadurch waren die Nonnenklöster wirtschaftlich weitgehend unabhängig, nicht jedoch geistlich. Sie standen ganz unter der Aufsicht eines Männerklosters, das auch den Propst für Liturgie, Predigt und Seelsorge entsandte, denn es war ihnen keinerlei aktive Mitwirkung am Gottesdienst gestattet. Im Generalkapitel des Ordens waren sie selbstverständlich nicht vertreten.

Da die Nonnen in strenger Klausur lebten, mußten sie auch während des Gottesdienstes den Augen der Welt entzogen werden. Daraus ergibt sich die besondere Gestaltung der Nonnenkirchen. Sie sind meist einschiffig, haben im Osten einen polygonalen Chor und über dem Schiff nahezu in ganzer Länge die steinerne Nonnenempore, die auf Gewölben ruht, so daß sich darunter eine niedrige Unterkirche für die Laien ergibt. Von den Zisterzienserinnen übernahmen die Prämonstratenserinnen diesen Kirchen- Abb. 112 typ, wie man im Kloster Altenberg unweit Wetzlar feststellen kann. Zwischen den weltlichen Kirchenbesuchern in der Unterkirche und den Nonnen auf der Empore gab es keinerlei Sichtkontakt, doch konnten beide Gruppen gleichermaßen gut dem Gottesdienst folgen.

Der 1120 von Norbert von Xanten in Prémontré (Frankreich) gegründete Orden hatte sich besonders die Seelsorge und Pflege der Liturgie zum Ziel gesetzt, war also eine sinnvolle Ergänzung des Zisterzienserordens, der nur dem weltentrückten Gebet der Mönche und der Arbeit gewidmet war. Bernhard von Clairvaux stand in enger Verbindung zu Norbert – daraus erklären sich viele Gemeinsamkeiten zwischen beiden Orden auch in ihrer Baukunst. Die vier Männer- und fünf Frauenklöster in Hessen wurden mit Ausnahme von Dorlar alle im 12. Jahrhundert gegründet und haben deshalb romanische Kirchen. Altenberg aber erlebte seine größte Blüte unter seiner Magistra Abb. 114 Gertrud, Tochter der hl. Elisabeth, im Zeitraum von ca. 1250 bis 1300, in dem auch die Kirche erbaut wurde.

Der Benediktinerorden ist der älteste Orden und war bis zur Gründung des Zisterzienserordens der einzige, unterlag nach jahrhundertelangem Bestehen einer gewissen Verweltlichung durch die enge Verknüpfung mit der Politik und den Reichtum seiner Klöster. Nachdem die erste Reform von Cluny aus in ihrer Wirkung bald wieder erlosch, kam es im hohen und späten Mittelalter mehrfach zur Neugründung von Mönchsorden, die die Bedeutung der Benediktiner stark reduzierten. Deshalb wurden in Hessen keine neuen Benediktinerklöster erbaut, ausge- Abb. 14 nommen das Nonnenkloster in Cornberg, dessen Kirche ganz unter dem Einfluß von Morschen-Heydau steht und so die führende Rolle des Zisterzienserordens noch am Ende des 13. Jahrhunderts bestätigt. Sie bestand aber nur bei den Nonnenklöstern und auch nur im ländlichen Raum.

In den Städten traten die sogenannten Bettelorden immer mehr in den Vordergrund. An erster Stelle sind hier die Franziskaner zu nennen, die auf die Regeln des hl. Franz von Assisi von 1223 zurückgehen und die auch Mindere Brüder oder Minoriten genannt wurden. Der entscheidende Unterschied zu allen älteren Orden liegt darin, daß sie Armut nicht nur für den einzelnen Mönch, sondern auch für die gesamte Gemeinschaft des Klosters forderten. Sie lebten in strenger Askese und widmeten sich sehr intensiv der Seelsorge, weshalb sie nicht – wie zuvor bei Klöstern üblich – die weltentrückte Einsamkeit, sondern die volkreichen Städte suchten. Hier konnten sie sich auch die notwendigsten Mittel für ihre leibliche Existenz erbetteln, worunter auch das Einsammeln von Kollekten bei ihren volkstümlichen Predigten zu verstehen ist.

Der Armut ihres Ordens und der Askese ihres Lebens entspricht auch die Einfachheit ihrer Kirchen, in der sie den Zisterziensern mit dem Verzicht auf stolze Turmbauten und üppige Bauornamentik folgten. War jedoch die Größe einer Zisterzienserkirche ein Indiz für die große Zahl der Mönche und Laienbrüder und damit auch des Reichtums der Abtei, so sind die meist recht stattlichen Franziskanerkirchen lediglich der Ausdruck ihres Erfolges als Seelsorger und mitreißende Prediger. Es sind große, meist kahl wirkende Predigträume, auffallend häufig als unregelmäßige Hallenkirchen aus breitem Mittelschiff und nur einem Seitenschiff ausgebildet. Die ehem. Franziskanerkirche in Fritzlar ist nicht nur dafür ein anschauliches Beispiel, son- Abb. 42 dern zugleich auch für die großartige Kargheit dieser Räume. Ehemalige Franziskanerkirchen gibt es außer in Fritzlar heute noch in Limburg, Hofgeismar und Wetzlar; einst gab es sie auch in Marburg, Grünberg und anderen Städten.

Auch der Dominikanerorden verfolgte das Ziel, den christlichen Glauben in Armut durch Predigt und Unterricht auszubreiten. Der hl. Dominikus gründete ihn 1216 in Toulouse. Die erste Niederlassung in Hessen erfolgte 1233 in Frankfurt, wo noch wesentliche Reste vorhanden sind. Den besten Eindruck von einer Dominikanerkirche hat man heute noch in Marburg und Schwalmstadt- S. 238, Abb. 1 Treysa. Die Verwandtschaft zu den Franziskanerkirchen ist offensichtlich: Beide haben unsymmetrische zweischiffige Hallenkirchen für das Volk und lichtdurchflutete schlanke Chorpolygone für die Fratres.

Zu den Bettelorden zählen auch die Karmeliter, deren Name sich vom Berg Karmel in Kalabrien herleitet, auf dem eine Einsiedlerkolonie zur Keimzelle des Ordens wurde. Im Unterschied zu Franziskanern und Dominikanern suchten sie ihr Heil weniger in der Seelsorge als in der Kontemplation. Von ihren hessischen Niederlassungen

Abb. 34 gibt es noch bauliche Reste in Frankfurt, Hirschhorn, Abb. 69 Spangenberg und Kassel, wo eine zweischiffige Halle aus Hauptschiff und nördlichem Seitenschiff erneut zeigt, wie verwandt bei aller Unterschiedlichkeit der Ordensorganisationen die Kirchenbauten der Bettelorden sind. Ihrem Einfluß unterlagen sogar die Augustiner-Eremiten mit ihrem S. 187 Kirchenbau in Alsfeld sowohl im Äußeren als auch im unregelmäßig zweischiffigen Hallenraum. Dagegen vertritt Abb. 61 die Augustinerkirche in Hirzenhain mit ihrem regelmäßig dreischiffigen Hallenraum von dreimal drei Jochen, dem reichverzierten Lettner und dem durch ihn entrückten Chor einen ganz anderen Typ, der seine Erklärung in der Doppelfunktion von Ordens- und Wallfahrtskirche hat.

Von den zahlreichen Orden des Spätmittelalters hatten auch die Wilhelmiten, Antoniter und Kugelherren Niederlassungen S. 193, 238 in Hessen, letztere in Butzbach und Marburg. Sie nannten sich eigentlich »Brüder vom gemeinsamen Leben« und widmeten sich einem klösterlichen Leben, ohne Gelübde abzulegen. Ihr spätgotischer Sakralbau in Marburg gleicht mit seinem prachtvollen Sterngewölbe und der reichen Ausstattung eher einer Pfarrkirche als einem monastischen Bau.

Schließlich sei noch auf die Ritterorden eingegangen. Der Deutsche Orden hatte, wie bereits erwähnt, sein Zentrum in Marburg. Die erste Niederlassung war allerdings die 1207 in Reichenbach gegründete, zugleich die älteste in Deutschland. Übernahm man hier ein ehemaliges Nonnenkloster, so auf dem Schiffenberg bei Gießen 1323 das Augustinerstift, dessen romanischer Basilika man die notwendigen S. 210 Ordensbauten hinzufügte. In Frankfurt übernahm der Deutsche Orden 1207 ein bereits bestehendes Hospital, das wie üblich außerhalb der ummauerten Stadt lag, in diesem Fall auf der anderen Mainseite in Sachsenhausen. Die Wohlhabenheit der Komturei findet in der Abb. 32 stattlichen Kirche ihren Ausdruck. Der Unterschied zu den asketisch-kargen Kirchen der Bettelorden ist deutlich zu spüren, auch die andere Zielsetzung: Da für den Deutschen Orden Predigt und Seelsorge nicht in dem Maße im Vordergrund standen wie für die Bettelorden, ist das Kirchenschiff für die Laien im Verhältnis zum Chor der Ordensherren relativ kurz, und es fehlt das Seitenschiff. Die harmonischen Raumproportionen und die reiche Ausstattung mit Wandmalereien und Altären bilden den angemessenen Rahmen für die den einflußreichsten Adelsfamilien entstammenden Ordensritter.

Nicht weniger exklusiv war der Johanniterorden, jedoch sehr viel älter und aus der Krankenpflege hervorgegangen, der er bis heute dient. Von den sechs bekannten hessischen Niederlassungen Wiesenfeld, Niederweisel, Mosbach, Ober-Mossau, Grebenau und Neuberg-Rüdigheim sind Abb. 105 mit Ausnahme von Grebenau überall noch die Kirchenbauten erhalten. Davon ist das für die Gotik stattlichste Beispiel die Johanniterkommende in Neuberg-Rüdigheim, deren Kirche bald nach der Gründung 1257 in den edlen Formen der Frühgotik entstand. Die Schlichtheit ist kein Ausdruck asketischer Strenge, sondern Charakteristikum des jungen, noch tastenden Stils, der die farbige Fassung der Architekturglieder und die Fugenmalerei als wirkungsvolles Mittel der Bereicherung einsetzt.

Im wechselvollen Schicksal verloren die gotischen Sakralbauten häufig ihre ursprüngliche farbige Raumfassung und ihre reiche Ausstattung mit Wandgemälden, Altären, Chorgestühl, Sakramentshäusern, Taufsteinen, Kanzeln, Epitaphien, Orgeln und farbigen Glasfenstern. So ist in den meisten Fällen nur die nackte Architektur auf uns gekommen. Die vom Internationalen Stil und Funktionalismus geprägte Architekturauffassung unseres Jahrhunderts schätzte diese auf die abstrakte Raumform reduzierten Bauten besonders und beeinflußte auch Kunstwissenschaft, Denkmalpflege und das allgemeine Geschmacksurteil. Spuren der farbigen Ausgestaltung der Architektur wurden deshalb geflissentlich übersehen oder bezüglich ihrer Herkunft aus dem Mittelalter angezweifelt. Der religiöse Eifer der Reformation, besonders der calvinistischen Landesherren, der Vandalismus der Bauernkriege und die Brandschatzungen des Dreißigjährigen Krieges zerstörten in den meisten gotischen Kirchen die Raumfassungen, Ausstattungsstücke und Wandgemälde. Was der Vernichtung entging, wurde in vielen Fällen dem veränderten Geschmack des Barock geopfert. Immerhin kamen die im 18. Jahrhundert mit Altären, Kanzeln, Gestühl und Emporen im Barockstil neu ausgestatteten Kirchen dem mittelalterlichen Raumideal noch näher als die im 20. Jahrhundert ausgeräumten und in nüchternem Weiß gestrichenen Innenräume. Deshalb soll mit den jetzt folgenden Beispielen anschaulich gemacht werden, wie reich mit Kunstwerken ausgestattet man sich gotische Pfarr-, Stifts- und Wallfahrtskirchen vorstellen muß.

Malerei und Skulpturen

Die Gotik wurde zu einer Blütezeit der Malerei in Hessen. Zu der bereits in der Romanik verbreiteten Wandmalerei kamen die Glasmalerei und die Tafelgemälde.
Bei den Wandmalereien reicht die Tradition bis ins 9. Jahrhundert zurück, mit dem eindeutigen Schwerpunkt Fulda, wo es in der Krypta von St. Peter in Petersberg die ältesten Wandmalereien nördlich der Alpen gibt, die vor der Weihe 936 vollendet waren. Über die Fuldaer Malereien in St. Michael um 1000–1030 und St. Andreas in Neuenberg 1020–1023 geht die Entwicklung nach Bad Hersfeld in die erste Hälfte des 12. Jahrhunderts und schließlich nach Limburg, wo der Dom bis zur Weihe 1235 ausgemalt wurde. Von Anfang an mischt sich bei den Wandmalereien Ornamentales mit Figürlichem. In Limburg – und von da an bei vielen Kirchen – kommt die farbige Fassung der Architekturglieder hinzu. Pfeiler, Säulen, Bögen und Rippen werden durch ihre Farbgebung hervorgehoben oder auch in der Wirkung zurückgedrängt. Dazu kommen reiche Ornamentfriese, die sich von der Architektur lösen, außerdem aufgemalte Architekturformen dort, wo sie plastisch gar nicht existieren. Der Limburger Dom hat auch ein umfassendes ikonographisches Figurenprogramm.
Es ist anzunehmen, daß auch andere Kirchen vom 13. Jahrhundert an ein so reiches dreiteiliges Programm aus farbiger Raumfassung, ornamentaler Bereicherung der Architektur und figürlichen Darstellungen besaßen. Wenn es in diesem Ausmaß nur noch in Limburg vorhanden ist, so liegt dies in erster Linie an der dort angewandten echten Freskotechnik. Bei dieser erhält das Mauerwerk zunächst einen mehr oder weniger dicken Unterputz, auf den dann der Feinputz als dünne Schlämme in einer Fläche aufgetragen wird, deren Größe nach der Arbeitsleistung eines Tages bemessen ist. Denn beim Fresko kommt es darauf an, daß die Farben frisch (italienisch: fresco) auf den noch nassen Putz gelangen. Nur dann verbinden sich Malgrund und Malschicht zu einer untrennbaren Einheit, die echten Fresken eine lange Lebensdauer und Farbechtheit verschafft. In Italien hat man die Freskotechnik seit der Antike bis in die Neuzeit besonders virtuos beherrscht. So zeigen die Fresken in der Kirche von Naturns (Südtirol) aus dem 8. Jahrhundert heute noch weitgehend ihre ursprüngliche Farbigkeit. Die auch hier erkennbaren Verluste erfolgten nur dort, wo man den Putz durch Aufhacken zerstört hat. Solange also der Putz nicht beseitigt wird, ist die Haltbarkeit eines echten Freskos unbegrenzt.

Leider hat man nördlich der Alpen die Freskotechnik nur selten in der reinen Form angewandt, sondern sie in den meisten Fällen mit der Kalkseccotechnik gemischt. Dabei wurde auch der Feinputz gleich auf die gesamte Fläche aufgebracht. Beim Auftragen der Vorzeichnung und Grundierung war er noch so feucht, daß eine gewisse Bindung zwischen Malgrund und Malschicht erfolgte, die Feinheiten wie Gesichter, Haare und Gewandfalten aber wurden trocken (italienisch: secco) – nur durch den Luftkalk gebunden – gemalt. Sie pulverten deshalb von Anfang an stark, verbanden sich beim Übermalen in der Reformationszeit mit der jüngeren nassen Tünche und wurden zusammen mit dieser beim unsachgemäßen Freilegen in unserem Jahrhundert beseitigt. Deshalb besitzen wir von den meisten gotischen Wandmalereien nur noch die Vorzeichnungen oder die Grundierungen, im Grunde also Ruinen, die nur noch in schwachen Resten die ursprüngliche Farbenpracht widerspiegeln. Den Beweis für diese Behauptung bieten die Malereien in der Turmhalle der Pfarrkirche von Eltville. Schon 50 Jahre nach ihrer Entstehung wurden Abb. 16 sie durch ein nachträglich unter das ursprüngliche eingezogenes zweites Gewölbe für 500 Jahre allen Beschädigungen entzogen. Nie übermalt, freigelegt oder restauriert, waren sie bei ihrer Entdeckung 1961 von einer bei Kalkseccomalereien nie für möglich gehaltenen Farbintensität, wie wir sie sonst nur von Tafelgemälden kennen.
Hier stellt sich die Frage nach dem Verhältnis der Wandmalerei zur Tafel- und Glasmalerei. Ich möchte gerade angesichts der Eltviller Wandmalereien die Behauptung wagen, daß dieselben Künstler in allen drei Bereichen tätig waren. Vielleicht gab es sogar stärkere Bindungen zur Buchmalerei als nur die ihrer Benutzung als Vorlage. Bei den frühen Wandmalereien wie in der Altenberger Abb. 113 Klosterkirche, entstanden vor 1271, setzt man den Einfluß anglo-normannischer Buchmalereien voraus. Das monumentale Wandgemälde im südlichen Querarm des Fritzlaer Abb. 40 Doms wird in die Zeit um 1320 datiert und aufgrund der engen formalen Verwandtschaft demselben Meister zugeschrieben, der einen heute im Dommuseum aufbewahrten steinernen Altaraufsatz bemalt hat. Damit hätten wir einen Hinweis darauf, daß die in einer Handwerksgilde organisierten mittelalterlichen Maler auf verschiedenem Malgrund und in verschiedenen Techniken gearbeitet haben. Die Vorstellung von der personellen Trennung der Bereiche Wand-, Glas- und Tafelmalerei entspricht allzusehr modernem Spezialistentum und nicht dem viel umfassenderen mittelalterlichen Berufsbild, nach dem zum Bei-

spiel die Baumeister zugleich Steinmetzen und Bildhauer waren. In der Marburger Elisabethkirche gibt es in den östlichen Querschiffwänden vier Wandaltäre in Form tiefer, schreinartiger Nischen, am Ende des 13. Jahrhunderts in der gleichen Weise ausgemalt, als handele es sich um gemalte Altarretabel. Auch hieraus ergibt sich eine enge Verbindung zwischen beiden Bereichen.

Die Frage nach der Herkunft der Maler ist deshalb am besten im Zusammenhang mit den Tafelgemälden zu untersuchen, doch kann man auch so für die erste Hälfte des 14. Jahrhunderts eine gewisse Schwerpunktbildung in Fritzlar feststellen. Daß Nordhessen über eigene Künstler verfügte und nicht nur auf westfälische, rheinische oder thüringische Kräfte angewiesen war, ist auch vom Inhalt der Wandmalereien her wahrscheinlich. Hier bietet die kleine
Abb. 109 Dorfkirche von Fraurombach eine Besonderheit, da ihre Wandmalereien die Heraklius-Legende auf der Grundlage des hessischen Dichters Otte wiedergeben. Vergleicht man
Abb. 113 die »Marienkrönung« in der Altenberger Klosterkirche
S. 224 aus der Zeit um 1271 mit der »Anbetung der Könige« im Nordquerschiff der Stiftskirche von Oberkaufungen, entstanden bald nach 1422, so stellt man wie bei der Tafelmalerei eine Entwicklung von der fast körperlosen, idealisierten Heiligendarstellung der Hochgotik zu einem wirklichkeitsnahen, erzählenden Menschenbild in der Spätgotik fest. Den Schlußpunkt dieser Entwicklung bilden die Wandgemälde des Jörg Ratgeb von 1514–1523 im Kreuz-
Abb. 34 gang des Frankfurter Karmelitenklosters, die deutlich Einflüsse der Renaissance erkennen lassen.

Hier konnte nur ein kleiner Ausschnitt aus dem heute noch umfangreichen Bestand an gotischen Wandmalereien vorgestellt werden. Leider fehlt bislang eine zusammenfassende Publikation, die jedoch durch die häufige Übermalung und unsachgemäße Restaurierung sehr erschwert wird. Zahlreiche Wandgemälde schlummern auch noch unter späteren Tüncheschichten. In einigen Fällen – wie zum Beispiel der Katharinenkirche in Steinau – wissen wir davon, sehen aber wegen der Verschmutzungsgefahren von einer Freilegung ab.

Sehr bedeutend ist auch der Bestand an gotischen Tafelgemälden in Hessen. Wie in kaum einer anderen Kunstlandschaft setzt hier die Entwicklung sehr früh und gleich mit hochbedeutenden Werken ein. Das gemalte Retabel in der
S. 252 Stiftskirche von Wetter aus der Zeit um 1260–1270 läßt die Herkunft dieser neuen Kunstgattung aus dem Reliquienschrein erkennen. Drei weitere hochbedeutende gemalte Altäre des 14. Jahrhunderts befinden sich in Hofgeismar (um 1310), Netze und Schotten (beide gegen 1370–1380). Abb. 118, S. 246
In diesen Werken ist zwar durchweg der Einfluß der westfälischen und rheinischen Malerei festzustellen und ein spezieller hessischer Stil nicht auszumachen, doch ist damit noch nicht bewiesen, daß es nicht doch auf hessischem Boden ansässige Malerwerkstätten gegeben haben kann. Die Häufung von Wandmalereien und gemalten Altarretabeln im weiteren Raum um Fritzlar macht die Existenz einer dortigen eigenen Malerschule wahrscheinlich. Warum sollten bei so vielen Aufträgen, von denen uns die Ereignisse der Geschichte nur Teile überliefert haben, alle Maler von außen in ein Gebiet geholt worden sein, das in der Gotik zahlreiche beachtlich große und aufwendige Stadtkirchen und mit ihnen eine eigene Bauschule hervorbrachte? Ein solches Zentrum der Malerei könnte in der zweiten Hälfte des 13. Jahrhunderts Marburg durch den Elisabethkult und im 14. Jahrhundert Fritzlar durch seine Rolle als nördlicher Mittelpunkt der Mainzer Diözese gewesen sein.

Das 15. Jahrhundert beginnt für die Malerei auf hessischem Boden mit dem großartigsten gotischen Werk überhaupt, dem Wildunger Altar des Konrad von Soest. Er Abb. 9 a, b
weist nicht nur das genaue Datum seiner Herstellung im Jahre 1403, sondern auch den Namen seines Schöpfers auf. Es ist die früheste Künstlerinschrift auf einem deutschen Altar, und dieser »conradum pictorem de suato« – Konrad, Maler von Soest – ist die erste für uns faßbare Künstlerpersönlichkeit der gotischen Malerei. Der Name von Soest gibt nur die Herkunft der Familie, nicht den Wirkungsort an. Dieser war Dortmund, wo bereits 1348 ein Maler Werner von Soest erwähnt wird, wohl der Großvater oder Vater unseres Konrad, der gegen 1370 in Dortmund geboren sein muß, denn am 14. Februar 1394 schließt er dort mit Gertrud, Tochter des verstorbenen Lambert von Münster, einen Ehevertrag über ein bedeutendes Vermögen. In den Jahren 1413 und 1422 nennen die Dortmunder Urkunden nochmals einen »Meister Conrad Maler« – bis etwa 1425 wird er wohl gelebt haben.

Auf stilkritischem Wege können ihm noch folgende Werke zugeschrieben werden: 1. die Tafeln eines Marienaltars in Dortmund, um 1420; 2. der Nikolausaltar in Soest, entstanden vor dem Wildunger von 1403; 3. zwei Täfelchen mit der hl. Dorothea und der hl. Ottilia im Landesmuseum Münster, etwa gleichzeitig mit dem Wildunger Altar. Letzterer und die Mitteltafel des Dortmunder Altars mit dem »Marientod« fanden eine breite künstlerische Nachfolge in Köln und vom Harz bis zur Ostsee.

Auch in Hessen ist die Wirkung des Wildunger Altars so- S. 244 gleich auszumachen, so im Rauschenberger Altar um 1410–1420 und etwa gleichzeitig im Altar aus dem Kloster Ahnaberg in Kassel, jetzt in den Staatlichen Kunstsammlungen. Sosehr aber das Werk des Konrad von Soest die Einwirkungen Westfalens auf den hessischen Raum beweist, so nachdrücklich bestätigt sich in den genannten Nachwirkungen die Existenz heimischer Malerschulen, in diesem Fall wohl in Kassel anzusiedeln.

Aus der Mitte des 15. Jahrhunderts ist uns kein Werk überliefert, das man einer bestimmten Künstlerpersönlichkeit S. 251 zuordnen kann. Vom Altar in Aufenau kennt man noch nicht einmal mit Sicherheit den ursprünglichen Standort und bezeichnet seinen Stil nur sehr allgemein als mittelrheinisch. Erst zum Ende des Jahrhunderts lichtet sich das Dunkel wieder etwas mehr. Auf den Flügeln des Hochaltars in der Marienkirche zu Gelnhausen finden sich das Datum 1500 und die Signatur »pictor Nicolaus Schit«. In den Seligenstädter Pachtrechnungen taucht 1498 und 1499 ein Clais Schydt auf, dem man einen Teil seiner Pachtschuld mit dem Lohn für die Reparatur einer hl. Cäcilie verrechnet hatte, woraus mit Recht zu schließen ist, daß er Künstler war. Ein Clais Schydt wird ohne Berufsangabe in den Registern von 1509, 1513 und 1514 aufgeführt, in denen die Abgaben der Fremden für Grundbesitz vermerkt wurden. Schließlich erscheint ein Claus von Frankfurt 1540 im Steuerregister von Seligenstadt. Er könnte trotz der unterschiedlichen Schreibweise mit unserem Maler identisch sein, denn noch bis ins 19. Jahrhundert hinein gab es keine starren Regeln für die Schreibweise von Eigennamen, die häufig auf demselben Grabstein unterschiedlich geschrieben sind. Vieles spricht dafür, daß Nikolaus Schit zwar in Seligenstadt Grundbesitz hatte, aber seine Werkstatt in Frankfurt unterhielt, denn dort existieren mit dem Hynsperg-Epitaph und dem Altar von Niedererlenbach zwei Kunstwerke, die man ihm mit einiger Sicherheit stilistisch zuordnen kann. So könnte der 1488 nach Frankfurt gekommene Niklas Scheide durchaus der gesuchte Maler sein, auch wenn er die Berufsbezeichnung eines Kürschners trug.

Frankfurt hatte nämlich keine Malerzunft, deshalb übte auch Martin Caldenbach, Schöpfer des Bierstadter Altars Abb. 124 aus der Zeit um 1500 in Wiesbaden, den Beruf eines Eichmeisters aus, und Conrad Faber von Kreuznach, der gegen 1500 geborene Meister des Holzhausenbildnisses in Frankfurt, war zugleich Eisenwieger. Nun waren es zwar öffentliche Ämter, die diese beiden Maler innehatten, während Niklas Scheide als Kürschner bezeichnet wird. Doch verfügte er als Auswärtiger vielleicht nicht über die erforderlichen Beziehungen, um ein öffentliches Amt zu erhalten, sondern mußte in die Zunft der Kürschner eintreten, um die notwendige Arbeitserlaubnis zu bekommen. Es ist heute kaum noch festzustellen, aus welchen Gründen Frankfurt keine Malerzunft besaß, zumal doch mehrere Maler hier ansässig gewesen sein müssen. Man kann sich eine so wohlhabende Reichsstadt nicht ohne Künstler vorstellen. Wollten sich die Ratsherren brotloses Künstlerpack vom Leibe halten, für das sie dann bei Alter oder Krankheit hätten sorgen müssen? Dieses Bild würde durchaus zu den sparsamen Kaufleuten der Messestadt passen, denen schon ein repräsentatives Rathaus zu teuer war und die sich deshalb mit dem Ankauf einiger Bürgerhäuser begnügten.

Zum Ende der Gotik können wir auch noch in Nordhessen zwei Maler identifizieren und lokalisieren. Den einen in Korbach kennen wir zwar nicht namentlich, wissen aber, daß er dem Franziskanerorden angehörte. Als Signatur verwendet er nämlich nicht wie sonst üblich seinen Namen, sondern sein eigenes Abbild als Franziskanermönch mit Pinsel und Palette. Dreimal erscheint er so und stellt sich darüber hinaus mehrfach in kleineren, in die Handlungen eingestreuten Selbstbildnissen dar. Eine lateinische Inschrift neben dem knienden Maler-Mönch auf dem Kreuzigungsaltar in der Korbacher Kilianskirche berich- Abb. 80 tet, daß ein Mönch des Franziskaner-Minoriten-Ordens den Altar in seinem 71. Lebensjahr gemalt habe. Da der Altar die Jahreszahl 1527 trägt, muß unser Maler-Mönch 1456 geboren sein, und da Korbach seit 1487 ein Franziskanerkloster hatte, war er wohl auch hier tätig, zumal die Neustädter Kirche ebenfalls einen Altar von ihm besitzt und der Altar von Niederwaroldern ursprünglich im Korbacher Observantenkloster stand. Letzterer wird zur Zeit in der Werkstatt der hessischen Denkmalpflege restauriert. Die Untersuchungen der Restauratorin mit Infrarotlicht ergaben, daß in der Vorzeichnung für die Grundkomposition die späteren Farben durch Signaturen festgelegt waren. Sollten dies Hinweise für Gehilfen sein, die bei der Ausführung mitwirkten, so daß man auf ein größeres Maleratelier in Korbach schließen darf? So vieles hat uns der Franziskaner über sich verraten – warum nennt er uns dann nicht auch noch seinen Namen? Er malte als Mönch wohl zu Ehren Gottes, und sein Gelübde verbot ihm menschliche Ruhmsucht.

Als zweiter Maler ist im nördlichen Hessen Johann von

der Leyten auszumachen. Er schuf die Flügelgemälde der vier spätgotischen Altäre in der Marburger Elisabethkirche, datiert 1511, 1512 und 1514, der hier abgebildete Elisabethaltar dürfte dazwischen liegen. Abb. 95 Vom selben Maler stammt jedoch auch die Farbfassung der von Ludwig Juppe geschnitzten Teile dieser Altäre. Zwischen Bildschnitzer und Faßmaler wurde in der Gotik strikt getrennt; daraus erklärt sich auch, daß die ursprünglich geplante Farbfassung zu Ende des Mittelalters in manchen Fällen unterblieb. Spätere Generationen haben, ihrem eigenen Geschmack folgend, die gotischen Farbfassungen überstrichen oder abgelaugt. Selten findet man noch Originalfassungen, die man an der hohen, den Schnitzarbeiten gleichwertigen Qualität erkennt.

Bewußt verwenden wir das Wort Farbfassung und sprechen nicht vom Farbanstrich. Eine Fassung muß vom Grund her in sorgfältigen Arbeitsgängen aufgebaut werden, denn die überwiegend verwandte Temperafarbe hält nicht so ohne weiteres auf dem rohen Holz. Deshalb schuf der Faßmaler zunächst den Kreidegrund und baute darauf die Malschicht auf. Die Pigmente gewann man aus der Natur: Es waren farbige Erden, vielfach gebrannt, gemahlene Halbedelsteine wie Azurit, Lapislazuli und Malachit sowie die Edelmetalle Gold und Silber. Durch das Unterlegen von Gold- und Silberfolien mit dem in mehreren Farben vorkommenden sogenannten Bolus konnte man den Edelmetallen eine ganz unterschiedliche Wirkung geben. Man verwandte das Gold am selben Schnitzwerk im polierten Hochglanz der Polimentvergoldung und in der matten Ölvergoldung und unterschied so das Gewand von den Haaren. Unterlegte man das blaue Azurit, das grüne Malachit oder Kupferoxyd sowie das Eisenoxydrot mit Silber, erhielt man die in der Spätgotik sehr beliebte Lüsterung der Farben, die wir heute etwas banal als Metallic-Effekt bezeichnen würden. Die Kunst der Farbfassung verfeinerte sich im 15. und 16. Jahrhundert immer mehr, insbesondere die Gewänder wurden immer prächtiger gestaltet. Aber auch die Gesichter, Gliedmaßen und bloßen Körperpartien wurden immer feiner und naturalistischer mit der Inkarnat genannten Hautfarbe bemalt, dabei Augenbrauen, Pupillen, Iris, Finger- und Zehennägel sorgfältig detailliert. Eine derartige Qualität gotischer Farbfassungen kann am Gelnhauser Hochaltar, Abb. 43 an den Vesperbildern in Fritzlar und Bosserode Abb. 41, 125 b sowie an den Altären von Ludwig Juppe in Marburg beobachtet werden. Bei der Eltviller Madonna Abb. 17 aus dem Anfang des 16. Jahrhunderts war wohl keine Fassung mehr vorgesehen, so wie ja auch mehrere Schnitzwerke Riemenschneiders ungefaßt blieben. Am Ende der Gotik bahnt sich also eine stärkere Hinwendung zum Naturholz an.

Die Zahl und Qualität der Schnitzaltäre in Hessen ist nicht so groß wie die der Tafel- und Wandmalereien. Daraus jedoch für die Gotik in Hessen auf eine Bevorzugung der Malerei gegenüber der Bildhauerkunst zu schließen, wäre leichtfertig, denn der Ausleseprozeß der Geschichte verlief höchst willkürlich. So wurden die plastischen Bildnisse vom Bilderverbot der Calvinisten stärker betroffen als die gemalten. Der sonst so gebildete und musische Landgraf Moritz mit dem Beinamen »der Gelehrte« erwies sich nach seinem Übertritt zum Calvinismus als fanatischer Bilderstürmer, dem 1619 alle Statuetten des Lettners in der Marburger Elisabethkirche und viele Schnitzaltäre Nordhessens zum Opfer fielen. Bei den gemalten Altären verfuhr er nicht so radikal, und in der Grafschaft Waldeck, die nicht seinem Zugriff unterlag, blieben die meisten erhalten.

Bei einem so geringen Denkmälerbestand – bestenfalls zehn Prozent des ursprünglichen – ist es kaum möglich, die Werkstätten zu lokalisieren. In den hervorragenden Vesperbildern in Fritzlar, Wetzlar, Bosserode und Spangenberg Abb. 41, 122, 125 b, 116 sind rheinische und thüringische Einflüsse zu beobachten, was nicht ausschließt, daß es in Nordhessen – etwa in Fritzlar – eine Bildschnitzerwerkstatt gegeben haben könnte. Für Südhessen ist das Bild schon deutlicher. Hier war offensichtlich Mainz das Zentrum der Bildhauerkunst. Im Spätmittelalter wirkte hier Hans Backoffen als überragende und schulbildende Künstlerpersönlichkeit, unter dessen Einfluß mehrere Kunstwerke vorzüglich im Rheingau entstanden, darunter die Doppelmadonna in der Michaelskapelle von Kiedrich, Abb. 5 ferner der Schnitzaltar von Babenhausen. In Mainz war auch der unbekannte Meister des Schnitzaltars von Kirch-Brombach tätig, S. 190 wie aus der Darstellung des St.-Albans-Klosters zu schließen ist, und auch der Brustlatzmeister genannte Schöpfer der Eltviller Madonna ist hier zu vermuten. Im Lorcher Hochaltar von Abb. 17, 87 1483 sieht man eher oberrheinische Einflüsse des Nikolaus Gerhard, der seinerseits auf die Schnitzereien des Hochaltars von Gelnhausen wirkte, Abb. 43 in dem aber auch der Stil des Gregor Erhart aus Ulm erkannt wird. So ist die Lokalisierung dieser beiden Bildhauer nicht leicht, eindeutig dagegen bei Ludwig Juppe in Marburg und mit einiger Wahrscheinlichkeit beim Meister des Maria-Schlaf-Altars von Abb. 27 1434 im Dom in Frankfurt, da sich ihm auch Werke in Sachsenhausen und Königstein zuschreiben lassen.

Wie schon das Buch über die »Romanik in Hessen« behandelt das vorliegende über die Gotik eine Auswahl von Kunstwerken, die in den heutigen Grenzen des 1946 gegründeten Bundeslandes erhalten sind. Damit wird weder behauptet, daß sie alle in Hessen entstanden sind, noch daß es eine spezifisch hessische Ausprägung in allen Bereichen der Kunst gegeben habe. Am ehesten kann man noch bei den Hallenkirchen in der Nachfolge der Marburger Elisabethkirche von einer hessischen Bauschule sprechen, die in der Landgrafschaft Hessen bis zum Ende des Mittelalters ihre Eigenart bewahrte. Gemeinsamkeiten in der Organisation des Stadtgrundrisses erlauben es auch, von einem thüringisch-hessischen Städtebau des 12.–14. Jahrhunderts zu sprechen. Am wenigsten sind im Bereich der Bildschnitzereien hessische Werkstätten auszumachen und schon gar nicht eine hessische Stilvariante. Bei der Tafelmalerei und dem großen, noch weitgehend unerforschten Bestand an Wandgemälden könnten vertiefende Untersuchungen durchaus noch gewisse Gemeinsamkeiten einer Kulturlandschaft erbringen.

1 *Alsfeld. Walpurgiskirche, ev. Stadtkirche, von Süden*

2 Alsfeld. Walpurgiskirche, ev. Stadtkirche. Inneres nach Osten

3 Alsfeld. Weinhaus und Rathaus vom Markt aus

HOTEL RATS

4 Alsfeld. Untere Fuldergasse mit Leonhardsturm

5 Babenhausen. Ev. Pfarrkirche, ehem. St. Nikolaus. Flügelaltar

6 Bad Hersfeld. Ev. Stadtpfarrkirche, ehem. St. Vitus und Antonius. Inneres nach Osten

7 Bad Hersfeld. Küsterhaus Kirchplatz 5

9 a, b Bad Wildungen. Ev. Stadtkirche, ehem. St. Maria. Flügelaltar Konrads von Soest. Mariä Verkündigung und Auferstehung Christi

8 Bad Wildungen. Ev. Stadtkirche, ehem. St. Maria. Inneres nach Osten

10 Büdingen. Schloß-kapelle. Inneres nach Osten

11 Büdingen. Das Steinerne Haus neben der ehem. Mühlpforte

12 Büdingen. Jerusalemer Tor

13 Butzbach. Ehem. Hospitalkapelle St. Wendelin. Inneres nach Osten

14 Cornberg. Ehem. Benediktinerinnenkloster. Kirche und Klostergebäude von Nordosten

15 Eltville. Kath. Pfarrkirche St. Peter und Paul. Turm von Südosten

16 *Eltville. Kath. Pfarrkirche St. Peter und Paul. Wandgemälde an der Ostwand des Turmraums. Das Jüngste Gericht*

17 Eltville. Kath. Pfarrkirche St. Peter und Paul. Madonna auf der Mondsichel im südlichen Seitenschiff

SALVATOR · MVNDI
IOHANNES

18 Eltville. Kath. Pfarrkirche St. Peter und Paul. Taufstein im Turmraum

19 Eltville. Kath. Pfarrkirche St. Peter und Paul. Kirchenschatz. Turmmonstranz

20 Eschwege. Ev. Marktkirche St. Dionys, Pfarrkirche der Altstadt. Inneres nach Westen

21 *Frankenberg. Ev. Stadtpfarrkirche, ehem. Unserer Lieben Frau. Inneres nach Osten*

22 *Frankenberg. Ev. Stadtpfarrkirche, ehem. Unserer Lieben Frau. Glasfenster im Chor*

23 Frankenberg. Ev. Stadtpfarrkirche, ehem. Unserer Lieben Frau. Marienkapelle von Osten

24 *Frankenberg. Rathaus*

25 *Frankfurt am Main. Ehem. Stifts- und Pfarrkirche St. Bartholomäus, sog. Dom, von Süden*

26 *Frankfurt am Main. Dom. Inneres nach Osten*

Umseitig:
28 Frankfurt am Main. Ehem. Liebfrauen-Stiftskirche. Tympanon des Südportals

29 Frankfurt am Main. Ev. Alte Nikolaikirche am Römerberg von Nordwesten

27 Frankfurt am Main. Dom. Maria-Schlaf-Altar in der Marienkapelle

30 Frankfurt am Main. Kath. Pfarrkirche St. Leonhard. Inneres nach Osten

31 *Frankfurt am Main. Kath. Pfarrkirche St. Leonhard. Marienaltar*

32 Frankfurt am Main. Deutschordenskirche in Sachsenhausen. Inneres nach Osten

33 Frankfurt am Main. Der Römer

34 *Frankfurt am Main. Ehem. Karmelitenkloster. Kreuzgang mit Fresken von Jörg Ratgeb*

35 *Frankfurt am Main. Das Steinerne Haus*

36 *Frankfurt am Main. Der Eschenheimer Turm*

37 Friedberg. Ev. Pfarrkirche, ehem. Stadtkirche Unserer Lieben Frau. Inneres nach Osten

38 Friedberg. Ev. Pfarrkirche, ehem. Stadtkirche Unserer Lieben Frau. Statue der Muttergottes am Lettner

39 Friedberg. Das Judenbad

40 Fritzlar. Dom. Wandgemälde im südlichen Querschiff. Verherrlichung Mariens

41 Fritzlar. Dom. Vesperbild in der Marienkapelle

42 Fritzlar. Ev. Pfarrkirche, ehem. Minoriten-Klosterkirche. Inneres nach Osten

43 Gelnhausen. Ev. Marienkirche. Hochaltar

44 Gelnhausen. Ev. Marienkirche. Marienteppich. Ausschnitt. Mariä Verkündigung

45 Gelnhausen. Ev. Marienkirche. Kapitell am Lettner

46 Grebenstein.
Ev. Stadtkirche, ehem.
St. Katharina und Elisabeth. Wandtabernakel im Chor

47 Greifenstein. Ruine der Burg von Nordosten

Umseitig:
48 Greifenstein-Beilstein. Schloßruine von Südwesten
49 Groß-Umstadt. Ev. Pfarrkirche, ehem. St. Kilian. Inneres nach Osten

50 *Hadamar. Kath. Liebfrauenkirche. Inneres nach Osten*

51 Haina. Ehem. Zisterzienserkloster von Südwesten

52 Haina. Ehem. Zisterzienser-Klosterkirche. Inneres nach Osten

53 Haina. Ehem. Zisterzienser-Klosterkirche. Glasgemälde in der Ostwand des Querschiffs

54 Haina. Ehem. Zisterzienser-Klosterkirche. Schlußstein im Mittelschiff

55 Hanau. Ev. Marienkirche. Pfarrkirche der Altstadt. Glasgemälde im Chor. Ausschnitt. Die Heilige Sippe

56 a, b Hattenheim. Ehem. Zisterzienserkloster Eberbach. Kapitelsaal und Dormitorium der Mönche

57 a, b Hattenheim. Ehem. Zisterzienserkloster Eberbach. Grabplatten Wigands von Hynsperg und Graf Eberhards I. von Katzenelnbogen

58 *Hattenheim. Ehem. Zisterzienserkloster Eberbach. Gewölbekonsole des abgebrochenen Ostflügels*

59 *Heuchelheim. Alte ev. Pfarrkirche. Inneres nach Osten.*

60 *Hirschhorn. Ersheimer Kapelle. Wandgemälde im Ostteil des Schiffes. Die Apostel Petrus und Paulus*

61 Hirzenhain. Ev. Pfarrkirche, ehem. Augustiner-Klosterkirche St. Maria. Inneres nach Osten

62 Hirzenhain. Ev. Pfarrkirche, ehem. Augustiner-Klosterkirche St. Maria. Statue der Muttergottes am Lettner

63 Hofgeismar. Ev. Pfarrkirche der Altstadt, ehem. Stiftskirche Liebfrauen. Altartafel. Christus auf dem Ölberg und Gefangennahme Christi

Brot
für die Welt

65 Hofgeismar-Beberbeck. Ruine der Sababurg von Süden

64 Hofgeismar. Ev. Pfarrkirche der Altstadt, ehem. Stiftskirche Liebfrauen. Inneres nach Osten

66 Hohenstein. Ruine der Burg von Südwesten

67 Homberg an der Efze. Ev. Stadtkirche, ehem. St. Maria. Westportal

68 Homberg an der Efze. Ev. Stadtkirche, ehem. St. Maria. Inneres nach Osten

69 Kassel. Ev. Brüderkirche, ehem. Karmeliter-Klosterkirche. Inneres nach Osten

70 Kaufungen-Oberkaufungen. Ev. Kirche, ehem. Stiftskirche. Grabplatte der Anna v. d. Borch

71 *Kiedrich. Kath. Pfarrkirche St. Dionysius und Valentinus, davor die Totenkapelle St. Michael, von Süden*

72 Kiedrich. Kath. Pfarrkirche St. Dionysius und Valentinus. Inneres nach Osten

73 Kiedrich. Kath. Pfarrkirche St. Dionysius und Valentinus. Orgel

74 Kiedrich. Totenkapelle St. Michael von Norden

75 Kiedrich. Totenkapelle St. Michael. Inneres nach Osten

76 Kiedrich. Totenkapelle St. Michael. Fabeltiere auf dem Kaffgesims des Chörleins

77 Korbach. Ev. Pfarrkirche der Altstadt und Ev. Stadtkirche der Neustadt von Südosten

78 Korbach. Ev. Pfarrkirche der Altstadt, ehem. St. Kilian. Nordportal

79 a, b Korbach. Ev. Pfarrkirche der Altstadt, ehem. St. Kilian. Kanzel und Sakramentshaus

80 Korbach. Ev. Pfarrkirche der Altstadt, ehem. St. Kilian. Flügelaltar

81 Korbach. Ev. Pfarrkirche der Neustadt, ehem. St. Nikolai. Inneres nach Osten

IHR
WERDET
MEINE
ZEUGEN
SEIN

82 Laubach-Gonterskirchen. Ev. Pfarrkirche von Süden

83 Lich. Ev. Pfarrkirche, ehem. Stiftskirche St. Maria. Grabmal Kunos von Falkenstein und seiner Gemahlin Anna

84 Limburg an der Lahn. Steinhaus Fischmarkt 12

85 Limburg an der Lahn. Kath. Kirche St. Anna. Glasfenster im Chor

86 Linden. Das Pfarrhaus in Großen-Linden

87 Lorch. Kath. Pfarrkirche St. Martin. Hochaltar. Ausschnitt

INRI

88 Lorch. Kath. Pfarrkirche St. Martin. Taufstein

89 *Marburg. Elisabethkirche von Nordosten*

90 *Marburg. Elisabethkirche. Inneres nach Osten*

91 Marburg. Elisabethkirche. Der sog. Landgrafenchor, Grablege der Landgrafen von Hessen im südlichen Querschiffarm

92 *Marburg. Elisabethkirche. Lettner*

93 a, b Marburg. Elisabethkirche.
Elisabethschrein in der Sakristei

94 Marburg. Elisabethkirche. Hochaltar

95 Marburg. Elisabethkirche. Rechter Flügel des Elisabethaltars. Zwei Szenen aus dem Leben der hl. Elisabeth

96 Marburg. Ev. Stadtpfarrkirche, ehem. St. Marien. Inneres nach Osten

97 Marburg. Rathaus

98 Marburg. Ehem. Schloß der Landgrafen von Hessen von Süden

99 Marburg. Ehem. Schloß der Landgrafen von Hessen. Schloßkapelle. Inneres nach Osten

100 Marburg. Ehem. Schloß der Landgrafen von Hessen. Rittersaal

101 Melsungen. Die Altstadt von Norden

102 Michelstadt. Rathaus

103 Morschen-Altmorschen. Ehem. Zisterzienserinnen-Kloster Heydau von Südosten

104 Nentershausen. Burg Tannenberg von Osten

105 Neuberg-Rüdigheim. Ev. Pfarrkirche, ehem. Johanniterkirche. Inneres nach Osten

106 Neustadt. Junker-Hansen-Turm

107 Rasdorf. Kath. Pfarrkirche, ehem. Kollegiatsstift. St. Johannes d. T., von Süden

108 Rüdesheim. Burgruine Ehrenfels von Norden

109 Schlitz-Fraurombach. Ev. Kirche, ehem. Wallfahrtskirche Liebfrauen. Wandmalereien an der Ostwand des Langhauses. Szenen der Heraklius-Legende

110 Schotten. Ev. Stadtkirche, ehem. Wallfahrtskirche Unserer Lieben Frau. Westportal

Umseitig:
112 Solms-Oberbiel. Ehem. Prämonstratenserinnen-Kloster Altenberg. Klosterkirche. Inneres nach Westen

113 Solms-Oberbiel. Ehem. Prämonstratenserinnen-Kloster Altenberg. Klosterkirche. Wandgemälde an der Südwand der Vierung. Ausschnitt

111 Schwalmstadt-Treysa. Ev. Pfarrkirche, ehem. Dominikaner-Klosterkirche. Inneres nach Westen

IACOBUS
S IOHANNES
S PETRUS
S PAULUS
S ANDREAS

114 Solms-Oberbiel. Ehem. Prämonstratenserinnen-Kloster Altenberg. Klosterkirche. Grabmal der Magistra Gertrud vor dem Hochaltar

115 Burg Spangenberg von Süden

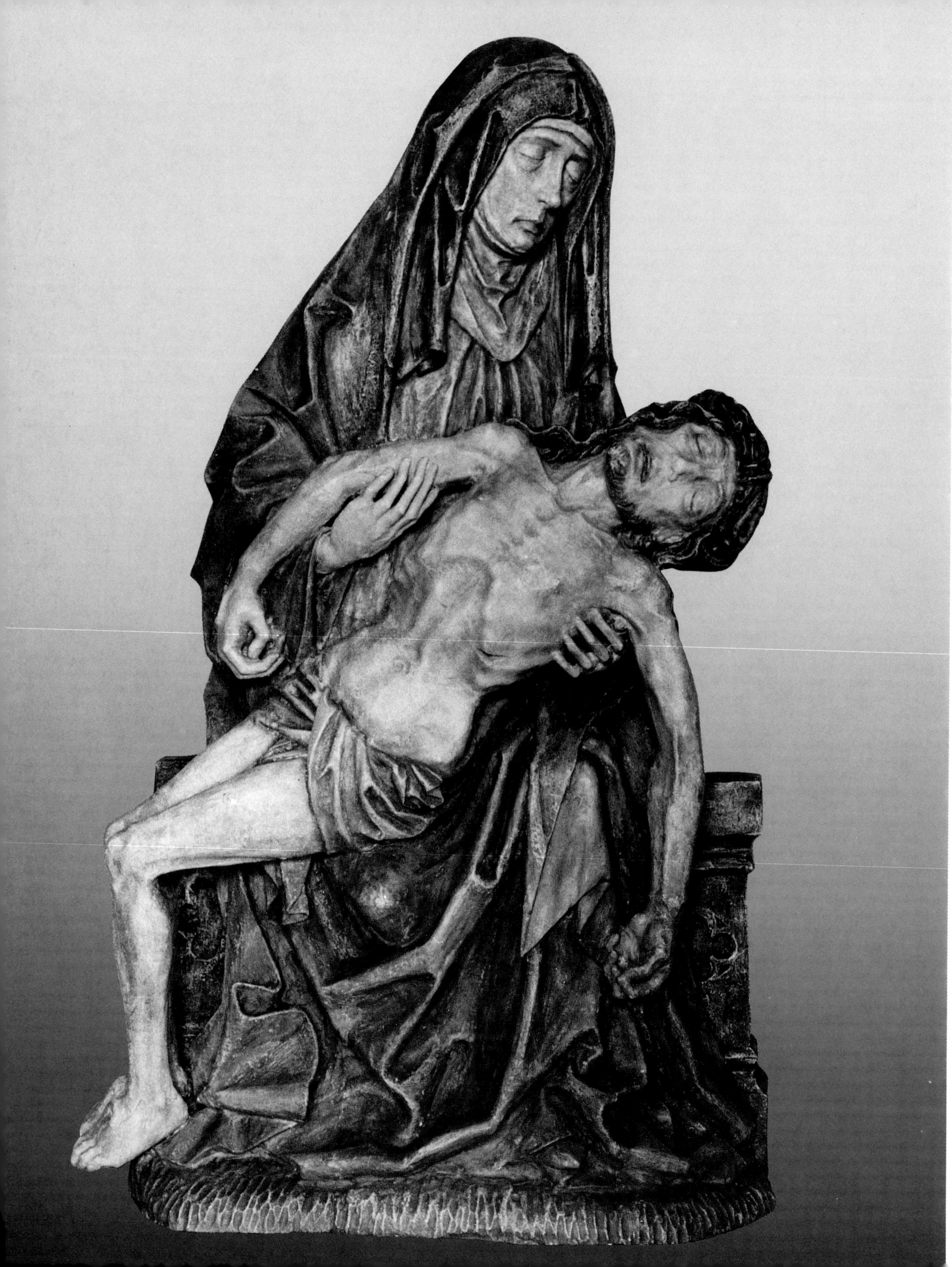

116 Spangenberg. Ev. Stadtkirche, ehem. St. Johannes d. T. Vesperbild

117 *Volkmarsen. Kath. Pfarrkirche St. Maria. Südportal*

dominus tecum

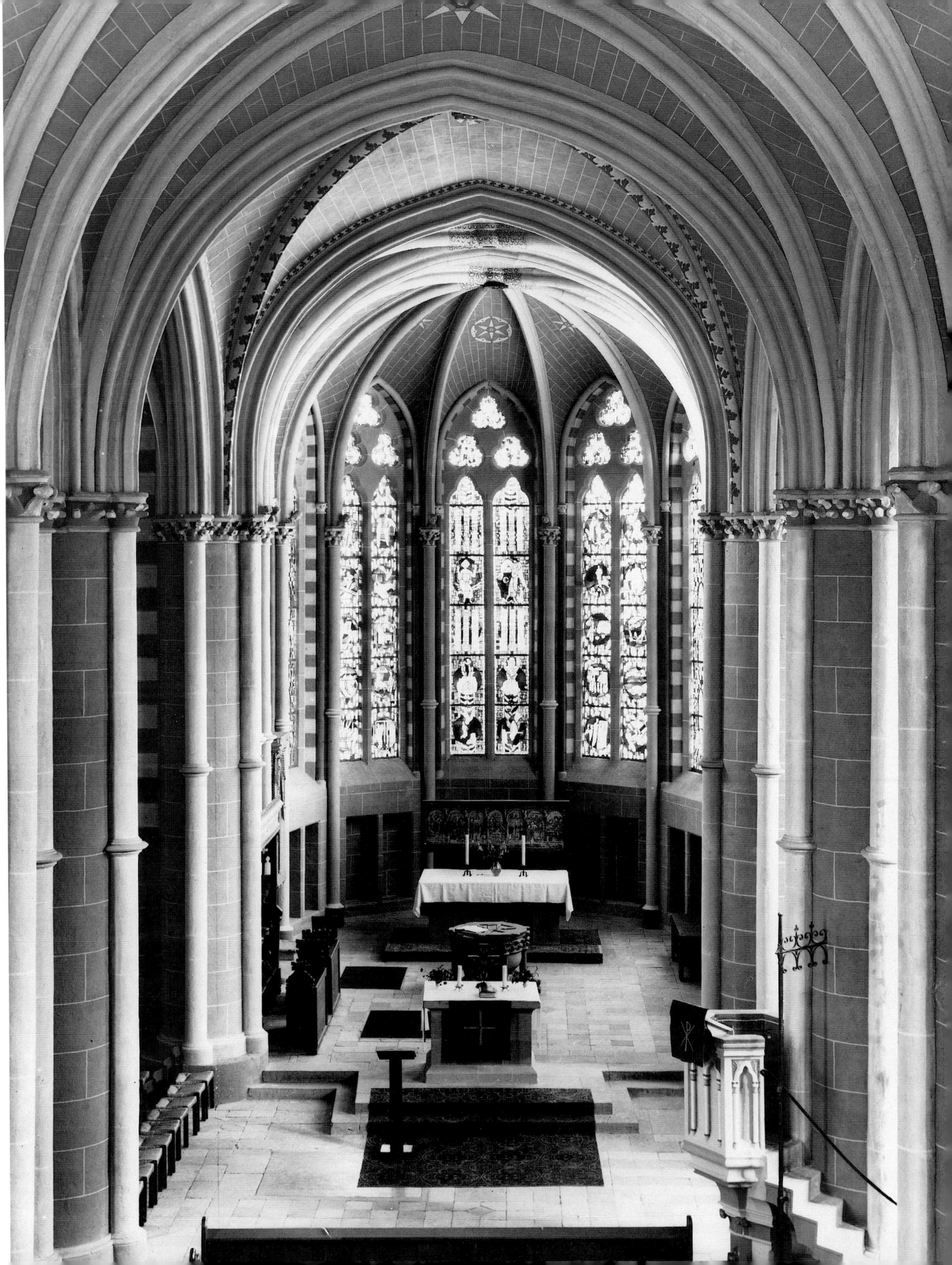

118 Waldeck-Netze. Ev. Pfarrkirche, ehem. Zisterzienserinnen-Klosterkirche Marienthal. Flügelaltar. Ausschnitt. Szenen aus dem Neuen Testament

119 Wetter. Ev. Pfarrkirche, ehem. Stiftskirche St. Maria. Inneres nach Osten

120 Wetzlar. Lahnbrücke von Süden, darüber der sog. Dom

121 Wetzlar. Simultankirche, ehem. Stifts- und Pfarrkirche St. Maria, sog. Dom. Inneres nach Osten

122 Wetzlar. Dom. Vesperbild

123 Wetzlar-Hermannstein. Wohnturm der Oberburg

125 a, b   Wildeck-Bosserode. Ev. Pfarrkirche. Gemaltes und geschnitztes Vesperbild

124   Wiesbaden-Bierstadt. Ev. Pfarrkirche. Flügelaltar. Beschneidung Christi

729
671
679
647
700
729
671
679
647
700

Umseitig:
128 Wolfhagen. Ev. Stadtkirche, ehem. St. Anna. Schlußstein im Mittelschiff

126 Wolfhagen. Ev. Stadtkirche, ehem. St. Anna. Inneres nach Osten

127 Wolfhagen. Ev. Stadtkirche, ehem. St. Anna. Westportal

Die Bau- und Kunstdenkmäler

Alsfeld, Vogelsbergkreis

Walpurgiskirche, ev. Stadtkirche
Abb. 1, 2

Hoch über den gleichmäßigen, malerisch verschachtelten Dächern der Bürgerhäuser ragt die Walpurgiskirche auf, im Westen begleitet von der bewegten Silhouette des Rathauses. Schon die unterschiedliche Höhe von Langhaus und Chor weist auf die wechselhafte Baugeschichte hin. Über den 1971/72 aufgedeckten Grundmauern einer kleinen romanischen Basilika entstand um 1250 eine größere frühgotische Basilika, Zeichen für die seit ihrer Gründung im späten 12. Jahrhundert stark angewachsene Stadt. Ihr Langhaus ist zu wesentlichen Teilen noch in der heutigen Hallenkirche enthalten, deren Länge sie bestimmt. Etwa ein Jahrhundert später baute man die frühgotische Basilika zu einer hochgotischen Hallenkirche um, ein technisch kühnes Unterfangen und Beleg dafür, wie sehr die neue Raumform den Bedürfnissen einer bürgerlichen Stadtkirche entsprach. Nachdem man das südliche Seitenschiff etwa in alter Breite, das nördliche dagegen wesentlich breiter neu in der Höhe des Mittelschiffs aufgeführt hatte, erweiterte man die Arkaden bis dicht unter die Gewölbe und schuf so aus einer Basilika eine Hallenkirche. Spuren an den Pfeilern des südlichen Seitenschiffs deuten darauf hin, daß einst steinerne Emporen in den beiden westlichen Jochen geplant waren, nur das Ostjoch sollte in der Art eines Querschiffs in voller Höhe frei bleiben. Auch diese schon recht stattliche Kirche genügte den Ansprüchen der wohlhabend und selbstbewußt gewordenen Stadt bald nicht mehr, und so erbaute man ab 1393 einen größeren und wesentlich höheren Chor aus zwei Jochen und einem Fünfachtelschluß. Seine hohen, schlanken Fenster mit reichem Maßwerk tauchen den Chor in helles, strahlendes Licht und überhöhen ihn so nochmals gegenüber dem niedrigen, dunklen Langhaus.

Zusammen mit der reichen historischen Ausstattung aus nahezu allen Jahrhunderten entstand ein unverwechselbares malerisches Bild, das inzwischen leider durch die Verlegung der Orgel auf die Westempore simplifiziert wurde. Eindrucksvoll im Gegenlicht erscheint auf dem hölzernen Querbalken im Chorbogen die spätgotische Schnitzgruppe mit dem Kruzifixus zwischen Maria und Johannes, ein sehr qualitätvolles Werk eines unbekannten Bildschnitzers um die Wende des 15. zum 16. Jahrhundert. Die

Alsfeld. Walpurgiskirche. Kruzifixus zwischen Maria und Johannes

Kanzel am nördlichen Chorpfeiler ist eine Nachbildung des 1913 verbrannten Originals, das Meister Michael Finck 1618 in den Formen der Hochrenaissance geschaffen hatte. Von der mittelalterlichen Ausstattung sind noch ein spätgotischer Schnitzaltar aus der Zeit um 1450, das ein halbes Jahrhundert ältere Chorgestühl und die Sakramentsnische, einige Grabplatten und in der Sakristei eine eisenbeschlagene Truhe sowie ein schöner gotischer Schrank erhalten.

Die farbige Fassung der Innenarchitektur zeigt den sich wandelnden Geschmack von der Hoch- zur Spätgotik. Im Langhaus sind die runden Pfeilerkerne aus dem 13. Jahrhundert schwarz mit weißen Fugen, die Dienste, Arkaden und Rippen rot mit weißen Fugen bemalt. Die weißen Kappen der Gewölbe haben ein rotes Fugennetz, in das rote Sterne eingestreut sind. Im Chor sind dagegen alle gliedernden Architekturteile schwarz, nur das Maßwerk und die Sterne im Gewölbe sind rot. So kann man auch an der Ausmalung die Baugeschichte der Kirche ablesen. Natürlich ist sie mehrfach erneuert worden, zuletzt 1972 aufgrund sorgfältiger Untersuchungen, bei denen der Restaurator unter den zahlreichen Übermalungen die Spuren der ursprünglichen fand, nach denen die rekonstruierende Neuausmalung vorgenommen wurde. Von dem einst sicher reicheren Bestand an Wandmalereien blieben nur ein »Christophorus« im nördlichen Seitenschiff und eine »Verkündigung an Maria« auf der Westempore erhalten. Vor der Südwand des Chors steht noch das gleichzeitig mit der Architektur ab 1393 entstandene Chorgestühl, wie es einst auch an der Nordwand existierte. Die lange Reihe der schlichten, aber elegant geformten Sitze hat nach Westen noch ihren originalen Abschluß in einer hohen, reichverzierten Wange. Auf ihrem nach innen einschwingenden Rand hockt ein grimmig sich umwendender Drache, im Mittelalter das am häufigsten verwendete Symbol für den Teufel, den es im Gebet der Kleriker zu überwinden galt. Rechts neben dem Drachen erhebt sich die Gestalt eines Bischofs in Pontifikal-Meßkleidung mit Stab, Pallium und Mitra, gemeint ist wohl der hl. Nikolaus von Myra. Seinen linken Fuß setzt er zum Zeichen des Sieges über den Teufel auf einen zweiten, kleineren Drachen. Darunter und darüber ist die Wange mit geschnitztem Blendmaßwerk verziert, das sphärische Formen aus der Durchdringung von Halbkreisen und in der Rosette einen durchgesteckten Sechsstrahl aufweist. Dessen zwischen die Balkenenden gefügte tropfenförmige Gebilde sind eine Vorform der Fischblase.

Alsfeld. Walpurgiskirche. Chorgestühl. Wange

Marktplatz mit Rathaus und Weinhaus
Abb. 3

Das Rathaus gehört zu den qualitätvollsten Zeugnissen der bürgerlichen Profanbaukunst im Mittelalter. Die Jahreszahl 1512 über dem Haupteingang überliefert uns den Baubeginn für das steinerne Untergeschoß mit der weit in spitzbogigen Arkaden geöffneten Laube, Stätte wichtiger Rechtsgeschäfte und Verkündungen des Rates. Für den Oberbau aus Fachwerk schloß man 1514 den Vertrag mit einem Meister Johann. Woher dieser Meister kam, was er sonst noch baute und ob er auch das steinerne Erdgeschoß plante, wissen wir nicht. Eine Inschrift im Balkenwerk des Dachstuhls verrät uns mit der Jahreszahl 1516 die Vollendung dieses stattlichen Bauwerks, das mit seinen steilen Proportionen, den beiden polygonalen Erkern und den sie bekrönenden Türmchen ganz den Geist der Gotik, in der Fachwerkkonstruktion jedoch schon die Nähe zur Renaissance verrät. Von ihr ist auch das links daneben stehende Weinhaus geprägt. Den dreigeschossigen Steinbau schuf der aus Homberg a. d. Efze kommende Meister

Hans von Frankfurt ab 1538. Die romanisierenden Rundbogenfenster fügte man erst 1840–1843 anstelle der Vorhangbogenfenster des 16. Jahrhunderts ein.

Ev. Dreifaltigkeitskirche, ehem. Klosterkirche der Augustiner-Eremiten

Die Gründung eines Klosters in der südwestlichen Ecke der Stadt unweit des Mainzer Tors und dicht an der Mauer ist für 1244 überliefert, der 1255 geschaffene Orden der Augustiner-Chorherren hat es bald danach übernommen. Reste der Klausur sind – teilweise als Ruine – noch erhalten, vor allem aber die stattliche Kirche. Ihr langgestreckter Chor mit dem Polygon aus fünf Seiten eines Achtecks wurde in der Zeit um 1360–1370 errichtet. Die einmal abgetreppten Strebepfeiler und die Maßwerkfenster sind sein einziger Schmuck. Zwischen 1415 und 1436 fügte man das unsymmetrische Hallenlanghaus aus Mittelschiff und halb so breitem nördlichem Seitenschiff an. Damit folgten die Augustiner-Eremiten einem Raumtyp, den die Franziskaner und Dominikaner in Hessen mehrfach verwendeten.

Alsfeld. Ev. Dreifaltigkeitskirche von Osten

Untere Fuldergasse mit Leonhardsturm
Abb. 4

Die Behaglichkeit und Harmonie mittelalterlicher Straßenräume lebt in der Unteren Fuldergasse bis auf den heutigen Tag fort. Durch den bewußt geschwungenen Straßenverlauf treten die Giebel der Fachwerkhäuser ins Blickfeld, überragt vom wuchtigen Steinzylinder des Leonhardsturmes. Er ist das eindrucksvollste Zeugnis der mittelalterlichen Stadtbefestigung und hat seine gotische Gestalt mit dem Zinnenkranz und dem steinernen Kegeldach unverändert bewahrt. Eine Inschrift über dem hochgelegenen Eingang überliefert uns das Erbauungsdatum 1386.

Altenberg → Solms-Oberbiel
Altmorschen → Morschen
Aufenau → Wächtersbach
Aulendiebach → Büdingen

Babenhausen, Kreis Darmstadt-Dieburg

Ev. Pfarrkirche, ehem. St. Nikolaus, Flügelaltar
Abb. 5

Der Schnitzaltar ist die hervorragende Arbeit eines Bildschnitzers aus dem Umkreis des Mainzer Bildhauers Hans Backoffen. Die monumentalen Statuen im Schrein und die ebenfalls überlebensgroßen Relieffiguren auf den geöffneten Flügeln verraten in der Sicherheit der Körperhaltung, Faltengestaltung und individuellen Ausprägung der Physiognomien eine meisterliche Hand, deren Identifizierung wie in so vielen Fällen bis heute nicht gelungen ist. Das Besondere am Altar aus der Zeit kurz vor 1518 ist die Aufteilung von Schrein und Flügeln in eine Hauptzone mit den Gestalten des Papstes Cornelius, den hll. Nikolaus und Valentin im Schrein und weiteren Heiligen auf den Flügeln sowie einer darunter liegenden niedrigen Zone mit zwei Reliquienbüsten und vier Armreliquiaren. Auch die flachgeschnitzten Büsten auf den Flügeln haben Öffnungen zur Aufnahme von Reliquien. Die Predella ist als kleiner Flügelaltar ausgebildet und scheint einer anderen Hand zu entstammen. Im Schrein wird die Anbetung der Könige, auf dem linken Flügel die Verkündigung an Maria und rechts die Heimsuchung dargestellt, für deren Komposition Dürers Holzschnitt vom Marienleben aus dem Jahre 1503 als Vorbild diente.

Bad Hersfeld, Kreis Hersfeld-Rotenburg

Ev. Stadtpfarrkirche, ehem. St. Vitus und Antonius
Abb. 6

Der Chor der Hersfelder Stadtkirche ist für die Erbauungszeit um 1300 charakteristisch, da er außen keine Strebepfeiler hat, sondern diese wie bei der Marienkirche in Marburg in Form von Dreieckspfeilern nach innen gezogen sind. Dadurch erscheint das Chorpolygon außen sehr flächig wie aus Papier gefaltet, innen sehr stark und scharfkantig gegliedert. Die Dreieckspfeiler haben Durchgänge und nehmen Wandschränke und eine Sakramentsnische auf. Nach der Chorweihe 1323 trat zunächst eine Bauunterbrechung ein. Das Langhaus wurde erst etwa 1360–1370 als Hallenkirche mit vier Jochen aufgeführt. Mit seinen weit auseinanderstehenden Achteckpfeilern entfernt es sich vom Vorbild der Marburger Schule.

Küsterhaus Kirchplatz 5
Abb. 7

Natürlich wurde das stattliche gotische Fachwerkhaus nicht für den Küster, sondern für den Pfarrer der Stadtkirche erbaut. Die Altersbestimmung mit Hilfe der Jahresringe des Eichenholzes (Dendrochronologie) ergab eine Erbauungszeit bald nach 1452. Das Haus ist sehr gut erhalten und vor einigen Jahren vorbildlich restauriert worden. Dabei entdeckte man auch Reste des originalen Putzes mit eingekratzten Schachbrettmustern, wie sie in den Gefachen des Obergeschosses noch zu erkennen sind. Da die Ständer in der Fassade durch die beiden unteren, an den Traufseiten durch alle drei Geschosse durchlaufen, nennt man diesen Haustyp Ständerbau. Die bandartige Ausschmückung der Gefache mit Andreaskreuzen und Vierpaßformen ist auf den Einfluß des nahen Thüringen zurückzuführen.

Bad Vilbel. Ruine der Wasserburg

Bad Vilbel, Wetteraukreis

Ruine der Wasserburg

Eine ältere Anlage wurde in der Fehde des Ritters Bechtram von Vilbel gegen die Stadt Frankfurt und die mit ihr verbündeten Herren von Hanau und von Falkenstein 1399 zerstört. Der Letzte des Geschlechts derer von Falkenstein, Erzbischof Werner von Trier, kaufte den Platz und baute die Burg ab 1414 wieder auf. So kommt es zu der in Hessen relativ seltenen Entstehung einer Wasserburg in der Gotik. Die viereckige Anlage ist von Wassergräben umgeben. Das Mittelalter überstand die Burg ohne Schäden, erst 1796 wurde sie von französischen Truppen unter General Kléber niedergebrannt. Die hohe Ringmauer aus großen, sorgfältig behauenen Sandsteinquadern ist noch in größeren Partien erhalten. Im Innern des Burghofes erkennt man die Reste des Palas mit einem runden Treppenturm in der Mitte.

Bad Wildungen, Landkreis Waldeck-Frankenberg

Ev. Stadtkirche, ehem. St. Maria
Abb. 8

Geographisch und geschichtlich gehört die Stadt in den Grenzbereich zwischen Hessen und Waldeck. Gegründet wurde sie unter der Bezeichnung Niederwildungen 1242 durch den Landgrafen Heinrich Raspe von Thüringen. Im thüringisch-hessischen Erbfolgekrieg konnten die Grafen von Waldeck Burg und Stadt in ihren Besitz bringen. Doch auch danach richtete sich die um 1300 begonnene Stadtkirche noch nach dem Vorbild der hessischen Hallenkirchen mit breitem Mittelschiff und schmalen Seitenschiffen, verwendet allerdings am Außenbau die für westfälische Hallenkirchen typischen Quergiebel. Auch mit den wuchtigen Rundpfeilern verläßt sie das hessische Vorbild.

Flügelaltar
Abb. 9 a, b

Der Wildunger Altar des Konrad von Soest ist das bedeutendste Werk der mittelalterlichen Tafelmalerei in Hessen. Er steht auch heute unverändert an der Stelle, für die er geschaffen wurde. Bei geöffneten Flügeln ist er 6,12 m breit, die Höhe beträgt 1,88 m. Die querrechteckige Mitteltafel enthält im Zentrum die figurenreiche Szene der »Kreuzigung Christi«, umgeben von den Darstellungen des »Abendmahls« und der »Auferstehung« links davon sowie des »Garten Gethsemane« und der »Himmelfahrt« rechts. Auf der Innenseite des linken Flügels finden sich die »Verkündigung«, die »Geburt Christi«, die »Anbetung der Könige« und die »Darbietung im Tempel«. Die Innenseite des rechten Flügels zeigt »Christus vor Pilatus«, die »Verspottung Christi«, das »Pfingstfest« und das »Weltgericht«. Auf den Außenseiten der Flügel sieht man im geschlossenen Zustand links die hl. Elisabeth und den hl. Nikolaus, rechts die hl. Katharina und Johannes den Täufer. Die Inschrift am unteren Rand ist nicht mehr in allen Teilen erhalten, jedoch durch ältere Abschriften zuverlässig überliefert. Wegen der im mittelalterlichen Kirchenlatein üblichen Abkürzungen und Zusammenziehungen ist sie nicht leicht zu lesen. In der deutschen Übersetzung lautet sie: »Im Jahre des Herrn 1403 am Tage des heiligen Bekenners Aegidius (1. September) ist dieses Werk von Konrad, dem Maler aus Soest, vollendet worden.« Über die Sockel von Katharina und Johannes ist zusätzlich geschrieben: »Zu Zeiten des Rektors des Altars, des Priesters Konrad Stollen.« Letzterer wird zuerst am 13. Juli 1403 als Priester in Niederwildungen genannt. Es ist dies die früheste Künstlerinschrift auf einem Altar in Deutschland. Der Maler hat seinen Namen noch zweimal versteckt angebracht: im Buch der Maria in der Verkündigungsszene und im Buch des Apostels mit der Brille in der Pfingstszene, zugleich die bisher älteste bekannte Darstellung von Augengläsern. Vor dem vergoldeten Hintergund hat Konrad von Soest in leuchtenden Farben seine Figuren zu eindrucksvollen Szenen geordnet. Bei der »Geburt Christi« wird durch das rote Bettuch ein unteres Dreieck abgeteilt, in dem Joseph kniet, um das Feuer für die Zubereitung der Nahrung anzufachen. Die Schräge des Bettuchs weist auf den Mittelpunkt der Szene, die Muttergottes mit dem Kind. Rechts von ihr sieht man Ochs und Esel an der Krippe, die in mittelalterlichen Wiedergaben der Geburt Christi immer wieder auftauchen, obwohl die Evangelisten nichts über ihre Anwesenheit berichten. Wahrscheinlich wurden sie aufgrund einer Textstelle bei Jesaia 1, 3 eingeführt, in der es heißt: »Ein Ochse kennet seinen Herrn und ein Esel die Krippe seines Herrn.« Rechts von diesen beiden Tieren steht ein Hirte mit seinen Schafen, der zum Engel mit der frohen Botschaft hinaufschaut. Die Strohpuppen auf dem Dach des Stalls von Bethlehem verraten uns etwas über die Technik mittelalterlicher Dachdeckungen.

Beberbeck → Hofgeismar

Beerfelden. Ev. Pfarrkirche. Glasgemälde

Beerfelden, Odenwaldkreis

Ev. Pfarrkirche, Glasgemälde

Der spätgotische Vorgängerbau wurde zur Errichtung der heutigen klassizistischen Pfarrkirche (1812–1820) abgebrochen. Dabei hat man jedoch schon den künstlerischen Wert des Glasgemäldes aus der Zeit um 1510 erkannt und es in einem eigens dafür gestalteten Spitzbogenfenster wiederverwendet. Über einer aus Maßwerk geformten Sokkelzone ragt das Kreuz Christi auf, rechts und links flankiert von den Gestalten der Maria und des Johannes. Schwebende Engel fangen das Blut aus den Handwunden Christi auf. Der gesamte Hintergrund des Glasgemäldes ist mit Blumenranken überzogen.

Beilstein → Greifenstein
Bosserode → Wildeck
Breithardt → Hohenstein

Brombachtal, Ortsteil Kirch-Brombach, Odenwaldkreis

Ev. Pfarrkirche, ehem. St. Alban, Flügelaltar

Die spätgotische Kirche besitzt als kostbarstes Ausstattungsstück einen um 1520 entstandenen relativ großen und künstlerisch wertvollen Flügelaltar. Im Mittelschrein erkennt man drei Bischofsgestalten, die mittlere sitzend, die seitlichen stehend. Da St. Alban der Patron der Kirche ist, muß er mit der hervorgehobenen Sitzfigur gemeint sein. Darauf weisen auch die gemalten Szenen auf den Außenflügeln hin, denn dort sind die Begegnung des Heiligen mit den Arianern und seine Enthauptung dargestellt, im Hintergrund eine für das Mittelalter ungewöhnlich genaue Wiedergabe des Klosters St. Alban in Mainz. Daraus ist zu schließen, daß mindestens der Maler in Mainz tätig gewesen sein muß, man rechnet ihn dem Umkreis des sogenannten Meisters W. B. zu, dem auch einige Glasfenster in der Marienkirche von Hanau zugeschrieben werden. Die beiden stehenden Bischofsgestalten sind als Theonestus und Aureus zu identifizieren. Der erstere war Bischof von Philippi, wurde jedoch von dort zusammen mit seinem Diakon Alban vertrieben; beide widmeten sich von da an dem Kampf gegen die Arianer. Dabei gelangten sie auch nach Mainz, setzten dort den zuvor vertriebenen Bischof Aureus wieder ein, doch wurden er und Alban erneut von den Ketzern ergriffen und erlitten den Märtyrertod. Theonestus und seine beiden anderen Diakone Tabra und Tabrartha flohen nach Oberitalien, wo sie ebenfalls von den Arianern gefangen und hingerichtet wurden. Deshalb sieht man sie auch in den beiden äußeren Schnitzfiguren des Schreins, wogegen jedoch die Bischofstracht und der Bezug zu Alban sprechen. Die Pfarrei in Kirch-Brombach wurde nämlich bis zur Reformation vom Chorherrenstift St. Alban in Mainz besetzt. Die kleine Stifterfigur links zu Füßen des sitzenden Bischofs ist ein solcher Chorherr aus Mainz. Die stilistischen Merkmale der Schnitzfiguren deuten auf einen mittelrheinischen Meister hin, der vermutlich ebenfalls in Mainz ansässig war.

Brombachtal, Ortsteil Kirch-Brombach. Ev. Pfarrkirche. Flügelaltar

Büdingen, Wetteraukreis

Ev. Stadtkirche, ehem. St. Maria

Die Herren von Büdingen hatten dieses Gebiet von den Stauferkaisern als Reichslehen erhalten und hier eine Wasserburg erbaut, die zur Sicherung des Reichsterritoriums in und rund um die Wetterau in die Kette staufischer Burgen einbezogen war. Im Schutz der Burg entwickelte sich eine Siedlung, die 1321 erstmals als Stadt bezeichnet wird. Damals gab es hier nur eine kleine Holzkapelle, die man 1377 durch einen immer noch bescheidenen Steinbau ersetzte. Er war merkwürdigerweise nicht, wie sonst üblich, mit dem Chor nach Osten, sondern nach Süden ausgerichtet und ist nur noch in Mauerresten erhalten, denn 1476–1491 erbaute man die heute noch stehende, sehr viel größere Kirche. Bei ihr ist der Chor ungefähr nach Osten gerichtet, sein stattliches Polygon hat schöne Fischblasen-Maßwerkfenster und im Innern ein reiches Netzgewölbe. Das nahezu quadratische Schiff ist eine Halle von dreimal drei Jochen. Baumeister war wohl Siegfried Ribsche aus Büdingen.

Büdingen. Ev. Stadtkirche von Osten

Schloßkapelle
Abb. 10

Die Herren von Büdingen starben um 1240–1250 im Mannesstamm aus. Ihre Nachfolger waren die Herren von Ysenburg, die 1442 in den Grafenstand erhoben wurden. Die Familie, 1806 gefürstet, lebt noch heute in dem Wasserschloß, das ab ungefähr 1461 bis in die Mitte des 16. Jahrhunderts Stück für Stück von einem romanischen Wehrbau in ein gotisches Wohnschloß umgestaltet wurde. So verlegte man auch die romanische Burgkapelle, noch an dem schönen Rundbogenportal lokalisierbar, um 1495–1499 aus dem feuchtkalten Erdgeschoß in das wohnliche Obergeschoß. Aus Rücksicht auf die tragenden Mauern anschließender Gebäudeteile fiel der Grundriß unregelmäßig aus, was jedoch wegen der reichen malerischen Ausstattung und des geschickt gestalteten Netzgewölbes auf den ersten Blick gar nicht auffällt und den Intentionen spätgotischer Raumgestaltung durchaus entgegenkam. Vermutlich war hier, wie an der Stadtkirche, Siegfried Ribsche aus Büdingen als Baumeister tätig. An die Stelle des romanischen Wehrgangs setzte er die spätgotische Galerie mit der durchbrochenen Maßwerkbrüstung. Meister Peter Schantz und sein Gehilfe Michael Silge aus Worms schnitzten aus Eichenholz das prachtvolle Chorgestühl. Die Renaissancekanzel aus Sandstein schuf Konrad Büttner aus Büdingen 1610. Die Bemalung der Wände und Gewölbekappen geht auf spätgotische, 1955 freigelegte Befunde zurück.

Rathaus

Der rückwärtige Teil des Rathauses besteht noch aus Fachwerk, wie dies bei den meisten Rathäusern Hessens bis zur Mitte des 15. Jahrhunderts üblich war. Als der Steinbau wegen der Feuerwaffen seine fortifikatorische Bedeutung verlor, konnte auch das selbstbewußt gewordene Bürgertum diese bis dahin dem Adel vorbehaltene Bauweise verwenden. So wurde ab 1458 der vordere Teil des Büdinger Rathauses aus Sandsteinen errichtet und gegen 1500 mit einem monumentalen Treppengiebel abgeschlossen. Die steinernen Kreuzstockfenster, die bei gotischen Profanbauten sehr verbreitet waren, sind hier im Obergeschoß zu einem Fensterband für den Saal zusammengezogen. Durch das rechts im Bild erkennbare Spitzbogenportal gelangt man in die große Erdgeschoßhalle,

Büdingen. Rathaus

über eine steinerne Wendeltreppe im rückwärts angebauten Turm in das Obergeschoß.

Steinernes Haus neben der ehem. Mühlpforte
Abb. 11

Mittelalterliche Straßenräume wurden fast immer durch bewußt in der Sichtachse angeordnete Bauten abgeschlossen. Hier in Büdingen errichtete an exponierter Stelle Graf Ulrich II. für seinen Sohn Johann um 1500 ein prächtiges steinernes Wohnhaus, etwa zur gleichen Zeit, als das Rathaus seinen Steingiebel erhielt. Besonders malerisch ist der maßwerkverzierte polygonale Erker an der linken Hausecke, der über einem Konsolboden ansetzt und dessen oberen Abschluß man sich in der ursprünglichen Gestalt als schlanken, spitzen Helm vorstellen muß.

Jerusalemer Tor
Abb. 12

Die 1321 erstmals genannte Altstadt war schon bald für den Zuzug von Neubürgern zu klein. So legte man noch vor 1353 östlich von ihr eine Neustadt an. Beide waren bis 1428 unabhängig voneinander, auch in bezug auf die Verteidigung, für die jede einen eigenen Mauerring besaß. Erst 1490–1503 wurden beide Städte in einem neuen Befestigungsring vereint, hinter dem Reste der alten Mauern stehen blieben. Da die neuen Anlagen auf Schußwaffen berechnet waren, baute man die Mauern und Türme relativ niedrig, aber sehr dick. Sie wurden in sorgfältiger Mauertechnik aus rotem Sandstein aufgeführt. Das Jerusalemer Tor wirkt wegen seiner wuchtigen Geschütztürme abweisend, durch die Maßwerkbrüstungen und Wappen aber auch wie ein Triumphtor.

Büdingen-Aulendiebach

Dorfkirche mit Wehrkirchhof

Allzuoft werden Dorfkirchen zu Wehrkirchen erklärt, sobald sie nur einen dicken Kirchturm und eine Umfas-

Büdingen-Aulendiebach. Dorfkirche mit Wehrkirchhof von Nordosten

sungsmauer haben. Natürlich konnte man jede steinerne Kirche im Mittelalter besser zur Verteidigung nutzen als die hölzernen Bauernhäuser. Auch flüchtete man in den geheiligten Raum in der meist unbegründeten Hoffnung, dort vor Gewalt und Raub geschützt zu sein. Den heiligen Boden des Friedhofs rings um die Kirche mußte man ohnehin gegen Verunreinigungen durch das Vieh mit einer Steinmauer abschirmen. Hier in Aulendiebach haben wir es aber mit einem echten Wehrkirchhof zu tun, wie die Schießscharten in der Mauer und das hohe Spitzbogentor aus der Zeit um 1500 beweisen. Auch die Lage der Kapelle außerhalb des Ortes auf einer Anhöhe ist wohl wegen der besseren Verteidigungsmöglichkeit gewählt worden, denn üblicherweise liegen in Hessen die Kirchen inmitten der Dörfer oder unmittelbar am Ortsrand.

Butzbach, Wetteraukreis

Ev. Pfarrkirche, ehem. Stiftskirche St. Markus

Die malerische Gruppierung der Bauteile ist für die Spätgotik charakteristisch. Zwar entstand sie hier auch durch die Weiterverwendung älterer Bauteile aus dem frühen 13. und 14. Jahrhundert, doch ist schon die Bereitschaft dazu typisch. Nach dem Umbau und der Erweiterung der romanischen Basilika zur spätgotischen Hallenkirche im 15. Jahrhundert wurden nach der Gründung des Kugelherren-Stifts 1468 in Verlängerung der Seitenschiffe neue Chorbauten errichtet. Der südliche wirkt mit seinem steilen Dach und dem Türmchen wie eine selbständige Kapelle. Der achteckige Glockenturm steht nicht, wie allgemein üblich, im Westen des Mittelschiffs, sondern des nördlichen Seitenschiffs.

Butzbach. Ev. Pfarrkirche von Südwesten

Ehem. Hospitalkapelle St. Wendelin
Abb. 13

Vor den Toren der Stadt entstand bereits 1208 ein Hospital. Seine Kapelle erhielt zwar im 16. Jahrhundert ein neues Schiff, doch ist der Chor noch mittelalterlich und so die älteste erhaltene Holzkirche in Hessen. Als Erbauungszeit wird aufgrund der Konstruktion und der Detailformen das Ende des 15. Jahrhunderts angenommen. Die Balkendecke ruht auf einem Längsunterzug, den zwei achteckige Holzstützen mit Runddiensten und Kopfstreben tragen. Durch die langgezogenen Kopfstreben an den Außenwänden entsteht die Wirkung von Gewölben. Die Empore ist eine barocke Zutat. Aus der Erbauungszeit des Chors ist aber noch der Schnitzaltar mit einer Pieta, dem darunter befindlichen Relief »Tod des hl. Wendelin« und vier Heiligenfiguren erhalten. Die Flügel dagegen stammen erst von 1975, nachdem die Originale 1944 verbrannten.

Cornberg, Kreis Hersfeld-Rotenburg

Ehem. Benediktinerinnenkloster
Abb. 14

Der Benediktinerorden ist der älteste Mönchsorden und spielte bis zur Gründung von Reformorden im 11. Jahrhundert eine entscheidende Rolle in der romanischen Baukunst. In der Gotik dagegen tritt er nur höchst selten als Bauherr auf und hat deshalb auch keine eigenen Baugewohnheiten. So übernahm man bei der Verlegung des Benediktiner-Nonnenklosters Bubenbach hierher nach Cornberg in der Zeit zwischen 1292 und 1296 die Bauformen des Zisterzienser-Nonnenklosters Heydau in Altmorschen. Dafür sind die völlige Schmucklosigkeit der Kirche, die Anlage einer steinernen Westempore im einschiffigen Langhaus und die darunter befindliche zweischiffige Gemeindekirche die Belege. Auch die Klausurbauten an der Südseite der Kirche sind sehr schlicht, der Kreuzgang war nur aus Holz erbaut. Nach der Aufhebung des Klosters während der Reformation 1526 dienten die Bauten als Gutshof; erst nach Auszug der Staatsdomäne 1964 setzte der Verfall ein. Seit 1974 versucht man, ihm durch Instandsetzungsarbeiten entgegenzuwirken, hat aber bisher für die Anlage keine rechte Nutzung gefunden.

Eberbach → Hattenheim
Elbgrund → Elbtal

Elbtal-Elbgrund, Kreis Limburg-Weilburg

Lehenhof Waldmannshausen

Der dreigeschossige spätgotische Steinbau vermittelt einen Eindruck vom Leben eines Lehnsmannes im Mittelalter. Hier hatte die Familie von Waldhausen ihren Stammsitz, bereits 1136 wurde sie urkundlich erwähnt. Der schlichte rechteckige Baukörper wird durch Rundtürme an zwei einander gegenüberliegenden Ecken und den runden Treppenturm in der Mitte der Eingangsseite belebt. Auf Symmetrie hat man in der Spätgotik noch keinen Wert gelegt, sondern die Türme nach ihrer Funktion angeordnet. Das hohe, steile Dach ist für gotische Bauten charakteristisch. Die Fenster und das Eingangsportal hat man in der Zeit um 1800 verändert, so daß keine architektonischen Details für eine genauere Datierung erhalten sind.

Elbtal-Elbgrund. Lehenhof Waldmannshausen

Eltville, Rheingaukreis

Kath. Pfarrkirche St. Peter und Paul
Abb. 15

Den Neubau der Pfarrkirche begann man um die Mitte des 14. Jahrhunderts mit dem Chor. Ein Ablaßbrief von 1352 zeigt an, daß das Unternehmen neue Finanzmittel benötigte. Das Langhaus wird gegen 1400 fertig gewesen sein. Es ist eine unsymmetrische Hallenkirche aus dem breiteren Mittelschiff und nur einem südlichen Seitenschiff. Diese Raumform ist uns eher von den Kirchen der Bettelorden als denen der Pfarrgemeinden bekannt. Vom Wohlstand durch den Weinbau zeugt der hohe, reich ausgestattete Westturm, der im Frankfurter Domturm sein Vorbild hatte. Auf dem geschlossenen Unterbau aus der Zeit um 1400 errichtete man zur Regierungszeit des Mainzer Erzbischofs Konrad III. von Daun 1419–1434 die oberen Geschosse, dann blieb das Werk ohne den gotischen Helm liegen, durch den der Turm noch höher geworden wäre. Doch auch mit dem provisorisch wirkenden Barockhelm von 1686 beherrscht der schöne schlanke Turm die Landschaft des vorderen Rheingaus.

Wandmalereien an der Ostwand des Turmraumes
Abb. 16

Warum man gegen Ende des 15. Jahrhunderts unter das bestehende Gewölbe ein zweites, niedrigeres einzog, ist heute nicht mehr nachzuvollziehen. Dabei gelangten die Wandmalereien an der Ostwand über dem Kirchenportal in den unzugänglichen Hohlraum zwischen den beiden Gewölben und wurden erst 1961 wiederentdeckt, als man das untere beseitigte. Dank der Unzugänglichkeit entgingen die Wandmalereien allen Beschädigungen durch Übertünchen, erneutes Freilegen und Übermalen, Staub und Kerzenrauch. So präsentieren sie sich uns heute noch in derselben Frische wie zur Zeit ihrer Entstehung um 1400. Christus thront als Weltenrichter auf dem Regenbogen, von seinem Mund gehen Schwerter aus. Links kniet fürbittend vor der Schar der Seligen Maria, rechts Johannes der Täufer, zu dessen Füßen die Verdammten in die Hölle schreiten. Die Malereien sind so stark farbig und detailliert wie gotische Tafelgemälde und zeigen uns, wie falsch unsere Vorstellungen von mittelalterlichen Wandmalereien wegen des sonst üblichen Verlusts der oberen Farbschichten sind. Besonders eindrucksvoll sind die Engel mit den Marterwerkzeugen auf Wolken, die fast impressionistisch locker mit großen blauen Pinselstrichen gemalt wurden. Von demselben Mainzer Maler könnten die Malereien stammen, die bis zur Kriegszerstörung 1944 die Chorgewölbe der Karmelitenkirche in Frankfurt schmückten.

Taufstein
Abb. 18

Vor dem Südfenster des Turmraums hat der Taufstein seinen Platz. Er wurde 1517 in der Werkstatt des Mainzer Bildhauers Hans Backoffen gearbeitet und steht stilistisch am Übergang von der Spätgotik zur Renaissance. Die Reliefs des Salvators und der Zwölf Apostel am Rand des achteckigen Beckens sowie die Evangelistensymbole am Fuß stehen noch ganz in der Tradition der gotischen Bildhauerkunst. In der Härte der rechteckigen Rahmung und in Ornamentformen wie dem Zahnschnittfries am unteren Beckenrand äußern sich erste Zeichen der Renaissance.

Muttergottes auf der Mondsichel
Abb. 17

Mainz besaß am Ende des Mittelalters eine bedeutende Bildhauerschule, zu der auch der mit Namen unbekannt gebliebene »Meister mit dem Brustlatz« gehört. Diese Bezeichnung verdankt er seiner Vorliebe für den Brustlatz, den seine Figuren im dreieckigen Ausschnitt des Gewandes tragen, so wie hier in Eltville auch in der Kath. Pfarrkirche von Rauenthal. Die lebensgroße Eltviller Madonna wurde zu Beginn des 16. Jahrhunderts aus Lindenholz geschnitzt und war zunächst nicht auf eine farbige Fassung angelegt, sondern sollte – wie jetzt nach der Restaurierung 1970–1974 – im natürlichen, honiggelben Holzton erscheinen. Das beweist der dekorativ gepuntzte Hintergrund der Relieffiguren auf dem Mantelsaum der Madonna, der bei einer farbigen Überfassung vom Kreidegrund verdeckt worden wäre, aber auf Sicht berechnet ist. Noch im Verlauf des 16. Jahrhunderts muß das Gesicht der Madonna durch Brand oder Vandalismus zerstört worden sein und wurde neu aus einem eingesetzten Holzstück geschnitzt. Bei dieser Gelegenheit erhielt die gesamte Figur eine Farbfassung auf einem Kreidegrund, der alle Feinheiten der Schnitzereien verdeckte. Im späten 19. Jahrhundert wurde die Farbfassung erneuert, diesmal mit einem so dicken Kreidegrund, daß die Holzwürmer darunter ungestört wirken konnten. Erst die Freilegung, die mühsame Schließung der unzähligen Wurmlöcher, deren farbige Einstimmung und die Wachsung der Holzoberfläche gaben dem qualitätvollen Schnitzwerk seine alte Schönheit zurück.

Turmmonstranz
Abb. 19

Im Kirchenschatz wird eine kostbare Turmmonstranz aus dem späten 15. Jahrhundert aufbewahrt. Sie hat die stattliche Höhe von 95 cm und ist aus vergoldetem Silber gearbeitet. Ihr Achtpaßfuß und der Schaft mit dem Nodus (Knoten) in der Mitte gleichen denen eines Kelches. Auf den darüberliegenden, reich mit Laubwerk verzierten Tragebalken ruht der Glaszylinder zur Aufnahme der geweihten Hostie, flankiert von zwei zierlichen Türmchen mit den Statuetten von Petrus und Paulus und bekrönt mit einem turmartigen Aufbau, in den die Muttergottes und Christus als Schmerzensmann integriert sind. Den oberen Abschluß bildet ein winziger Kruzifixus.

Kurfürstliche Burg

In Eltville gab es im frühen Mittelalter einen Königshof, den im 10. Jahrhundert die Erzbischöfe von Mainz erhielten. Sie erbauten eine Burg, die sie häufig als Residenz nutzten. Zu den umfangreichen Verteidigungsanlagen, die über einem unregelmäßigen Viereck errichtet wurden, gehört der mächtige Wohnturm an der Südostecke der Kernburg. Nach dem Vorbild französischer Donjons diente er in Friedenszeiten zum Wohnen, bei einer Belagerung zur Verteidigung von der großen Wehrplattform aus, deren Dach dann abgeworfen werden konnte. Über dem halb in den Boden eingetieften gewölbten Burgverlies liegen in vier Geschossen die Wohnräume, durch den polygonalen Treppenturm an der Südwestecke erschlossen. Sein turmartiger oberer Abschluß ergibt zusammen mit den drei

Eltville. Kurfürstliche Burg. Donjon

Wichhäuschen und den Zinnen der Wehrplattform die bewegte Turmsilhouette.

Literatur: Die Kunstdenkmäler des Landes Hessen: Der Rheingaukreis, München-Berlin 1965, S. 114–139.

Eschwege, Werra-Meißner-Kreis

Ev. Marktkirche St. Dionys, Pfarrkirche der Altstadt
Abb. 20

Ausgangspunkt für die Entstehung von Eschwege war ein sächsischer Königshof, den Kaiser Otto II. 974 seiner Gattin Theophanu zur Gründung einer Reichsabtei schenkte. Da die Äbtissinnen des Kanonissenstifts St. Cyriax bereits um 1150 das Münzrecht und 1188 Marktrechte und den Marktzoll besaßen, entwickelte sich die Siedlung im Schutz der Reichsabtei bald zu einer Stadt, die bis zur Mitte des 13. Jahrhunderts den Charakter einer freien Reichsstadt hatte. Mit der Schwächung der Reichsgewalt nach dem Untergang der Hohenstaufen geriet Eschwege in den thüringisch-hessischen Erbfolgestreit, suchte zunächst beim Markgrafen von Meißen Schutz, kam dann 1264 zum erstenmal an Hessen, wechselte noch mehrmals die Partei, bis es dann ab 1433 endgültig bei Hessen blieb. In den unruhigen Zeiten des 13. und 14. Jahrhunderts hatten die Bürger wohl keine größeren Kirchenbauten errichten können. Auch setzte der eigentliche Wohlstand wohl erst danach ein. Daraus erklärt sich die Existenz zweier mittelgroßer Kirchenbauten der Spätgotik und nur spärlicher Baureste früherer Zeiten.
Bei der Ev. Marktkirche der Altstadt stammt nur noch der einst freistehende Westturm aus dem 13. Jahrhundert. Die Kirche wurde nach einer Inschrift am Chor 1451 begonnen und 1521 mit den Sterngewölben des Hallenlanghauses fertiggestellt. Das Mittelschiff ist breiter und auch etwas höher als die Seitenschiffe. Der Abstand der Stützen ist relativ groß, ihr Querschnitt dafür verhältnismäßig dünn. Der Raum erhält dadurch die Weite und die diagonalen Blickbeziehungen einer spätgotischen Predigtkirche. Die Architektur ist arm an baulichen Details, wirkt

Eschwege. Ev. Katharinenkirche von Nordosten

aber durch die reichen Gewölbeformen und das Fischblasenmaßwerk keineswegs nüchtern. Dazu muß man sich ursprünglich eine vielteilige, kostbare Ausstattung mit Altären, Andachtsbildern, Epitaphien und Gestühl vorstellen, deren belebende Wirkung für den Raum von der barocken Neueinrichtung nach der Reformation nur zum Teil erreicht wird.

Ev. Katharinenkirche, Pfarrkirche der Neustadt

Eine Neustadt wurde schon am Ende des 13. Jahrhunderts im Süden der Altstadt planmäßig als selbständiges Gemeinwesen angelegt und hatte natürlich auch eine eigene Pfarrkirche. Hier begann man 1374 den Neubau mit dem Westturm, dessen oberer Aufbau und Helm allerdings erst von 1862 stammen. Beim Bau des Chors 1474–1480 und des Hallenlanghauses 1484–1492 lehnte man sich eng an das Vorbild der Altstädter Pfarrkirche an, auch in der Gestalt der Netz- und Sterngewölbe, die hier ein Jahr früher – 1520 – geschlossen wurden. Diese Verwandtschaft besteht bis in Einzelheiten des Fischblasenmaßwerks hinein. Mit den beiden Pfarrkirchen besitzt Eschwege die bedeutendsten spätgotischen Sakralbauten der Landgrafschaft Hessen, die uns zeigen, daß der Einfluß der Marburger Schule mit ihrer besonderen Gestalt der Hessischen Hallenkirche bis zum Ende des Mittelalters reichte.

Frankenberg, Kreis Waldeck-Frankenberg

Ev. Stadtpfarrkirche, ehem. Unserer Lieben Frau
Abb. 21–23

Frankenberg verdankt seine Gründung den Landgrafen von Thüringen, die hier in der Zeit um 1233/34 einen Stützpunkt gegen das feindliche Fritzlar der Erzbischöfe von Mainz schaffen wollten. Schon 1249 wird es als Stadt bezeichnet, der regelmäßige Grundriß spricht für eine planmäßige Anlage. Sie folgt fränkischen Siedlungsgewohnheiten mit der Lage der Burg auf dem Gipfel eines Höhenzuges, der Kirche am Hang darunter und zu ihren Füßen die Stadt. Von der Burg gibt es nur spärliche Mauerreste. Sie lag im Bereich der heutigen Grünanlage westlich der Kirche.
Nach der Größe und aufwendigen Gestalt der 1286 begonnenen Pfarrkirche zu urteilen, muß die Stadt damals schon recht groß und wohlhabend gewesen sein. Sie folgt von allen Nachfolgebauten der Elisabethkirche in Marburg am meisten deren Vorbild, denn sie übernahm als einzige auch den Dreikonchenchor. Vielleicht hatte man ursprünglich auch eine Doppelturmfront geplant, führte aber nach der Vollendung des Langhauses 1337 nur den Westturm auf und band ihn durch je zwei Seitenschiffjoche in das Langhaus ein. Seit etwa 1350 hatte Meister Tyle von Frankenberg die Bauleitung: Auf ihn geht außer dem 1359 vollendeten Turm auch der Neubau des 1353 geweihten Ostchors zurück. Durch ihn wurde das Marburger Konzept des Trikonchos stark reduziert, denn die neue Ostapsis erhielt zusätzlich zu dem alten Chorjoch zwei weitere und ist außerdem deutlich höher als die Apsiden des späten 13. Jahrhunderts. Das tritt im Innenraum allerdings nicht so stark in Erscheinung wie in der Walpurgiskirche von Alsfeld. Das Mittelschiff wirkt im Vergleich zur Marburger Elisabethkirche gedrungener und schließt sich nicht so stark gegen die Seitenschiffe ab, so daß der Hallencharakter stärker in Erscheinung tritt.
Ein Brand im Jahre 1478, der Dächer und Turmhelm vernichtete, hat auch das Innere so weit beschädigt, daß eine Neuausmalung notwendig wurde. Nach den von ihr erhaltenen Spuren wurde 1962 die Restaurierung vorgenommen. Die Grundfarbigkeit mit den roten Flächen und dem weißen Fugennetz steht noch in der Tradition der Marburger Elisabethkirche, die weißen Dienste sind nicht zweifelsfrei für das Mittelalter belegt. Der spätgotische Charakter der Neuausmalung von 1478 wird vor allem durch die Gewölbemalereien aus Ranken, Blüten und Früchten erzeugt. Von der mittelalterlichen Farbverglasung, die man sich für alle Fenster vorstellen muß, haben sich nur bescheidene, aber sehr qualitätvolle Reste im Chor erhal-

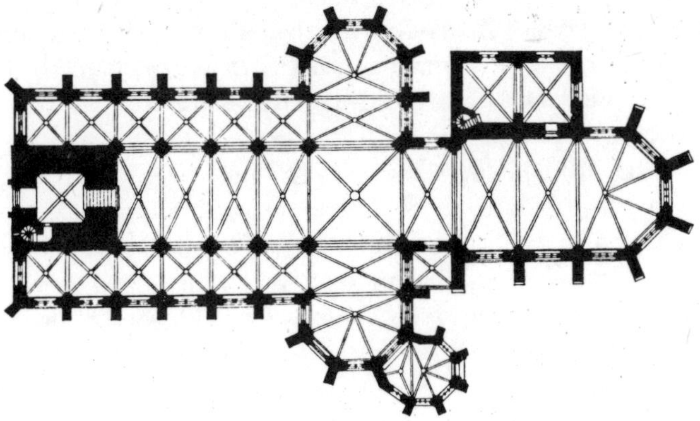

Frankenberg. Ev. Stadtpfarrkirche. Grundriß

ten. Sie stammen aus dessen Erbauungszeit, also aus der Mitte des 14. Jahrhunderts, und stellen in den neun erhaltenen Feldern das Verhör Christi durch Herodes, die Geißelung, Dornenkrönung, Kreuzigung, Auferstehung, Erscheinung des Auferstandenen, die Pfingstszene, Himmelfahrt und Christus als Weltenrichter dar. Erstaunlich altertümlich ist die Verwendung von Rundmedaillons noch in der Mitte des 14. Jahrhunderts.
Die Marienkapelle ist das Hauptwerk Tyles von Frankenberg. Die Grabinschrift des 1386 gestorbenen Stifters Johann von Cassel ist am Außenbau erhalten, die Kapelle muß zuvor, also etwa 1370–1380, errichtet worden sein. Sie erscheint als selbständiger kleiner Zentralbau, der sich nur mit einer Seite seines unregelmäßigen Polygons an die Südostschräge des Südquerschiffs anlehnt und sich mit seinem steilen Kegeldach deutlich abhebt. Der Bau ist sehr reich mit Bauplastik ausgestattet, die außen leider stark unter dem Zerfall des Sandsteins gelitten hat, was für den gesamten Bau der Kirche gilt, hier aber für die aufwendige Ornamentik besonders schmerzlich ist. Im Inneren gibt es eine 6,5 m hohe steinerne Altarwand mit vielteiligem ornamentalem und figürlichem Schmuck, ein für Hessen seltenes Beispiel.

Rathaus
Abb. 24

Im planmäßig angelegten Stadtgrundriß aus der ersten Hälfte des 13. Jahrhunderts ist das Stadtzentrum auf besondere Weise gestaltet, indem statt eines quadratischen Marktplatzes zwei langgestreckte Räume in der Art von Marktstraßen geschaffen wurden. Sie werden Ober- und Untermarkt genannt und sind voneinander durch drei Baublocks und ein ausgespartes Areal getrennt, in das hinein das Rathaus gesetzt wurde. So steht es mit der einen Fassade zum Obermarkt, mit der anderen zum Untermarkt. Letztere wirkt höher und steiler proportioniert, da das Gebäude hier wegen des fallenden Geländes stärker mit dem Sockel aus dem Boden herauswächst. Darüber erheben sich das hohe Erdgeschoß mit der großen Halle und ein niedrigeres Obergeschoß, beide mit einfachem, kräftigem Fachwerk. Eine örtliche Besonderheit von Frankenberg stellt die Ausfachung der Wände mit Ziegelsteinen dar, zum Teil in Mustern versetzt. Man kennt diese Art eigentlich nur in Norddeutschland, doch kommt sie in Frankenberg noch an weiteren historischen Fachwerkgebäuden vor. Das steile Dach ist mit Schiefer gedeckt, an den Giebelseiten sind die Fassaden mit einem dritten Geschoß in den Dachbereich hochgezogen und verschiefert. Bei der niedriger erscheinenden Front zum Obermarkt hin ist auch das erste Obergeschoß verschiefert. Die Giebelseiten enden in je drei Türmchen mit spitzen, schlanken Pyramidenhelmen. Zusammen mit dem Helm des nachträglich 1535 an die westliche Langseite angebauten Treppenturms und den Helmen zweier weiterer Türmchen im Dachbereich ergibt sich eine sehr reiche, malerisch bewegte Silhouette. Das gesamte Erdgeschoß wird von der großen, durchgehenden Halle eingenommen, die sich mit Spitzbogenportalen zu beiden Marktplätzen öffnet. Die Balkendecke wird durch einen Längsunterzug auf einer mittleren Stützenreihe mit Sattelhölzern und Kopfstreben abgestützt. Das Rathaus entstand 1421 in dreigeschossiger Gestalt, wurde beim großen Stadtbrand 1476 zerstört und 1509 zweigeschossig in der erhaltenen Form wiederaufgebaut.

Frankenberg. Rathaus. Halle im Erdgeschoß

Frankfurt am Main

Ehem. Stifts- und Pfarrkirche St. Bartholomäus, Dom genannt
Abb. 25–27

Während die sparsamen Frankfurter Kaufleute im Rat bei ihren Bauvorhaben wie dem Rathaus eher bescheiden waren, wählten sie bei der Errichtung des Domturms einen

Frankfurt am Main. Dom. Südportal des Turms

großzügigen Maßstab, in dem sie allen Stolz der Freien Reichsstadt zum Ausdruck brachten. So entstand einer der schönsten noch im Mittelalter vollendeten gotischen Türme Deutschlands. Zwei der ersten Entwürfe des Baumeisters Madern Gerthener von 1415 bewahrt das Historische Museum auf. Ein so gewaltiges Werk konnte natürlich nicht in einer Generation vollendet werden. Beim Tod Gertheners 1430 oder 1431 waren das quadratische, sehr geschlossen wirkende Erdgeschoß ganz und das darüberliegende Geschoß mit den starken Eckstreben als Überleitung in das Achteck zum Teil, 1447 dann ganz fertig. Danach mußte man sich vermutlich erst einmal finanziell erholen, um nach einer Pause das Werk 1483 fortzusetzen. Bis 1491 wurde der Bau von Hans Flücke aus Ingelheim geleitet, danach, bis 1497, von Nikolaus Queck und von da an von Jacob Bach aus Ettlingen. Es entstand in dieser Zeit das schlanke, hohe Oktogon, durch große Fenster weitgehend aufgelöst und von Eckfialen mit Strebebögen umgeben. Bezüglich des oberen Abschlusses hatte man wegen der hohen Kosten vom Baumeister Nikolaus Queck einen billigeren Vorschlag erbeten, den dieser mit einem recht hart wirkenden Horizontalabschluß des Oktogons anbot, der jedoch glücklicherweise nicht akzeptiert wurde. So kehrte man zum ursprünglichen Entwurf Gertheners zurück und führte 1504–1513 die originelle spitzbogige Steinkuppel aus, die an die Kuppel des Florentiner Doms erinnert, jedoch noch ganz im Sinne der Spätgotik ihren Ansatz hinter dem Kranz von Wimpergen und Fialen verbirgt und deren Grate mit Krabben besetzt sind. Auch nach 1513 blieb der Turm unvollendet, denn erst 1877 setzte man ihm die steinerne Laterne nach den Plänen Gertheners auf. Die Statik für derart gewaltige Bauvorhaben war ebenso einfach wie wirkungsvoll. Entsprechend der Turmhöhe mußten die Mauern sehr stark sein, im Untergeschoß natürlich besonders, nach oben dann geschoßweise abnehmend, um die Lasten zu reduzieren. Dazu diente auch die nach oben zunehmende Auflösung der Mauern in Öffnungen und Gliedersysteme, die zudem ästhetisch angenehm ist. Im Sockelgeschoß wird die enorme Mauerstärke beim Portal geschickt durch die Gestaltung der Laibung als kleine Vorhalle kaschiert.

Innenraum
Abb. 26

Das Innere wirkt heute sehr einheitlich, doch verdankt der Dom dies erst der durchgreifenden Restaurierung nach einem Brand 1867. Bis dahin war das Langhaus aus der Zeit um 1250–1270 sehr viel niedriger als Chor und Querschiff, und zwar um 7,5 m, so daß der Kontrast in Höhenentwicklung und Lichtführung noch stärker als bei der Walpurgiskirche in Alsfeld gewesen sein muß. Der neugotische Dombaumeister Franz Josef von Denzinger glich beim Wiederaufbau 1869–1880 das Langhaus in der Höhe und in den Gewölbeformen den Ostteilen von 1315–1369 an. Nur die Form der Pfeiler aus einem Quadrat mit abgeschrägten Ecken und vier vorgelegten Runddiensten sowie die der Wandvorlagen aus drei Runddiensten geht noch auf den mittelalterlichen Bau zurück und deutet auf die westfälische Herkunft der Hallenkirche hin. Dafür sprechen auch die Seitenschiffe in gleicher Breite des Mittelschiffs, wodurch das Hallenlanghaus bei nur drei Jochen breiter als lang ist.

Maria-Schlaf-Altar
Abb. 27

Betritt man heute den Dom, ist man überrascht von der großen Zahl der mittelalterlichen Altäre und könnte daraus auf eine bedeutende Bildhauer- und Malerschule in Frankfurt schließen. Jedoch stammen von den zehn Altären nur zwei aus dem Dom, die anderen brachte der als rühriger Sammler bekannte Pfarrer Münzenberg in der Zeit um 1880 aus allen Teilen Deutschlands nach Frankfurt. Der Maria-Schlaf-Altar in der Marienkapelle wurde jedoch 1434 für den Dom gestiftet, und sein Schöpfer könnte in Frankfurt ansässig gewesen sein, denn aus stilistischen Gründen werden ihm als weitere Werke die Madonna in der Deutschordenskirche von Sachsenhausen und eine weitere in Königstein zugeschrieben. Einer seiner Schüler schuf den Heiliggrabaltar, der 1442 für die 1830 abgebrochene Michaelskapelle neben dem Dom gestiftet worden war. Der Maria-Schlaf-Altar besteht nicht etwa aus bemaltem Schnitzwerk, wie man bei flüchtiger Betrachtung meinen möchte, sondern aus farbig gefaßtem, gebranntem Ton für den dreiteiligen, reichverzierten Baldachin und Naturstein für die Figurengruppe mit dem Tod der Maria als Darstellung. Das Werk ist von hoher künstlerischer Qualität, wie man sehr schnell am individuellen, stark bewegten Gesichtsausdruck der um die Sterbende versammelten Apostel feststellen kann. Im kleinen Relief darüber empfängt Gottvater die Seele der Maria, der man im Mittelalter häufig die Gestalt eines kleinen Kindes zu geben pflegte.

Ehem. Liebfrauen-Stiftskirche, Tympanon des Südportals
Abb. 28

Die seit 1917 dem Kapuzinerorden dienende Kirche ist durch einen mehrfachen Umbau und die Erweiterung einer um 1310–1320 erbauten gotischen Marienkapelle entstanden, wurde beim Bombenangriff 1944 stark zerstört und 1948–1954 vereinfacht wiederaufgebaut. Als kostbarster Teil blieb in der südlichen Vorhalle das Portal von Madern Gerthener erhalten. Dieses Hauptwerk der mittelrheinischen Bauplastik des sogenannten »Weichen Stils« muß in der Zeit um 1425 entstanden sein. Ähnlich wie bei den Portalen des Doms wird die Mauerstärke dazu ausgenutzt, eine tiefe Nische auszubilden, in der das Tympanonrelief wirkungsvoll von einem vorderen Maßwerkschleier gerahmt wird. Die figurenreiche Szene stellt die »Anbetung der Könige« dar, deren Haupthandlung auf den linken Teil des unteren Bildstreifens beschränkt ist, während das von drei Seiten heranziehende Gefolge der Könige die größte Fläche einnimmt. Man erkennt daran die Erzählfreude des Bildhauers, die sich auch in den Bäumen, Felsen, Hirten und ihren Tieren ausdrückt. Das Tympanonrelief ist mehr wie ein Gemälde und weniger wie eine Skulptur komponiert worden. Die Kunstwissenschaft erkennt hier den Einfluß der italienischen und französischen Hofkunst. In den Zwickeln des äußeren Rahmens erscheinen Rundmedaillons mit den Halbfiguren von Jesaias und Jeremias, wie sie auch am Südportal des Doms zu finden sind.

Ev. Alte Nikolaikirche am Römerberg
Abb. 29

In der Zeit um 1260 war hier vermutlich die große Pfalzkapelle errichtet worden, von der noch der Chor, der Unterbau des Turmes und der Sockel des Schiffes stammen könnten. Seine eigentümliche heutige Gestalt erhielt der Bau 1466/67 durch die Baumeister Bartholomäus von Schopfheim und Hans von Lich. Der stark plastische Bogenfries mit der darüberliegenden Maßwerkgalerie, die vier Ecktürmchen und das hohe Walmdach verleihen der Kirche einen profanen Charakter, der sie in eine städtebauliche Beziehung zum gegenüberliegenden Steinernen Haus bringt. Nur der schlanke Turm erinnert daran, daß es sich um die Ratskapelle handelt.

Römer
Abb. 33

Es ist erstaunlich, daß eine so reiche und mächtige Reichsstadt wie Frankfurt nicht ein monumentales Rathaus wie Bremen, Lübeck oder Osnabrück geschaffen hat, sondern sich im Mittelalter mit zwei angekauften Bürgerhäusern begnügte, nachdem das alte Rathaus noch vor 1415 dem Bau des Domturms hatte weichen müssen. Die beiden erworbenen Häuser lagen noch nicht einmal nebeneinander. Das eine war das Haus »Römer«, der mittlere Bau jener berühmten Dreiergruppe, der schon 1322 in den Urkunden auftaucht. Das zweite war das am Paulsplatz 3 gelegene Haus »Goldener Schwan«. Das rechte Giebelhaus der Dreiergruppe erwarb der Rat erst 1596, das linke sogar erst 1878, so daß nun endlich das Wahrzeichen der Freien Reichsstadt in der Hand des Rates war. Die ursprünglich wesentlich schlichtere Dreigiebelfront wurde 1896/97 durch den mittleren Balkon und die Statuen in neugotischen Formen aufgeputzt. Im Anschluß daran wurde 1900–1908 ein sehr großer Erweiterungsbau errichtet, der den gesamten rückwärtigen Baublock bis zum Paulsplatz ausfüllt und dem leider einige wertvolle historische Bürgerhäuser zum Opfer fielen.

Steinernes Haus
Abb. 35

Die Altstadt von Frankfurt war bis zur Zerstörung 1944 eines der am besten erhaltenen mittelalterlichen Stadtzentren in Deutschland. Leider ist sie fast spurlos und weitgehend unerforscht untergegangen. Zu den wenigen erhaltenen Resten gehört das Steinerne Haus, 1960 nach vorhandenen Unterlagen und wenigen originalen Mauerteilen im Äußeren rekonstruiert. Der aus Köln stammende Kaufherr Johann von Melem ließ es 1464 für sich erbauen. Es gehört einem in Franken und im Rheinland verbreiteten Haustyp an, der sich von älteren Patriziertürmen ableitet. An den einstigen Wehrcharakter erinnern noch die Zinnen und die Ecktürmchen. Das gewaltige Walmdach enthielt drei Lagerböden übereinander. Die Wirkung der Fassade beruht hauptsächlich auf den in Reihen angeordneten Kreuzstockfenstern, wird aber durch den willkürlich begrenzten Putz beeinträchtigt. Im Mittelalter war die Kalkschlämme teilweise über den Werkstein gezogen und dadurch die Grenze zwischen Wandfläche und Gliederung begradigt. Zu diesem Gebäudetyp gehören in Frankfurt auch das vor 1399 erbaute Leinwandhaus, in Köln der Gürzenich, in Miltenberg das Alte Rathaus und in Nürnberg das Nassauer Haus.

Kath. Pfarrkirche St. Leonhard, ehem. Kollegiatsstiftskirche
Abb. 30, 31

Der kleine, aber höchst bemerkenswerte Kirchenbau gehört zu den malerischsten Werken der Spätgotik in Hessen. Er ist kein Neubau, sondern das Ergebnis eines stufenweisen Umbaus einer romanischen Basilika aus dem frühen 13. Jahrhundert, von der auch noch die beiden Chorflankentürme mit den darunterliegenden Seitenapsiden sowie zwei schöne Figurenportale erhalten sind. Die Umgestaltung begann mit dem Ersatz der romanischen Hauptapsis durch einen langgestreckten spätgotischen Chor mit Netzgewölbe, wahrscheinlich das Werk des Dombaumeisters Madern Gerthener, begonnen um 1425, vollendet 1434. Auf den Anbau einer Nordkapelle an den Chor folgte 1500–1520 die höchst ungewöhnliche Umgestaltung des Langhauses in eine fünfschiffige Hallenkirche mit Emporen über den äußeren Seitenschiffen. Der aus nur drei Jochen bestehende Hallenraum ist deutlich breiter als lang und mehr in der Diagonale als in der Längsachse zu

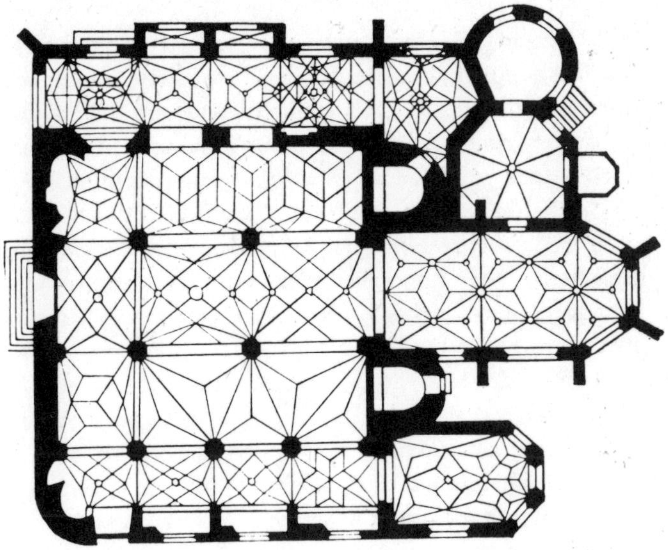

Frankfurt am Main. Kath. Pfarrkirche St. Leonhard. Grundriß

erleben. Überall ergeben sich Durchblicke von höchst malerischer Wirkung. Aus den sehr schlank und hoch wirkenden Achteckpfeilern wachsen ohne Zäsur durch Kapitelle oder Kämpferplatten die Rippen der Stern- und Netzgewölbe heraus. Als Schöpfer dieser Hallenkirche sind urkundlich Hans von Bingen und ab 1508 Hans Baltz von Mertenstein überliefert, letzterer mit der Berufsbezeich-

Frankfurt am Main. Kath. Pfarrkirche St. Leonhard. Hängender Schlußstein im Salvatorchörlein

nung »lapicida et architectus«, also Steinmetz und Architekt. Das schönste Beispiel für die Virtuosität, mit der die gotischen Steinmetzen den spröden Sandstein beherrschten, ist der hängende Schlußstein im nördlichen Salvatorchörlein, das vor 1516 als Grablege fertiggestellt worden ist. Der Schlußstein hängt frei an den Enden der Rippen herab und scheint damit das Gesetz der Schwerkraft zu mißachten. Über ihm erkennt man an der Mittelspindel den gegeißelten Christus, darüber im Gewirr der Rippen Gottvater.
Da die Kirche stets katholisch blieb, ist auch ein großer Teil der mittelalterlichen Ausstattung erhalten. Die Altäre stammen jedoch alle nicht von heimischen Künstlern. So ist der Hochaltar aus der Zeit um 1500 bayerisch, der Kreuzigungsaltar kommt aus dem Nachlaß des schon genannten Pfarrers Münzenberger, der ihn im Kunsthandel erwarb, und der hier abgebildete Marienaltar vom Ende des 15. Jahrhunderts ist flämischer Import eigens für diese Kirche. Die Malerei und Bildschnitzerkunst stand damals in Flandern in hoher Blüte, und ihre Erzeugnisse waren über ganz Europa verbreitet. Man erkennt flandrische Schnitzaltäre der Spätgotik meist schon an den figurenreichen, kleinteilig wirkenden Szenen. Dieses um 1480 entstandene Werk fällt durch den stark hochgezogenen Mittelteil des Schreins auf, der wie die niedrigen Seitenteile einen bewegten oberen Abschluß aus Vorhangbögen besitzt. Im Mittelteil sind unten die Heilige Sippe, darüber der Tod und ganz oben die Himmelfahrt Marias dargestellt. Seitlich davon gibt es zwei größere und vier kleinere Szenen aus dem Marienleben. Das Gemälde mit dem Abendmahl Christi wurde erst im 19. Jahrhundert in die Predella eingefügt; die neuen Flügel mit den Gemälden entstanden 1890.

Deutschordenskirche in Sachsenhausen
Abb. 32

Nach der Elisabethkirche in Marburg ist diese Kirche der größte Sakralbau des Deutschen Ordens in Hessen. Für sie ist das Weihedatum 1309 überliefert, das sich jedoch nur auf den langgestreckten Chor aus drei Jochen und einem Fünfachtelschluß bezieht. Das Schiff wird wohl erst gegen 1340 fertiggestellt worden sein. Es ist ein gleich breiter Saalraum, mit vier Jochen relativ kurz. Die beim Chor außen sitzenden Strebepfeiler wurden beim Schiff nach innen gezogen und gliedern als Wandpfeiler den Raum. Da man im Chor die glatten Wandflächen für das Gestühl der Ordensherren brauchte, setzen die Gewölbedienste hier erst in der Höhe der Fensterbankschrägen an. Bei gleicher Breite von Schiff und Chor sowie einheitlicher Wölbung entstand durch die differenzierte Wandbemalung eine harmonische Raumwirkung.

Kreuzgang des Karmelitenklosters
Abb. 34

Die Karmeliter ließen sich 1246 in Frankfurt nieder. Ihr Kloster bestand bis zu seiner Aufhebung 1803, deshalb waren seine Gebäude auch bis zum Zweiten Weltkrieg gut erhalten. Die Kirche – bis vor kurzem noch Ruine – wird zur Zeit unter Einbeziehung von Chor, Querschiff und den alten Außenmauern des Schiffes neu errichtet. Sie war das Ergebnis des Umbaus einer Vorgängerkirche ab 1424. Die Klausurbauten entstanden im Zeitraum zwischen 1460 und 1520. Auch sie waren 1943/44 völlig ausgebrannt, ihre Mauern zum Teil eingestürzt. Das Refektorium und der Kreuzgang wurden 1955–1957 in der mittelalterlichen Form wiederaufgebaut. Die vier Flügel um den längsrechteckigen Innenhof sind schlicht mit Spitzbogenarkaden und Balkendecken ausgestaltet. Die langen, ungegliederten Innenwände zu den angrenzenden Klosterbauten hin bedeckte der Maler Jörg Ratgeb 1514–1517 mit einem 80 m langen großartigen Zyklus von Gemälden, die leider die Kriegszerstörungen nur noch als Fragmente überstanden und deren Wirkung man bei der Restaurierung vor einigen Jahren durch vorsichtige Retuschen und Ergänzungen zu verbessern suchte. Sowohl in der Ornamentik als auch in der räumlichen Tiefe der phantasievollen Landschaftsbilder im Hintergrund macht sich der Einfluß der Renaissance bemerkbar.

Eschenheimer Turm
Abb. 36

Die beachtliche Flächenausdehnung der gotischen Stadt wird an den Resten der Stadtbefestigung deutlich, die man ab 1333 neu um die stark gewachsene Stadt legte und die die Freie Reichsstadt bis zu ihrem Ende 1806 zusammen mit den davor aufgeworfenen barocken Wallanlagen eingrenzte. Von der Stadtmauer blieb so gut wie nichts, von den ehemals 60 Türmen sind noch vier erhalten, darunter der Eschenheimer Turm, einst ein stolzes Bauwerk, das durch seine Monumentalität den nahenden Reisenden beeindruckte, jetzt in der maßstablosen Umbauung verloren wirkend.

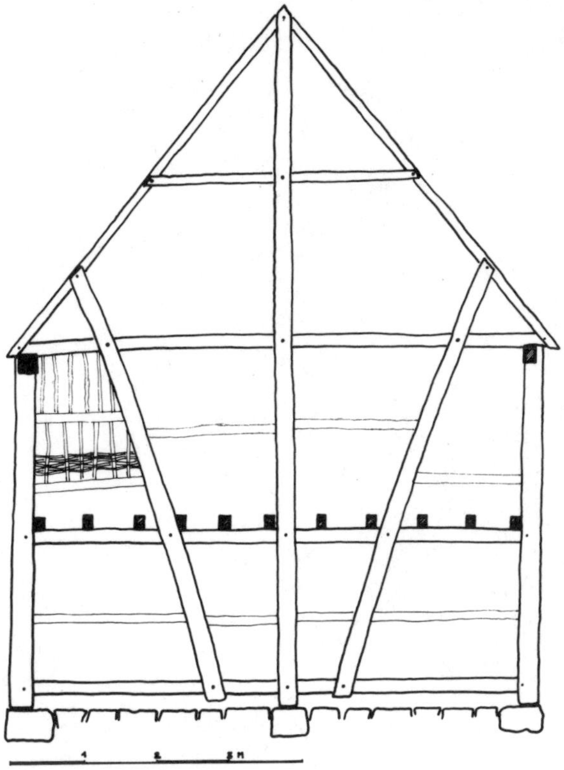

Frankfurt/M.-Sachsenhausen.
Das Fachwerkhaus von 1291 in der Schellgasse

Fraurombach → Schlitz

Friedberg. Ev. Pfarrkirche von Südwesten

Friedberg, Wetteraukreis

Ev. Pfarrkirche, ehem. Stadtkirche Unserer Lieben Frau
Abb. 37, 38

Wachstum und Wohlstand, aber auch der Niedergang der Reichsstadt Friedberg spiegeln sich in der Baugeschichte der Stadtkirche. Gemäß der Tradition zähringischer Stadtgrundrisse liegt sie abseits der großen Marktstraße in einem eigens dafür ausgesparten Geviert der planmäßigen Anlage. Als man den Bau kurz vor 1260 begann, stand die Gestaltung von Chor und Querschiff unter mittel- und oberrheinischem Einfluß. In den architektonischen Details besteht eine enge Verwandtschaft zu den Domseitenkapellen und der abgebrochenen Liebfrauenkirche in Mainz, im Maßwerk zur Westfassade des Straßburger Münsters.

Nach der Weihe des Hochaltars 1306 begann man mit dem Bau des Hallenlanghauses, zunächst unter dem Einfluß der Marburger Elisabethkirche, wie man an den östlichen Rundpfeilern der Vierung mit den vier aufgelegten Runddiensten und den querstehenden Walmdächern über den Seitenschiffen feststellen kann. Beim Weiterbau nach Westen setzte sich in den relativ breiten Seitenschiffen und

den reicheren Pfeilerprofilen mit achteckigem Kern in den jüngeren Jochen der mittelrheinische Einfluß des Frankfurter Doms und der Mainzer Hallenkirche durch. Das westlichste Pfeilerpaar ist nach der Tradition hessischer Hallenkirchen verstärkt ausgebildet und sollte das Turmpaar aufnehmen. Um jedoch die Doppelturmfassade als starkes Bollwerk gegen die Burg ausbilden zu können, verschob man sie um ihre Tiefe nach Westen, denn das Pfeilerpaar der Kirche hätte die nun sehr verstärkten Mauern nicht tragen können. Die Burggrafen fühlten sich – wohl nicht zu Unrecht – durch den Bau dieser sehr wuchtigen Westfront bedroht, denn von hier aus konnte man mit den inzwischen verbreiteten pulvergetriebenen Geschützen durchaus die Burg bestreichen. So setzten die Burggrafen bei König Ruprecht I. 1410 den Baustopp gegen die Höherführung der Türme durch, und die Anlage blieb bis auf den heutigen Tag unvollendet. Am weitesten ist noch der Nordturm gediehen, der mit seinen sehr geschlossenen Mauern und nur wenigen Fensterschlitzen deutlich den Wehrcharakter zeigt. Das verschieferte Glockengeschoß und der Pyramidenhelm sind eine spätere Zutat.
Der Lettner zwischen Querschiff und Langhaus stammt aus der Zeit um 1425–1430 und steht in seiner Gestaltung den Werken von Madern Gerthener nahe. Er hatte bereits einen Vorgänger aus der Mitte des 13. Jahrhunderts, von dem das mittlere Altarziborium erhalten blieb. Möglicherweise war auch die schöne Muttergottes, die jetzt am Lettner auf einer Konsole steht, schon am Vorgänger angebracht. Jedenfalls ist sie wesentlich älter als der heutige Lettner, denn es handelt sich um eine vorzügliche Arbeit aus dem späten 13. Jahrhundert, die ein mittelrheinischer Bildhauer aus Sandstein gemeißelt hat. Die Figur zeigt in ihrer Körperhaltung eine starke Bewegung, die durch die große Diagonalfalte vom linken Fuß zum Christuskind besonders betont wird. Das Gesicht Marias zeigt jenes typische verzückte Lächeln, daß man häufig bei weiblichen Skulpturen aus der zweiten Hälfte des 13. Jahrhunderts findet. Das Kind balanciert in spielerischer Bewegung auf dem Arm seiner Mutter.

Burg

Die staufische Reichsburg wurde exakt an der Stelle des römischen Kastells als großes, regelmäßiges Rechteck von 160 × 250 m angelegt. Das Gelände bot mit seinen Steilhängen an drei Seiten einen natürlichen Schutz. An der vierten, südlichen Seite zur Stadt hin legte man einen tie-

Friedberg. Burg. Adolfsturm

fen, ausgemauerten Halsgraben an und sicherte das Tor durch zwei Ecktürme. Von der doppelten Ringmauer mit ihren äußeren Flankentürmen sind noch größere Partien erhalten. Ein zweiter Zugang von Norden wurde einst durch sechs Tore gesichert, drei sind noch vorhanden. Dem Schutz dieses zweiten Zugangs diente auch der Adolfsturm. Sein Name geht auf Graf Adolf von Nassau zurück, den die Burgmannen gefangengenommen hatten und von dessen Lösegeld der Turm bald nach 1347 errichtet wurde. Er war zugleich der zweite Bergfried der Burg, der ältere ist allerdings 1684 eingestürzt. Bis dahin glich die Friedberger Burg mit ihren beiden mächtigen Türmen dem Münzenberg. Die Gestalt des Adolfsturms wird als

»Butterfaßform« bezeichnet. Sie setzt sich aus dem hohen, dicken unteren Zylinder und dem schlanken oberen Aufsatz zusammen. Der Zinnenkranz, die vier runden Wichhäuschen, der obere Bogenfries und der abschließende Kegelhelm verleihen dem Bergfried eine bewegte Silhouette.

Judenbad
Abb. 39

Friedberg hatte im Mittelalter eine große und offensichtlich auch wohlhabende jüdische Gemeinde, die unter dem Schutz der Reichsburg stand und deshalb nicht so stark wie die Frankfurter Gemeinde unter den Übergriffen der Bürger zu leiden hatte. Nach den religiösen Vorschriften hatten die Frauen zu bestimmten Zeiten vor dem Gottesdienst rituelle Bäder zu nehmen, für die das Wasser rein aus dem Boden kommen mußte. Deshalb sind die Mikwe genannten Bäder meist unterirdisch angelegt. Da Friedberg auf einem Höhenrücken liegt, war es hier besonders schwierig, das Grundwasser zu erreichen. Mit großem Aufwand trieb man einen 25 m tiefen und 5,5 m breiten Schacht in den Felsen und führte darin die steinerne Treppe in sieben Läufen bis unter den Wasserspiegel hinab. Die Eckpodeste der Treppe ruhen auf schlanken Säulen mit frühgotischen Kapitellen, wie sie ähnlich in der Stadtkirche vorkommen. Da bei beiden Bauten die gleichen Steinmetzzeichen zu finden sind, müssen dieselben Steinmetzen für Christen und Juden tätig gewesen sein. Die besonders aufwendige und schöne Mikwe wurde laut Inschrift 1260 erbaut.

Fritzlar, Schwalm-Eder-Kreis

Dom, Wandbild im südlichen Querschiff
Abb. 40

Der romanische Dom hat in der Gotik einige Veränderungen, Zutaten und Ausstattungsstücke erhalten. So wurde um 1330–1340 die Ostwand des südlichen Querhausarms in ihrer ganzen Größe von 6,3 m Breite und 10,5 m Höhe mit einem Wandgemälde bedeckt. Leider sind nur noch die oberen zwei Drittel vorhanden, das untere war schon vor der Freilegung 1929 zerstört worden. Das Bild wird von den Architekturformen eines bis in den Bogenscheitel reichenden Turmes beherrscht, der mit Figuren besetzt ist. Auf den mit Strebebögen verbundenen Pfeilern stehen vier Propheten, von denen unten rechts Habakuk durch sein Spruchband zu identifizieren ist. Im obersten Baldachin ist die Krönung Marias dargestellt. In den Bogenzwickeln rechts und links schweben musizierende Engel, von denen zwei weitere im unteren Tabernakel den Harfe spielenden König David flankieren. Durch dessen Gestalt erhält man einen Hinweis auf den Bildinhalt. Es handelt sich um einen »Turm Davids« nach dem Hohen Lied 4,4: »Dein Hals ist wie der Turm Davids mit Brustwehr gebauet, daran tausend Schilde hangen und allerlei Waffen der Starken.« Das Bild stellt damit eine Verherrlichung Marias dar. Da im Mittelalter vor dieser Wand der Marienaltar stand, kann man das Wandbild darüber auch als gemalte Bekrönung deuten. Ähnliche Architekturdarstellungen sind von Glasgemälden, z. B. in der Johanneskapelle des Kölner Doms, bekannt. Stilistisch werden Beziehungen zur französischen und englischen Gotik erkennbar, aber auch zum Kasseler Kodex des Willehalm-Meisters von 1434. Wahrscheinlich war der Schöpfer des Wandbildes in Fritzlar ansässig, denn aus seiner Hand stammt auch das bemalte steinerne Retabel im Fritzlarer Domschatz. Die Wappenschilde ganz oben im Bogen mit dem Waldecker Stern und dem goldenen Schwan der Edlen von Steinfurt weisen auf die Stifter des Bildes hin.

Literatur: Heinz Heinrichs, Die hessische Malerei in der ersten Hälfte des 14. Jahrhunderts, Kassel 1939, S. 50–63.

Pieta in der Marienkapelle
Abb. 41

Die auch Vesperbilder genannten Darstellungen der Maria mit dem vom Kreuz abgenommenen Leichnam Christi sind aus der Marienklage oder Beweinung hervorgegangen. Dieses Thema kam der mystischen Bewegung im Spätmittelalter sehr entgegen, woraus sich die große Zahl der Vesperbilder erklärt. Das hier abgebildete Beispiel aus dem Dom in Fritzlar ist die ausgezeichnete Arbeit eines hessisch-mittelrheinischen Bildschnitzers, entstanden um 1350. Bei der jüngsten Restaurierung etwa 1970 konnte die originale farbige Fassung in ihrer eindrucksvollen Wirkung noch verstärkt werden. Sie betont den Gegensatz zwischen dem blutüberströmten Leichnam mit seinem fahlen Inkarnat und dem lebensvollen, vom Schmerz erfüllten Antlitz der Muttergottes.

Fritzlar. Dom. Zwei Monstranzen im Domschatz

Zwei Monstranzen im Domschatz

Der seit 1974 im ehemaligen Kreuzgang ausgestellte Domschatz ist der an mittelalterlichen Kunstwerken reichste in Hessen. Zu der stattlichen Reihe kostbarster romanischer Goldschmiedegeräte hat die Gotik noch mehrere hinzugefügt, darunter auch einige Monstranzen. Von den beiden hier abgebildeten ist die kleinere bereits um 1320 entstanden und zählt damit zu den ältesten in Deutschland. Die andere wurde 150 Jahre später gearbeitet und trägt zur Erinnerung an ihren Stifter den Namen »Imhoffsche Monstranz«. Im Aufbau mit dem Vierpaßfuß, dem Schaft mit Nodus und dem turmartigen Aufsatz gleichen sich die gotischen Monstranzen. Besonders bei der älteren fühlt man sich an das Wandbild im Südquerhaus des Fritzlarer Doms erinnert, zum Beispiel bei den Statuetten vor den seitlichen Fialen, die das mittlere Gefäß umgeben, das hier für die geweihte Hostie bestimmt ist.

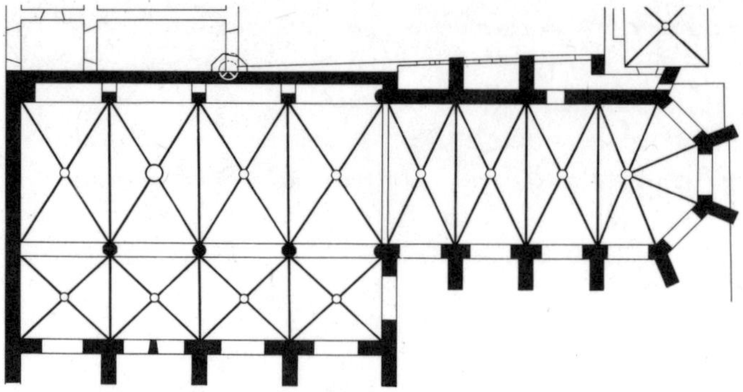

Fritzlar. Ev. Pfarrkirche. Grundriß

Ev. Pfarrkirche, ehem. Minoriten-Klosterkirche
Abb. 42

Die Franziskaner ließen sich in Fritzlar schon 1237 nieder. Ihre erste Klosterkirche aus der Mitte des 13. Jahrhunderts wurde zwischen 1300 und 1350 durch einen größeren Neubau ersetzt. Die unsymmetrische zweischiffige Hallenkirche mit Mittelschiff und nur einem schmaleren südlichen Seitenschiff wird von den knappen, schmucklosstrengen Architekturformen der Bettelorden geprägt. Als einziger Rest der mittelalterlichen Ausstattung ist außer den Kreuzigungsreliefs das Wandgemälde im Chor erhalten geblieben. Mit seinem turmartigen Rahmen für das Bildnis der Muttergottes erinnert es stark an das Wandgemälde im Südquerschiff des Doms und wurde wohl auch von denselben Malern gegen 1330–1340 geschaffen.

Fritzlar. Ev. Pfarrkirche. Fresko im Chor. Muttergottes

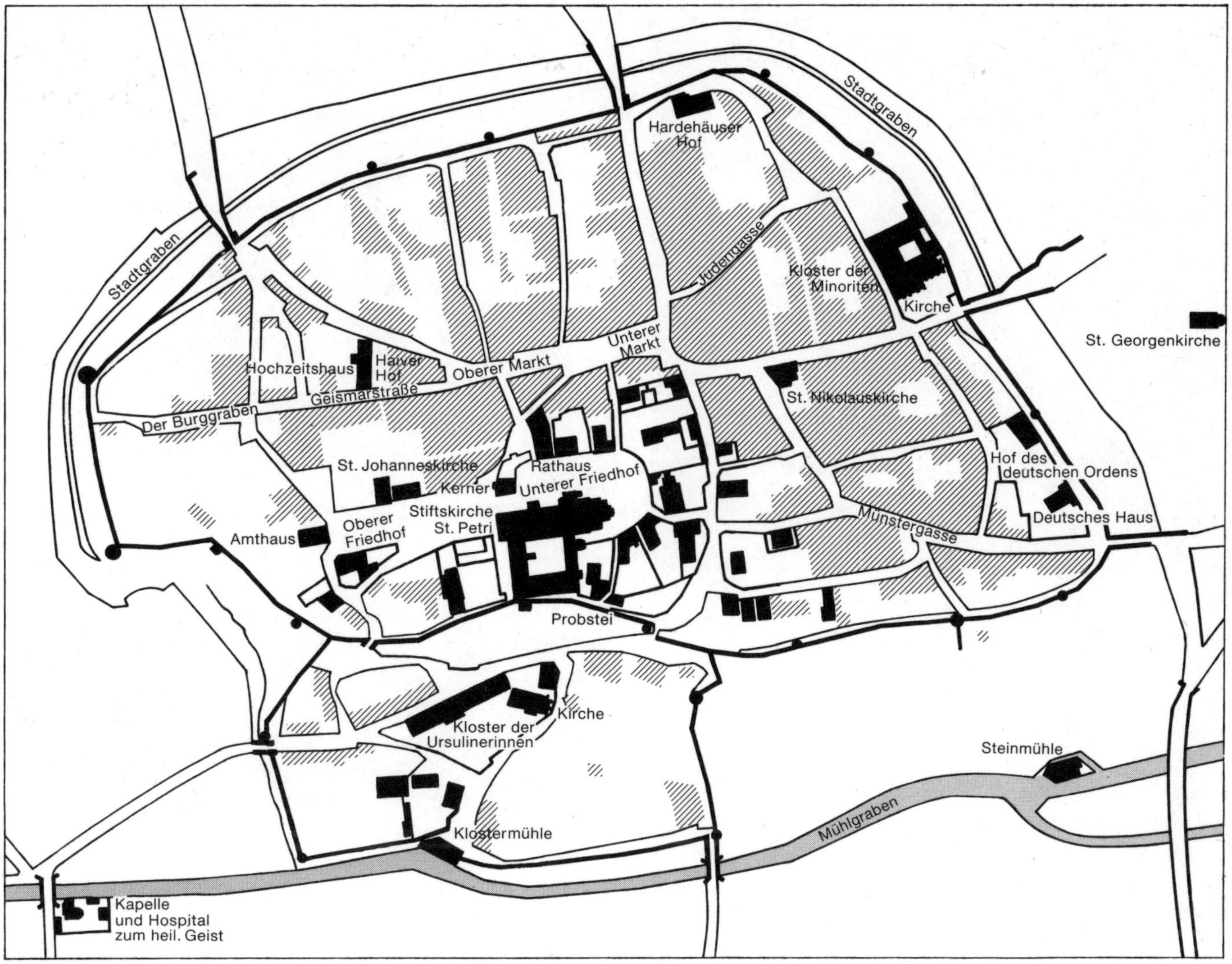

Fritzlar. Plan der Altstadt nach einer Katasterkarte von 1806

Fachwerkhaus Markt 4

Die beiden großen Spitzbogenarkaden im Erdgeschoß kennzeichnen den Bau als Kaufhaus. Die schmale, turmartig schlanke Gestalt kam gotischen Stiltendenzen sehr entgegen, beruht aber in erster Linie auf dem schmalen Zuschnitt der Parzellen am Marktplatz. Die Mitte wölbt sich im Erker polygonal vor und endet in einem verschieferten Türmchen mit spitzem Schieferhelm. Das Fachwerk konnte mit Hilfe der Dendrochronologie in das Jahr 1472 datiert werden. Es ist bis auf die gebogenen Fußstreben mit den gotischen Nasen ganz schmucklos.

Fritzlar. Fachwerkhaus Markt 4 (links)

Grauer Turm der Stadtbefestigung

Nach der Zerstörung der Stadt 1232 durch Landgraf Konrad von Thüringen ließen die Kurfürsten von Mainz Fritzlar zur stärksten Festung in Hessen ausbauen. Von der Stadtmauer sind noch größere Partien vorhanden. Zwar brach man 1842 alle acht Stadttore ab, um dem wachsenden Verkehr Platz zu verschaffen, doch blieben zwölf der ehemals 15 Wehrtürme stehen, darunter auch der Graue Turm. Er schiebt sich mit seinem hufeisenförmigen Grundriß weit in den Burggraben vor. Damit wurde in Hessen erstmals das Flankierungsprinzip angewendet: Aus den seitlichen Schießscharten konnte man nun auch parallel zur Mauer schießen. Dies erschwerte es den Angreifern sehr, sich dem Mauerfuß zu nähern. Im 16. Jahrhundert hat man den Grauen Turm stark erhöht, um von hier aus Signale von den vorgeschobenen Landwarten empfangen zu können, die das Nahen des Feindes möglichst frühzeitig meldeten.

Fritzlar. Der Graue Turm

Gelnhausen, Main-Kinzig-Kreis

Ev. Marienkirche
Abb. 43–45

Die Marienkirche steht mit ihren großartigen Ostteilen aus den ersten Jahrzehnten des 13. Jahrhunderts stilistisch an der Grenze zwischen Romanik und Gotik. Als letzter Teil des staufischen Baus wurde gegen 1240–1250 der Lettner errichtet. Ursprünglich sollte er das Querschiff vom Langhaus trennen, wurde dann aber nach Osten vor den Chor gerückt, wahrscheinlich um der stark gewachsenen Pfarrgemeinde auf Kosten der Prämonstratensermönche von Langenselbold mehr Raum zu verschaffen. In der Anlage folgt der Lettner ganz dem des 1682 zerstörten Mainzer Doms, der bis zur Weihe 1243 vom Naumburger

Meister fertiggestellt worden war. Aus dem Kreis seiner Gehilfen kamen auch die am Gelnhauser Lettner tätigen Steinmetzen. Während der figürliche Schmuck von geringerer Qualität ist, gehören die Kapitelle zu den besten Zeugnissen frühgotischer Bildhauerkunst in Hessen. Bei den zwanzig Jahre zuvor im Chor entstandenen Konsolen sind die Blattranken noch stark stilisiert. Jetzt wird das Blattwerk mit den Weintrauben und den daran pickenden Vögeln ganz naturalistisch ausgebildet.

Der Hochaltar in der Hauptapsis wird durch den Lettner den Blicken der Gläubigen entzogen. Im Schrein erhebt sich unter der hochgezogenen Mitte die Muttergottes, flankiert von den Evangelisten Johannes und Paulus links, Johannes dem Täufer und Petrus rechts. Auf den Flügeln setzt sich die Reihe der Heiligen in Gemälden fort: links Sebastian und Katharina, rechts Valentin und Margareta. Werden die Flügel zugeklappt, erscheinen auf ihren Außenseiten in der Mitte die Verkündigung, rechts davon der hl. Georg, links der hl. Wolfgang. Die Flügelgemälde tragen das Datum 1500 und die Künstlersignatur »piktor Nikolaus Schit«. Ein wohl mit ihm identischer Clais Schydt taucht 1498 und 1499 in den Pachtrechnungen von Seligenstadt auf. Er hatte wohl dort oder in Frankfurt seine Werkstatt.

Ungeklärt ist die Frage nach dem Bildschnitzer der Schreinfiguren. Er ist nur selten identisch mit dem Maler der Tafelbilder, der aber auch für die Fassung der Skulpturen verantwortlich war. Diese ist hier besonders gut erhalten und brauchte bei der jüngsten Restaurierung 1979/80 nur gefestigt und gereinigt zu werden. Die Mäntel haben an der Außenseite eine Polimentvergoldung, das Innenfutter ist mit Azuritblau bemalt, in das kleine versilberte Papierpünktchen eingestreut sind – heute allerdings kaum noch sichtbar, da sie durch die Patinierung dunkel geworden sind. Die Mantelsäume und Schließen sind mit kleinen versilberten Papierkügelchen besetzt, die Perlen imitieren. Bei der Muttergottes ist auch das Kleid vergoldet. Die Untergewänder der männlichen Figuren sind in einem heute kaum noch sichtbaren Preßbrokat gefaßt. Die Haare waren vergoldet, die Gesichter haben ein individuell ausgeprägtes Inkarnat. Der Rahmen und die Schnitzfiguren bestehen aus Eichenholz, das Zierwerk des Gesprenges und die inneren Baldachine aus Lindenholz. Die spätgotischen Gewandfiguren gehören stilistisch in die neunziger Jahre des 15. Jahrhunderts, weisen aber in ihrer Statuarik und in der Monumentalität der Madonna bereits auf den Stil der Jahrhundertwende hin. Da sie indirekt durch die Flügelgemälde in das Jahr 1500 datiert werden, sind sie also künstlerisch ganz auf der Höhe der Zeit. Der Schöpfer der sehr qualitätvollen Schnitzarbeiten ist nicht überliefert. Er steht unter dem Einfluß der oberrheinischen Kunst, z. B. des Lorcher Hochaltars von 1483, aber auch des Gregor Erhart in Ulm. Wahrscheinlich hatte er seine Werkstatt im Gebiet des Mittelrheins.

In der Sakristei werden zwei kostbare mittelalterliche Textilien aufbewahrt. Der gewirkte Marienteppich von 2,97 m Länge und 0,79 m Höhe ist in drei gleich breite Szenen aufgeteilt. Links erkennt man die Jagd auf das Einhorn. Nach dem »Physiologus« (Naturkundiger), einer frühchristlichen Zusammenstellung vorchristlicher und christlicher Tiersymbole, ist das Einhorn ein so wildes Tier, daß es der Jäger nur fangen kann, wenn eine reine Jungfrau in der Nähe ist, in deren Schoß es zahm den Kopf legt. Diese Szene wird hier mit der Verkündigung an Maria verbunden. An die Jagd erinnern auch die beiden Hunde, das Hüfthorn und die Lanze des Engels Gabriel, an die Verkündigung das Spruchband. In der Mitte des Teppichs ist die Geburt Christi, rechts die Anbetung der Könige dargestellt. Ursprünglich diente der Wirkteppich als Antependium für einen Altar. Er wurde in der Zeit um 1500 von einem anspruchsvollen oberrheinischen Meister in der Nachfolge des Martin Schongauer geschaffen.

Literatur: Else Schifferdecker, Der Hochaltar der Marienkirche in Gelnhausen, Magisterhausarbeit, Universität Frankfurt 1984/85.

Fachwerkhaus Kuhgasse 1

Bis vor einigen Jahren galt dieses Fachwerkhaus noch als das älteste in Hessen und wurde in die Zeit um 1340 datiert. Jetzt ergab die dendrochronologische Altersbestimmung das Datum 1351–1355, und inzwischen wurden in Limburg Häuser von 1289 und 1296 festgestellt. Dennoch bleibt das Gelnhauser Haus ein wichtiges Beispiel für die gotische Ständerbauweise, die hier bei der jüngsten Restaurierung 1963 aufgrund von Blattsassen und anderen Spuren weitgehend in der originalen Gestalt rekonstruiert werden konnte. Charakteristisch für die frühe Entstehungszeit sind der weite Abstand der Ständer, die langgezogenen Knaggen und die kräftige Vorkragung des Obergeschosses. Den Giebel muß man sich ursprünglich sehr viel steiler vorstellen – er wurde wohl nach einem Dachstuhlbrand flacher wiederaufgebaut.

Gelnhausen. Fachwerkhaus Kuhgasse 1

Gelnhausen. Hexenturm

Hexenturm

Die mittelalterliche Stadtbefestigung von Gelnhausen ist zwar in weiten Teilen gut erhalten, doch gilt das weniger für den 1257 urkundlich erwähnten inneren als für den 1361 vollendeten äußeren Ring. Noch hinter dem inneren Mauerring errichtete man freistehend 1447–1478 einen runden Geschützturm mit vorkragender Wehrplattform auf einem Bogenfries, einem Zinnenkranz und einem spitzen steinernen Helm. Der Name erklärt sich daraus, daß der Turm als Gefängnis für Hexen benutzt wurde. Da es allgemein üblich war, die Türme der Stadtbefestigungen für den Strafvollzug zu nutzen, kommt die Bezeichnung »Diebsturm« sehr häufig vor.

Gießen-Schiffenberg

Ehem. Augustiner-Chorherrenstift und Deutschordens-Komturei

Die einflußreiche Gräfin Clementia, Tochter des Grafen Hermann von Gleiberg und Gemahlin Graf Konrads I. von Luxemburg, hatte 1129 auf dem damals wie heute einsam gelegenen Höhenrücken südöstlich von Gießen ein Augustiner-Chorherrenstift gegründet, von dem noch die überdachte Ruine der sehr stattlichen romanischen Klosterkirche existiert. Nachdem das Stift immer mehr zurückging, übertrug es Erzbischof Baldewin von Trier 1323 der Ballei Marburg des Deutschen Ordens, der hier eine

Gießen-Schiffenberg. Ehem. Augustiner-Chorherrenstift. Komturei und Propstei

Kommende einrichtete. Für deren Bedürfnisse wurde südwestlich der Kirche ein Hof angelegt, an dessen Westseite 1463 die Propstei und an der Südseite ab 1493 die Komturei entstanden. Die beiden unteren Geschosse der Propstei bestehen aus Bruchstein, verziert durch einen sehr schönen polygonalen Erker, das dritte Geschoß wurde aus Fachwerk mit gebogenen Fußstreben errichtet. Die Komturei ist größer und höher, im Baumaterial jedoch ähnlich gestaltet. Diese beiden Bauten zeugen von der Blütezeit der Kommende Schiffenberg, die nicht lange währte, da es ständig zu Streitereien zwischen dem reichsunmittelbaren Orden und den benachbarten Territorialherren kam. Nachdem 1561 der letzte katholische Gottesdienst gehalten worden war, wurde das Amt des Komturs zur reinen Sinekure, Brüder gab es nicht mehr, und die Kommende sank zur Domäne ab.

Gonterskirchen → Laubach
Gottsbüren → Trendelburg

Grebenstein. Haus Leck

Grebenstein, Kreis Kassel

Ev. Stadtkirche, ehem. St. Katharina und Elisabeth
Abb. 46

Die Stadtkirche ist eine stattliche Hallenkirche des hessischen Typs mit breitem Mittelschiff und schmalen Seitenschiffen, die allerdings nach westfälischer Art mit querstehenden Giebeldächern versehen sind. Wahrscheinlich hat man bald nach 1300 mit dem Bau begonnen, denn die Stadt wird bereits 1311 urkundlich genannt. Bei der Verlegung des Chorherrenstifts 1355 von Gottsbüren hierher war die Kirche wohl vollendet. Für das Grenzgebiet charakteristisch ist die Mischung hessischer und westfälischer Einflüsse, von denen auch der Innenraum geprägt wird. Die gedrungenen Proportionen und die Achteckpfeiler weisen nach Westfalen. Da das Mittelschiff zwei Meter höher als die Seitenschiffe ist, handelt es sich um eine Stufenhalle. Im Chor gibt es zwei sehr dekorativ verzierte Wandtabernakel: Der eine mit einem Christuskopf im steilen Wimperg zwischen Fialen entstand in der ersten Hälfte des 14. Jahrhunderts, der andere ein Jahrhundert später, wie man an den Fischblasen im Blendmaßwerk und am Kielbogenrahmen erkennen kann. Die schmiedeeisernen Türen von 1907 ersetzen die verlorenen mittelalterlichen. In die gegenüberliegende Südwand des Chors wurde zur Erbauungszeit ein dreiteiliger steinerner Levitensitz eingearbeitet. Er diente dem Zelebranten und den beiden Diakonen während der Messe als Ruhesitz.

Literatur: Willi Vesper, Die evangelischen Kirchen der Stadt Grebenstein und ihre Geschichte, Grebenstein 1974, S. 12–73.

Haus Leck, jetzt Heimatmuseum, Schachtener Str. 11

Im früheren Landkreis Hofgeismar – heute der Nordteil des Kreises Kassel – ist ein besonderer Haustyp verbreitet, den man den diemelsächsischen nennt. Er stellt eine Variante des niederdeutschen Hauses dar, das unter einem großen Dach Stallungen, Futterlager und Wohnung ohne strikte Trennung miteinander vereint. Beim mitteldeutschen, in Hessen verbreiteten Haustyp sind diese Bereiche in den Einzelbauten eines Winkel-, Dreiseit- oder Vierseithofes untergebracht oder beim Einhof hintereinander angeordnet. Das diemelsächsische Haus ist im Unterschied zum niedersächsischen zweigeschossig. Das Innere wird von der großen, durchgehenden Längstenne eingenommen, an die auf der einen Seite die Wohnräume, auf der anderen die Stallungen angrenzen. Beim Haus Leck handelt es sich um einen spätgotischen Ständerbau, nach den Ergebnissen der Dendrochronologie 1431 erbaut. Obergeschoß und Speichergeschoß im Dach kragen auf kräftigen Knaggen weit vor. Wie bei der Stadtkirche hat auch dieses Dach noch die ursprüngliche Eindeckung mit Sandsteinplatten, nach der Herkunft aus dem nahen niedersächsischen Bergland Sollingplatten genannt. Einst beherrschte diese Art der Dachdeckung alle Ortsbilder des Altkreises Hofgeismar. Das große Eingangsportal ist 1606 erneuert worden, bei dieser Gelegenheit wurden auch einige Veränderungen im Inneren vorgenommen.

Burg Greifenstein. Stich von Matthäus Merian, 1646

Greifenstein, Lahn-Dill-Kreis

Burgruine
Abb. 47

Die Anfänge dieser bedeutenden Burg sind noch nicht restlos geklärt. Man weiß bisher nur, daß die Herren von Beilstein bald nach 1226 ihren Sitz hierher verlegten, da die Grafen von Nassau sie aus ihrer Stammburg (→ Greifenstein-Beilstein) verdrängt hatten. Sie nannten sich nun Herren von Greifenstein, wurden aber schon 1298 von den Nassauern mit Hilfe der Solmser vertrieben, nachdem die Burg zerstört worden war. Für mehr als 80 Jahre blieb diese nun als Ruine liegen, denn sie war zusammen mit der Herrschaft Greifenstein zum Streitobjekt zwischen Nassau und Solms geworden. Im Jahre 1382 konnte Graf Johann von Solms-Burgsolms die Ruine in seinen Besitz bringen und die Burg neu erbauen. Aus dieser Zeit stammen unter anderem die beiden großen Türme, die auf der älteren Schildmauer aus der Zeit bald nach 1226 aufsetzen und mit ihr zu einem gewaltigen Mauerblock verschmelzen. Der rechte, westliche Turm wird Nassauer Turm, der linke, östliche Bruderturm genannt. Beide hatten ursprünglich eine Wehrplattform mit Zinnenkranz und erhielten um 1680 steinerne verschieferte Kuppeln, von denen die des Nassauer Turms noch vorhanden ist. Der Spitzhelm des Bruderturms ist eine Folge des Umbaus zum Glockenturm. Im 15. und 16. Jahrhundert wurde die Burg immer stärker ausgebaut, dann noch einmal ab 1602, als sie die Residenz Graf Wilhelms I. von Solms-Greifenstein wurde. Er war ein bekannter Festungsbaumeister und wandte sein Wissen beim Greifenstein mit der Errichtung eines gewaltigen Geschützturms, später Roßmühle genannt, sowie ausgedehnter Kasematten und Bastionen an.

Einen letzten Ausbau nahm Graf Wilhelm Moritz von Solms-Greifenstein ab 1681 vor. Er ließ auf die gotische Katharinenkapelle eine üppig mit Stuck ausgestattete Barockkirche setzen und fügte an die Doppelturm-Schildmauer den im Bild links als Ruine sichtbaren »Neuen Bau« an, der ein repräsentativer barocker Wohnbau war. Angesichts dieses beachtlichen baulichen Aufwands überrascht es um so mehr, daß Graf Wilhelm Moritz schon 1693 den Greifenstein verließ, um in das durch Erbgang an ihn gelangte Braunfels umzusiedeln, das von nun an die Residenz des Grafenhauses war.

Den Greifenstein aber ließ man einfach zerfallen. Der Stich von Matthäus Merian aus seiner »Topographia Germaniae« von 1646 gibt die Burg noch in ihrer reichen Silhouette mit vielen Mauern, Türmen, Dächern, Erkern und Zinnen wieder. Nicht der Krieg, sondern die in drei Jahrhunderten unterlassene Nutzung und damit Bauunterhaltung ließ die als uneinnehmbar geltende Burg zur Ruine werden. Nur die barocke Schloßkapelle pflegte man, da man sie als Pfarrkirche des Dorfes nutzte, desgleichen die Türme, von denen man den östlichen für die Glocken verwendete. Als 1969 der »Neue Bau« einzustürzen und den Zugang zur Kirche zu versperren drohte, bildete sich ein Verein zur Rettung der vom völligen Untergang bedrohten Burg. Er hat seitdem Vorbildliches geleistet und das Erlebnis dieser auch als Ruine immer noch großartigen gotischen Höhenburg einer von Jahr zu Jahr größer werdenden Schar von Besuchern ermöglicht.

Greifenstein-Beilstein

Palas der Schloßruine
Abb. 48

Die Burg war als Sitz der 1129 erstmals erwähnten Herren von Beilstein erbaut worden, gelangte ein Jahrhundert später an die Grafen von Nassau, die sie als Residenz einer Seitenlinie nutzten. Das Areal wird zur Bergseite durch einen Halsgraben und Mauern gesichert und enthält als wichtigsten Bau den großen dreigeschossigen Palas, der in gleicher Weise als Wohn- und Wehrbau diente und damit als Sonderform des französischen Donjon anzusehen ist. Auf die fortifikatorische Aufgabe weisen die vier schlanken, vollgemauerten Rundtürmchen an den Ecken hin, die man Ecktourellen nennt und von französischen Donjons ableitet. Die den Angreifern vom Berg her zugewandte, im Bild rechte Schmalseite ist besonders verstärkt. Der obere Abschluß bestand einst aus einer Wehrplattform über einem Bogenfries und einem hohen Satteldach. Dieser Palasburg genannte Teil der Burg entstand in der Zeit um 1320–1340.

Großen-Linden → Linden

Groß-Umstadt, Kreis Darmstadt-Dieburg

Ev. Pfarrkirche, ehem. St. Kilian
Abb. 49

Von einem Vorgängerbau ist nur der Turmunterbau aus der Mitte des 15. Jahrhunderts erhalten, im übrigen handelt es sich um einen einheitlichen Neubau, der in der kurzen Zeit von 1490 bis 1494 errichtet worden ist. Von den anderen hessischen Kirchen unterscheidet er sich durch den Verzicht auf eine Wölbung des Langhauses und durch die Raumform der Pseudobasilika. Bei dieser ist das Mittelschiff zwar deutlich höher als die Seitenschiffe, hat aber keine Fenster im Obergaden, da das Dach über alle drei Schiffe gezogen ist und damit eine Belichtung von oben nicht zuläßt. Das Herauswachsen der Arkaden aus den quadratischen Langhauspfeilern mit abgeschrägten Kanten geschieht ohne Unterbrechung durch Kapitelle oder Kämpferplatten und ist ebenso typisch für die Spätgotik wie die Gestaltung der Pfeilerbasen. Bei den hohen Seitenschiffenstern wird bereits der im 16. Jahrhundert üblich werdende Rundbogen verwendet. Das Maßwerk der Chorfenster kann wegen der freien Ergänzung anläßlich einer durchgreifenden Erneuerung nicht für das Mittelalter in Anspruch genommen werden.

Hadamar, Kreis Limburg-Weilburg

Kath. Liebfrauenkirche
Abb. 50

Da der Bau seit 1818 als Friedhofskirche genutzt wird, heißt er im Volksmund auch »Totenkirche«, war aber ursprünglich eine Stiftskirche und von 1629 bis 1818 Pfarrkirche. Die 1607–1711 im Hadamarer Schloß residierende katholische Seitenlinie der Grafen von Nassau-Hadamar benutzte die Kirche als Grablege und erhöhte den Chorfußboden für die darunter neu geschaffene Gruft. Der Kirchenbau wirkt zwar auf den ersten Blick sehr einheitlich,

Hadamar. Kath. Liebfrauenkirche. Historische Bodenfliesen

entstand aber in zwei Phasen. Aus der ersten Phase kurz vor 1379 stammen der Westturm und der Unterbau der vier westlichen Joche der Hallenkirche, die um die Mitte des 15. Jahrhunderts nach Osten um ein fünftes Joch und den Chor aus zwei Jochen und einem Fünfachtelschluß erweitert wurde. Dabei wurden die Wände des Langhauses erhöht und die neuen Netzgewölbe eingebracht. Es entstand eine Stufenhalle, deren Mittelschiff etwas höher als die Seitenschiffe ist, so daß über den Arkaden Wandzwikkelflächen erscheinen. Die älteren westlichen Pfeiler erkennt man am runden Kern, der mit zwei Runddiensten besetzt ist, die jüngeren im Osten sind achteckig. Vom Fußboden aus dem Spätmittelalter sind größere Partien der originalen Tonplatten erhalten geblieben. Vier ergeben jeweils ein Muster: Kreise mit Vierpaßmaßwerk oder sphärische Vierecke, die aus einander durchdringenden Kreisen gebildet sind. Bei einer unsachgemäßen Neuverlegung hat man leider einige Platten falsch angeordnet und dadurch die Muster gestört.

Haina, Kreis Waldeck-Frankenberg

Ehem. Zisterzienserkloster, jetzt Landesheilanstalt
Abb. 51–54

Von den drei großen Zisterzienserabteien in Hessen ist Haina nach Eberbach und Arnsburg die jüngste. Sie wurde im Jahre 1188 von Altenberg bei Köln aus gegründet, jedoch erst 1215 vom ersten Standort in Aulisburg bei Löhlbach wenige Kilometer weiter nach Süden an die jetzige Stelle verlegt. Die einsame Lage in einem abgelegenen Tal inmitten ausgedehnter Waldungen ist für ein Zisterzienserkloster charakteristisch, desgleichen die turmlose Gestalt der Kirche. Der viel zu große Dachreiter über der Vierung wurde erst 1888/89 geschaffen und hatte im Mittelalter sicher einen sehr viel kleineren und schlankeren Vorgänger. Die drei Schiffe des Hallenlanghauses werden mit einem großen Satteldach zusammengefaßt. Eine Baunaht am Westgiebel verrät, daß dies erst nach einem Planwechsel entstand und ursprünglich wie bei der Elisabethkirche in Marburg Querdächer über den Seitenschiffen und ein niedrigeres Satteldach über dem Mittelschiff vorgesehen waren. Die Klausurbauten liegen wie in Arnsburg südlich der Kirche, wodurch sie vom Sonnenschein erreicht werden, was im älteren Eberbach mit der Anordnung im Norden der Kirche nur in sehr geringem Maße der Fall ist. Die zu Lebzeiten Bernhards von Clairvaux sehr asketische Lebensweise wird von der zweiten Hälfte des 12. Jahrhunderts an mehr und mehr aufgegeben. Von den vier Flügeln des Kreuzgangs sind nur noch drei mittelalterlich, der nördliche, direkt an die Kirche anschließende wurde 1858 völlig neu aufgeführt, bei dieser Gelegenheit der östliche aufgestockt und alle ursprünglich flachgedeckten Flügel 1892–1896 eingewölbt. Im übrigen entsprechen die Klausurbauten in Lage und Funktion dem Schema des Ordens. Der im Bild an der unteren Ecke des Gevierts sichtbare dreigeschossige Bau mit dem achteckigen Treppenturm ist die im 15. Jahrhundert neu erbaute Küche.

Das Innere der Klosterkirche beeindruckt durch die Größe und Harmonie des Raumes. Eine steinerne Schranke mit einem erhöhten Wimperg in der Mitte trennte die Mönche im Ostteil von den Laienbrüdern in den sechs westlichen Jochen des Langhauses. Aus den sichtbaren Spuren und dem Wechsel der Einzelformen kann man den Bauablauf in vier Abschnitten mit abweichendem Planziel erkennen. In der ersten Phase von 1215 bis zu einer Teilweihe 1224 wurde der Unterbau des rechteckigen Chors und des weit ausladenden Querschiffs aufgeführt. Die dicken Mauern sind im Sinne der späten Romanik noch ungegliedert und wirken deshalb sehr massig. Im zweiten Bauabschnitt zog um die Mitte des 13. Jahrhunderts mit dem Oberbau der Ostteile die Frühgotik ein. Im zweischichtigen Wandaufbau mit einem Laufgang auf dem Mauerabsatz, vor allem aber in den großartigen Maßwerkfenstern wird der Einfluß der nordfranzösischen Kathedralgotik von Reims und Amiens wirksam. War im ersten Bauabschnitt für das Langhaus noch eine Basilika geplant, so ging man mit dem Bau der westlichen Vierungspfeiler zur Hallenkirche über, zunächst noch nach westfälischen Vorbildern in Paderborn und Herford. Dann, im dritten Bauabschnitt von etwa 1260 an, wird der Einfluß der Elisabethkirche in Marburg deutlich. Man kann dies schon an den Rundpfeilern mit den vier Diensten ablesen. Diese werden jedoch nach der Tradition der Zisterzienser an der Seite zum Mittelschiff hin einige Meter über dem Erdboden auf Konsolen abgefangen. Die Beziehungen zur Marburger Bauschule spürt man auch im Verhältnis des breiten Mittelschiffs zu den schmalen Seitenschiffen, in der relativ dichten Stellung der kräftigen Pfeiler und im doppelgeschossigen Aufbau der Außenwände mit zwei übereinanderliegenden Fensterreihen.

Haina. Ehem. Zisterzienserklosterkirche. Dienstkonsole im nördlichen Seitenschiff

Dieser wird im vierten Bauabschnitt von etwa 1290 bis 1328 aufgegeben.

Sehr bestimmend für den Raumeindruck ist die 1937/38 nach aufgedeckten Spuren nicht ganz richtig rekonstruierte farbige Fassung der Architekturteile. Die Pfeilerkerne und inneren Rippenprofile sind in Weiß, die Gewölbedienste und Rippen in Ocker und die Gewölbekappen in Rot mit weißem Fugennetz gefaßt. Unterhalb der Fensterbänke ist ein Bogenfries aufgemalt, die Laibungen der unteren Seitenschiffenster zeigen einen regelmäßigen Wechsel von roten und ockerfarbenen Quadern.

Figürliche Farbfenster waren nach den Ordensregeln nicht erlaubt. Deshalb verwendete man in der Frühgotik Ornamentscheiben mit Blattformen in Grisailletönen, d. h. grauen, weißen und hellgrünen Farbtönen. Das 1134 von Bernhard von Clairvaux ausgesprochene Verbot einer reichen Bauplastik, wie sie bis dahin vor allem von den Cluniazensern mit großem Aufwand kultiviert wurde, gab man im 13. Jahrhundert Schritt für Schritt auf und schloß sich der schmuckfreudigen Kathedralgotik an. So finden sich in Haina figürlich verzierte Schlußsteine, z. B. mit einer Darstellung der Muttergottes, aber auch Hunde, Widder und andere Tiergestalten an den Dienstkonsolen.

Literatur: Richard Hamann und Kurt Wilhelm-Kästner, Die Elisabethkirche in Marburg und ihre künstlerische Nachfolge, B. 1, S. 112 ff., Marburg 1924; Arnd Friedrich, Kloster Haina, Die Blauen Bücher, Königstein 1987.

Hanau

Ev. Marienkirche, Pfarrkirche der Altstadt
Abb. 55

Die Marienkirche ist ein mehrfach umgestalteter spätgotischer Bau, der im Zweiten Weltkrieg schwer beschädigt und 1950–1961 in den alten Formen wiederaufgebaut wurde. Von den sehr bedeutenden Glasfenstern des Chors sind Reste erhalten geblieben. Sie stammen aus dem Ende des 15. Jahrhunderts und stellen im Nordfenster des Chorpolygons die Pieta mit dem hl. Georg und darunter die Heilige Sippe dar, im Nordostfenster Christus als Gärtner mit dem hl. Nikolaus und der hl. Magdalena, im Südostfenster eine stehende Muttergottes mit Johannes dem Täufer und der hl. Katharina, im Südfenster Maria als Schmerzensmutter. Das Ostfenster enthält eine kleine Rundscheibe mit einem Wappenhalter. Die Zeichnung wird dem sogenannten »Hausbuchmeister« zugeschrieben, einem Zeichner, Kupferstecher und Maler, dessen Name vom Hausbuch im Besitz des Fürsten von Waldburg-Wolfegg abgeleitet ist und der zwischen 1475 und 1490 am Mittelrhein tätig war. Auch die Darstellung der Heiligen Sippe im unteren Teil des Nordfensters ist von ihm beeinflußt.

Hattenheim, Rheingau-Taunus-Kreis

Ehem. Zisterzienserkloster Eberbach, Kapitelsaal
Abb. 56 a

Eberbach ist das älteste Zisterzienserkloster in Hessen und mit seiner Gründung 1135 direkt von Clairvaux aus auch eines der ersten in Deutschland. Kirche und Klausur waren deshalb bereits im Zeitalter der Romanik errichtet worden. Durch den wirtschaftlichen Wohlstand infolge

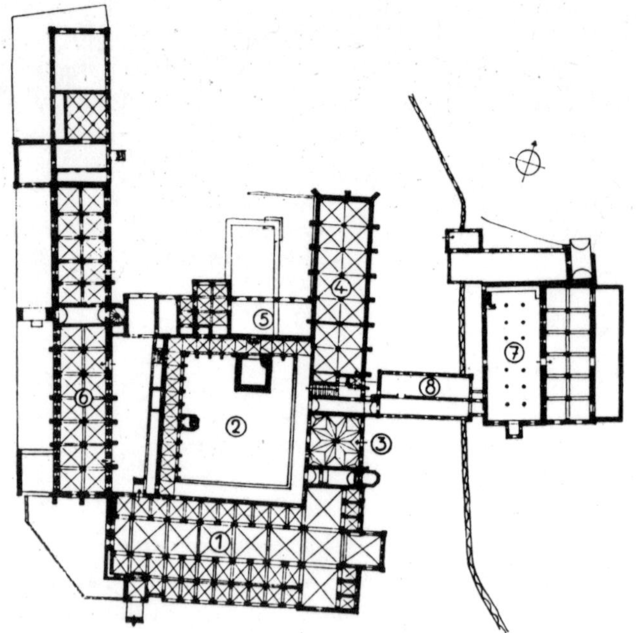

Hattenheim. Kloster Eberbach. Grundriß

1 Kirche; 2 Kreuzgang; 3 Kapitelsaal; 4 Fraternei; 5 Barock-Refektorium; 6 Laienrefektorium; 7 ehem. Hospital, später Kelterhaus; 8 neues Krankenhaus

zahlreicher Stiftungen wuchs auch die Zahl der Mönche und Laienbrüder bis zum Beginn des 13. Jahrhunderts so sehr an, daß eine Erweiterung der Baulichkeiten erforderlich wurde. Dabei wurde aber nicht alles Bestehende einfach abgebrochen, sondern aus Verehrung gegenüber den ersten Äbten und aus wirtschaftlichen Gründen möglichst viel ältere Bausubstanz wiederverwendet. Der Kapitelsaal ist dafür ein anschauliches Beispiel. Seine Lage und die Außenmauern hat er noch vom romanischen Vorgänger, wie man an dem rundbogigen Portal und Fenster ablesen kann. In der Zeit um 1345 wurde er erhöht und mit einem großartigen Sterngewölbe überdeckt, das von einem einzigen mittleren Bündelpfeiler getragen wird. Die Rankenbemalung an den Gewölbekappen wurde nach freigelegten Resten aus der Zeit um 1500 wiederhergestellt. Auf der zweireihigen steinernen Sitzbank saßen ringsherum die Mönche, um der täglichen Verlesung eines Kapitels der Bibel zuzuhören, woher der Raum seinen Namen hat.

Dormitorium der Mönche
Abb. 56b

Über dem Kapitelsaal liegt stets der Schlafsaal der Mönche, und der ganze Flügel schließt immer direkt an das Querschiff an, damit die Mönche nachts über eine Treppe direkt in den Mönchschor zur Verrichtung der Stundengebete gelangen konnten. Die Bedeutung von Kloster Eberbach erkennt man an der beachtlichen Länge des Schlafsaals. Er ist mit 72 m einer der längsten und konnte bis zu 100 Mönche aufnehmen. Sie schliefen ursprünglich alle in diesem einen Raum auf Pritschen und hatten keinerlei Anspruch auf ein Stückchen privater Sphäre. Erst nachdem die strengen Ordensregeln verwässert waren, richtete man im Jahr 1501 Einzelzellen ein und brach dafür neue Fensteröffnungen in die Wände. Der sehr harmonische Raum zeigt den Einfluß der burgundischen Frühgotik und wird um 1270 entstanden sein.

Dormitorium der Laienbrüder

Die Laienbrüder mußten zwar auch Gelübde ablegen und nach der Klosterregel leben, hatten aber weniger Rechte als die Mönche und mußten bei gleicher schmaler Kost schwere körperliche Arbeit – hier in Eberbach in den Weinbergen – leisten. Ihr Schlafsaal liegt außerhalb der Klausur im sogenannten Konversenbau jenseits der Klostergasse, mit der man Mönche und Laien strikt voneinander trennte. Die Architektur des Dormitoriums ist noch einfacher als bei den Mönchen, was nicht allein an der um 70 Jahre früheren Entstehung liegt. Die Stukkaturen links im Bild sind Zutaten der Barockzeit, in der man diese kargen Bauformen der Askese nicht mehr ertrug. Mit etwa 85 m innerer Länge ist dieses Dormitorium der größte profane Raum des Mittelalters in Hessen.

Hattenheim. Kloster Eberbach. Dormitorium der Laienbrüder

Westflügel des Kreuzgangs

Leider haben die Zisterzienserklöster Hessens nur noch Reste ihrer Kreuzgänge, ausgenommen Heydau in Altmorschen. Die ursprünglich vier um einen ungefähr quadratischen Innenhof geführten Flügel dienten in erster Linie der Meditation im Umherschreiten, waren aber auch als verbindende Verkehrsfläche zu den einzelnen Bauteilen unentbehrlich und somit die Vorläufer der Korridore in Renaissanceschlössern. In Eberbach sind nur noch der West- und der Nordflügel vorhanden, die anderen wurden bei der Umwandlung zur Domäne nach 1803 abgebrochen. Dabei verschwand auch die Brunnenkapelle, die stets gegenüber dem Eingang zum Refektorium der Mönche ihren Platz hat. Der hier sichtbare Westflügel hat sehr einfaches, z. T. auch beschädigtes Maßwerk aus der zweiten Hälfte des 13. Jahrhunderts.

Hattenheim. Kloster Eberbach. Westflügel des Kreuzgangs

Gewölbekonsole des abgebrochenen Ostflügels
Abb. 58

Einst trugen die Konsolen die Gewölbe des verschwundenen Ostflügels. Mit diesen figürlichen Schmuckformen wurden in der Gotik die strengen Regeln des Bernhard von Clairvaux von 1134 wieder aufgegeben, die bildliche Darstellungen als gefährliche Ablenkung vom Gebet untersagt hatten. Die Madonna mit dem Jesusknaben auf dem Schoß und der anbetende Zisterziensermönch bilden eine reizvolle Gruppe unter dem Maßwerkbaldachin. Leider mußten wegen des fortschreitenden Steinzerfalls die Originale ausgebaut, in den Innenraum verbracht und durch Abgüsse am Bau ersetzt werden.

Südkapellen der Klosterkirche

In der ersten Hälfte des 14. Jahrhunderts wollte man die allzu große Strenge der romanischen Kirche durch den Anbau gotischer Kapellen mildern, Licht in das dunkle Langhaus bringen und Platz für die Gräber wohlhabender Stifter schaffen. Die westlichste, im Bild links sichtbare Kapelle wurde 1313 als Grabstätte für Siegfried von Dotzheim errichtet, die anderen folgten um 1330–1340 nach. Alle haben reiches, für das frühe 14. Jahrhundert typisches Maßwerk mit sphärischen Drei- und Vierecken, die sich zum Teil von selbst aus dem Durchstecken der Formen ergeben. Dachgesims und Dachreiter sind Zutaten der Barockzeit, in der das Kloster – vor seiner Auflösung 1803 – eine letzte Blüte erlebte.

Hattenheim. Kloster Eberbach. Südkapellen der Klosterkirche

Grabplatte Graf Eberhards I. von Katzenelnbogen
Abb. 57 b

Die Grafen von Katzenelnbogen waren vom 13. Jahrhundert bis zu ihrem Erlöschen im Mannesstamm 1479 das mächtigste Adelsgeschlecht am Mittelrhein, zugleich die bedeutendsten Förderer des Klosters Eberbach. Aufgrund ihrer großzügigen Stiftungen erhielten sie als erste das Recht zur Bestattung in der Klosterkirche, das bis dahin nur Ordensangehörigen zustand. Ihre Grablege befand sich im südlichen Querhaus, das man bis ins 18. Jahrhundert Grafenchor nannte. Die älteste der erhaltenen Grabplatten wurde für Graf Eberhard I. von Katzenelnbogen wohl bald nach dessen Tod 1311 angefertigt. Einst bedeckte sie eine freistehende Tumba, so wie dies noch beim Landgrafenchor in Marburg zu sehen ist. Als die Sarkophage später beseitigt wurden, da sie sehr viel Platz beanspruchten, stellte man die Grabplatten an den Wänden auf oder legte sie auf den Fußboden. Mit der Darstellung des Verstorbenen wird weniger ein Porträt als vielmehr der Idealtypus des ritterlich-christlichen Menschen wiedergegeben. Dies entspricht noch ganz den Stiltendenzen des 13. Jahrhunderts, die auch in der erdgebundenen Gedrungenheit der Gestalt anklingen. Der Körper ist streng axial angeordnet und ganz dem rahmenden Kleeblattbogen eingepaßt. Der Gesichtsausdruck spiegelt eher grübelnde Zweifel als jene Verklärung, die Grabmälern der Frühgotik eigen ist.

Grabmal der Erzbischöfe Gerlach und Adolf von Nassau

Lehrreich ist der Vergleich zwischen der Figur Eberhards von Katzenelnbogen und der des Erzbischofs Gerlach von Nassau, die rechts im Hochgrab an der Nordwand des Chors zu sehen ist. Gerlach starb 1371, also 60 Jahre nach Eberhard. Die Entwicklung gotischer Bildhauerkunst kann in der Darstellung der Verstorbenen anschaulich nachvollzogen werden. Die Gestalt ist jetzt stark in die Länge gestreckt und in der für gotische Skulpturen so charakteristischen S-Kurve geschwungen. Sie wirkt sehr viel vergeistigter. Hundert Jahre später wurde die links im Hochgrab sichtbare Grabplatte für den Mainzer Erzbischof Adolf von Nassau (gest. 1475) geschaffen. Sie spiegelt die neue Tendenz zur Körperlichkeit in der Spätgotik wider. Die mächtige Gestalt des Kirchenfürsten wird in ihrer Voluminosität durch die Faltenkaskaden der Gewänder noch gesteigert. Das Hochgrab ist in dieser Form das Ergebnis des Umbaus von 1707. Ursprünglich enthielt es nur die Grabplatte Gerlachs von Nassau, die waagerecht auf dem Boden der Wandnische lag, darunter die Tumba mit den Gebeinen, darüber der reichverzierte Rahmen mit Wimpergen, Maßwerk und Statuetten, der ursprünglich wesentlich niedriger war und zur Aufnahme der zweiten,

Hattenhein. Kloster Eberbach. Grabmal der Erzbischöfe Gerlach und Adolf von Nassau in der Klosterkirche

hierfür überhaupt nicht gedachten Platte in die Höhe gestreckt wurde.

Epitaph Wigands von Hynsperg
Abb. 57 a

Am unteren Abschluß der Reliefplatte mit den nach außen abgewinkelten Profilschrägen erkennt man, daß die Platte von Anfang an aufrecht stehen sollte, also nicht eine Tumba oder eine Gruft im Fußboden bedeckte. Es handelt sich vielmehr um ein Epitaph genanntes Gedächtnismal für den Verstorbenen, der hier keineswegs auch bestattet sein muß. Das Epitaph für den 1511 verstorbenen Wigand von Hynsperg schuf der berühmte Mainzer Bildhauer Hans Backoffen. Ein neuer, die Renaissance ankündigender Realismus in der individuellen Ausprägung der Gesichtszüge und in der Stofflichkeit des schwer fließenden Gewandes prägen dieses hervorragende Kunstwerk. Das an sich relativ flache Relief wird durch die verschattete Bekrönung aus Ranken und durchgestecktem Maßwerk zu räumlicher Tiefe gebracht, in der die Gestalt frei zu stehen scheint.

Literatur: Hanno Hahn, Die frühe Kirchenbaukunst der Zisterzienser, Berlin 1957; Die Kunstdenkmäler des Landes Hessen: Der Rheingaukreis, München-Berlin 1965, mit einer Übersicht über die ältere Literatur; Wolfgang Einsingbach, Das ehemalige Zisterzienserkloster Eberbach im Rheingau, Kunstgeschichtlicher Führer, Große Ausgabe, 1973; Gottfried Kiesow, Romanik in Hessen, Stuttgart 1984.

Hermannstein → Wetzlar

Heuchelheim, Kreis Gießen

Alte ev. Pfarrkirche
Abb. 59

Die alte Pfarrkirche war vor etwa 15 Jahren bei Errichtung der neuen an ihrer Südseite vom Abbruch bedroht, der aber glücklicherweise verhindert werden konnte. Sie zählt in der malerischen Vielfalt ihres Innenraumes und der reichen Ausstattung aus mehreren Kunstepochen zu den schönsten Dorfkirchen in Hessen. Der mittlere Raum mit dem Kreuzgratgewölbe zwischen den beiden Spitzbögen liegt innerhalb des einstigen Chorturms aus der Zeit um 1260–1270, der heute wie ein Vierungsturm wirkt, nachdem etwa hundert Jahre später an seiner Ostseite ein neuer Chor aus einem Joch und Fünfachtelschluß entstanden war. Wiederum ein Jahrhundert später, also gegen 1470, errichtete man im Westen ein neues Kirchenschiff, dessen Balkendecke durch einen nach Norden aus der Mittelachse gerückten Längsunterzug auf drei Holzpfosten gestützt wird. Dadurch entsteht der Raumeindruck einer unsymmetrischen, zweischiffigen Hallenkirche aus breitem Mittelschiff und schmalem nördlichem Seitenschiff. Dieser Eindruck wird durch die Gestalt der Rundstützen verstärkt, die mit ihren vier hölzernen Vorlagen den Steinpfeilern der Marburger Elisabethkirche nachgebildet sind. In Wirklichkeit handelt es sich um einen Saalraum mit hölzernen Einbauten, zu denen 1592 die Emporen an der Süd-, West- und Nordseite sowie 1617 die Kanzel hinzukamen. Der Flügelaltar aus der Zeit um 1500 befindet sich gegenwärtig zur Restaurierung in der Werkstatt des Landesamtes für Denkmalpflege Hessen und wird nach seiner Rückkehr seinen angestammten Platz im Chorpolygon einnehmen.

Hirschhorn, Kreis Bergstraße

Ersheimer Kapelle
Abb. 60

Hirschhorn entwickelte sich erst im 14. Jahrhundert von einer Siedlung am Fuß der Burg zu einer Stadt, deren Rechte es 1396 erhielt. Eine eigene Pfarrkirche besaß es damals noch nicht, sondern benutzte die Kirche des Dorfes Ersheim auf der anderen Neckarseite, bis in Hirschhorn nach 1404 die Karmeliterkirche errichtet wurde. Seit das Dorf Ersheim im 16. Jahrhundert aufgegeben wurde, dient die einstige Pfarrkirche St. Nazarius und Celsus – bis 1632 Grablege der Herren von Hirschhorn – als Friedhofskapelle. Umgeben von bewaldeten Bergen und eingebettet in den baumbestandenen Friedhof in der Neckarschleife, bietet die spätgotische Kapelle einen malerischen Anblick. Der durch die beiden höheren Strebepfeiler abgegrenzte Mittelteil war ursprünglich der Rechteckchor der 1345–1355 erbauten älteren Kirche, die ein Jahrhundert später ein neues Schiff und 1517 den neuen Chor erhielt. Er hat elegantes Fischblasenmaßwerk, ein schönes Netzgewölbe und eine reiche Bauornamentik im Inneren.
In den Jahren 1963/64 wurden Wandmalereien freigelegt. Die älteren und bedeutenderen befinden sich im östlichen Teil des Schiffes, ursprünglich Chor der Vorgängerkirche.

Hirschhorn. Ersheimer Kapelle von Osten

An der Nord- und Südwand sind je sechs stehende Apostel vor einem blauen Hintergrund gemalt. Durch die Übermalung und Freilegung sind die Farben in ihrer Intensität stark reduziert und wirken deshalb eigenartig impressionistisch. Sie wurden nach der Vollendung des ehemaligen Chors 1355 von einem souveränen Künstler in virtuoser Malweise mit bewegtem Faltenwurf der Gewänder geschaffen. In den Bogenfeldern darüber fand man je zwei sitzende Prophetengestalten, im Gewölbe die Evangelistensymbole.

Hirzenhain, Wetteraukreis

Ev. Pfarrkirche, ehem. Augustinerklosterkirche St. Maria
Abb. 61, 62

Zu einer 1357 erstmals erwähnten Marienkapelle entwikkelte sich eine lebhafte Wallfahrt, für deren geistliche Betreuung Eberhard von Eppstein zwischen 1431 und 1437 ein Augustinerkloster stiftete. Die kurz zuvor neuerbaute Wallfahrtskapelle wurde zum Chor der Augustinermönche, für die Pilger und Gemeindemitglieder errichtete man im Anschluß ein stattliches Langhaus, das 1488 fertiggestellt werden konnte. Der Hallenraum umfaßt dreimal drei Joche und ist damit ein Vierstützenraum, wie er in der Spätgotik mit ihrer Tendenz zum Zentralraum häufiger vorkommt. Die Detailformen sind mit denen der Frankfurter Bauhütte des Madern Gerthener verwandt. Aus den Achteckpfeilern wachsen ohne Zäsur die Arkaden heraus. Die Gewölberippen setzen auf Konsolen an. Der Mönchschor mit Wallfahrtsstätte und das Laienschiff werden durch den herrlichen Lettner einerseits voneinander abgegrenzt, andererseits miteinander verbunden durch zahlreiche Blickbeziehungen mit malerischen Überschneidungen zwischen den fünf Lettnerbögen und den Architekturteilen. Besonders reizvoll ist die durchbrochene Maßwerkbrüstung. Die Bogenzwickel darunter sind mit Rundmedaillons gefüllt, die Reliefs mit Szenen aus dem Marienleben enthalten. Über den zart wirkenden Achteckstützen stehen auf Konsolen die Statuen des Augustinus, Petrus, Paulus und der Muttergottes.
Während man die Architektur des Lettners einem Schüler des Madern Gerthener zuschreibt, gelten die Skulpturen als frühe Werke des Conrad Kuene, der 1445–1469 Dombaumeister in Köln war. Von ihm müßte dann auch die vorzügliche Madonna aus weißem Kalkstein stammen, die in der Zeit vor seinem Wechsel nach Köln, also gegen 1430–1440, entstanden sein könnte. Ausnahmsweise ist die Skulptur nicht farbig gefaßt und läßt dadurch die Feinheit der Steinmetzarbeit besonders gut erkennen. Der anmutig versunkene Gesichtsausdruck, der in spielerisch leichter Weise gehaltene Christusknabe und die souveräne Behandlung der Gewandfalten verraten die meisterliche Hand.

Hofgeismar, Kreis Kassel

Ev. Pfarrkirche der Altstadt, ehem. Stiftskirche Liebfrauen
Abb. 63, 64

In Hofgeismar wird ein fränkischer Königshof vermutet, der an der Stelle des Rathauses gelegen haben könnte, denn in dessen Kellern finden sich romanische Baureste. Durch Schenkung gelangte Hofgeismar schon früh an die Erzbischöfe von Mainz, die damit einen weit nach Norden vorgeschobenen Stützpunkt gegen die Landgrafen von Hessen besaßen. Diese zerstörten 1401 und 1424 die Stadt, die schließlich 1462 als Pfand und 1583 endgültig an Hessen fiel.
Ein erster Bau der Liebfrauenkirche aus der Zeit um 1082 wurde am Ende des 12. und Anfang des 13. Jahrhunderts durch eine gewölbte romanische Basilika ersetzt, von der noch der Westturm und Teile der Mauern sowie die Hauptpfeiler des Mittelschiffs erhalten sind. Von 1330 an baute man die Basilika zu einer dreischiffigen gotischen Hallenkirche um. Aus dieser Zeit stammt das große steinerne Taufbecken, in dessen zwölfeckige Wandung Reliefs mit Darstellungen Christi und der Zwölf Apostel eingearbeitet sind.
Kostbarstes Ausstattungsstück der Kirche sind die gemalten gotischen Altartafeln, die um 1310 von einem wohl in Soest tätigen Maler geschaffen wurden und die man ohne Übertreibung zu den Meisterwerken der gotischen Malerei des frühen 14. Jahrhunderts in Europa zählen kann. Einst waren sie die Flügel eines Altars, dessen Mittelteil – wohl mit der Darstellung der Kreuzigung – verlorengegangen ist. Man entdeckte die Flügel am Ende des 19. Jahrhunderts auf dem Dachboden der Liebfrauenkirche, vermutet aber, daß sie ursprünglich in die Franziskanerkirche gehörten, die 1527 in ein Hospital umgewandelt wurde und von der noch der Chor und Teile des Schiffes stehen.

Hofgeismar. Ev. Pfarrkirche der Altstadt. Taufstein

Darauf deutet jedenfalls die Darstellung des hl. Franziskus und der hl. Klara auf den Außenseiten, und durch den Franziskanerorden erklären sich auch die Beziehungen nach Soest. Dort schuf derselbe Maler das Wandgemälde mit der Marter der hl. Agathe in der Petrikirche und einer seiner Schüler die Miniaturen des sogenannten »Nequambuchs«. Soest war im Mittelalter eine bedeutende Hansestadt und Kunststätte. Der dort tätige Maler der Hofgeismarer Altartafeln hat auf seine Zeit großen Einfluß ausgeübt – man kann ihn bis nach Doberan in Mecklenburg, ja sogar bis nach Skandinavien verfolgen. Seinerseits stand unser Maler unter dem Einfluß der englischen Buchmalerei, vor allem des sogenannten »Arundel-Psalters« im Britischen Museum London. Auf den Innenseiten der beiden in Hofgeismar erhaltenen Flügel sieht man unter Spitzbogenarkaden folgende Szenen des Neuen Testaments: Christus auf dem Ölberg, seine Gefangennahme, Auferstehung und Maria Magdalena an seinem Grab. Die Figuren sind in leuchtenden reinen Farben vor einem vergoldeten Hintergrund gemalt und vermitteln eine starke innere Bewegung, die von den sich zur Mitte neigenden Bäumen des Ölbergs aufgenommen wird. Selbst die an sich dramatische Szene der Gefangennahme strahlt eher eine lyrisch anmutende Ruhe als hektisches Geschehen aus. Zum Schutz vor den zerstörerischen Auswirkungen der Kirchenheizung hat man die Tafelgemälde nach ihrer letzten Restaurierung 1963 im Landesmuseum Münster in einen Glaskasten gestellt, worunter sie allerdings optisch leiden.

Hofgeismar-Beberbeck

Ruine der Sababurg
Abb. 65

Die Ruine der Sababurg liegt einsam auf den waldigen Höhen des Reinhardswaldes und erfreut sich als Märchenschloß der Dornröschensage eines unerschöpflichen Besucherstroms. Ursprünglich hieß sie die »Zapfenburg« und war um 1300 von den Erzbischöfen von Mainz gegen die Landgrafen von Hessen angelegt worden. Diesen gelang es 1429, die Burg endgültig in ihren Besitz zu bringen. Durch den Machtverlust der Mainzer Erzbischöfe büßte sie ihre strategische Bedeutung ein, wurde erstmals zur Ruine und wäre ganz verschwunden, wenn nicht Landgraf Wilhelm II. (1471–1509) den Wunsch gehabt hätte, hier in dem bis heute sehr wildreichen Gebiet ein Jagdschloß zu besitzen. So baute man wohl unter der Leitung des bekannten Festungsbaumeisters Hans Jacob von Ettlingen ab 1490 den großen Palas wieder auf und erweiterte ihn um zwei mächtige Rundtürme, die 1644 ihre schwungvollen Hauben erhielten. Nach der Verwüstung des Jagdschlosses durch kaiserliche Truppen im Dreißigjährigen Krieg zerfiel der Bau erneut und wurde vom 18. Jahrhundert an endgültig zur Ruine. Nur der Torbau mit der Kanzlei hat noch ein Dach und dient – zusammen mit modernen Erweiterungsbauten – als Hotelgaststätte.

Hohenstein, Rheingau-Taunus-Kreis

Burgruine
Abb. 66

Auch noch als Ruine wirkt die Burg Hohenstein gewaltig durch ihre mächtigen Mauern und Türme, doch erkennt man aus den sorgfältigen Zeichnungen von Wilhelm Dilich aus der Zeit um 1610, wie turmreich und vielteilig die damals schon dem Verfall überlassene Anlage einst war. Die Grafen von Katzenelnbogen – eines der mächtigsten Rittergeschlechter zwischen Taunus und Rhein – legten sie gegen 1190 an und machten sie von der zweiten Hälfte des 13. Jahrhunderts an zur Residenz einer Seitenlinie. Nach ihrem Aussterben kam die Burg 1479 an Hessen und erst 1815 an die Grafen von Nassau, in deren Territorium sie immer wie ein Pfahl im Fleische gesteckt hatte. Deshalb hatten die Grafen von Katzenelnbogen sie auch um die Mitte des 14. Jahrhunderts festungsartig verstärkt, vor allem durch die dicke und sehr hohe Schildmauer, durch die der Angreifer von der zugänglichen Seite des Höhensporns abgehalten wurde. Auch die Kernburg hat hier eine weitere Schildmauer und an ihrem südöstlichen Ende den sechseckigen Bergfried.

Hohenstein-Breithardt

Ev. Pfarrkirche, ehem. Hl. Kreuz, Wandmalereien

Ursprünglich waren fast alle gotischen Kirchen mit figürlichen oder ornamentalen Darstellungen geschmückt. Viele sind beim Abschlagen des Putzes vernichtet worden, viele schlummern aber auch noch unerkannt unter mehreren Schichten späterer Übertünchungen. Von Zeit zu Zeit gibt es Neuentdeckungen und Freilegungen, so 1965 in Breithardt an den Wänden und Gewölben des Chors. Er wurde um 1450 als hoher Baukörper an das niedrige ältere Schiff angefügt und bald nach der Mitte des 15. Jahrhunderts mit einem vollständigen Zyklus von Wandmalereien geschmückt, die Szenen des Neuen Testaments zum Inhalt haben. In einem Wandfeld innerhalb eines Schildbogens erkennt man das Jüngste Gericht mit dem in der Mandorla thronenden Christus als Weltenrichter. In größeren Partien ist nur die Untermalung erhalten, die oberen Malschichten mit den Details der Gesichter und Gewandfalten hatten sich nicht mit dem Feinputz zu einem Fresko verbunden und fielen deshalb dem Übertünchen und späteren Freilegen zum Opfer.

Hohenstein-Breithardt. Ev. Pfarrkirche. Wandgemälde im Chor

Homberg an der Efze. Ev. Stadtkirche von Süden

Homberg an der Efze, Schwalm-Eder-Kreis

Ev. Stadtkirche, ehem. St. Maria
Abb. 67, 68

Mit der Lage der Burg auf dem Berggipfel, der Kirche auf halber Höhe darunter und der Stadt zu ihren Füßen folgt Homberg einem in Nordhessen mehrfach angewandten Gründungsschema. Die vermutlich am Ende des 12. Jahrhunderts planmäßig angelegte, 1231 erstmals genannte

Stadt hat einen rechteckigen Grundriß mit regelmäßigem Straßennetz. Über den niedrigen Bürgerhäusern an der Nordseite des Marktplatzes ragt die Stadtkirche empor, von diesen in ihrer Monumentalität noch gesteigert. Für das Bauen am relativ steilen Hang waren aufwendige Substruktionen erforderlich. Der heutige, gegenüber seinem romanischen Vorgänger etwas nach Süden verschobene Bau wurde im Jahre 1340 mit dem Chor begonnen und gegen 1370–1380 zusammen mit der Ostwand und den beiden ersten Pfeilern des Langhauses vollendet. Dann begann man laut Inschrift neben dem Westportal 1374 zunächst mit der Errichtung des Westturms, was darauf hindeutet, daß man das romanische Langhaus noch weiterbenutzen konnte, auch wenn es in bezug auf den gotischen Bau nach Norden aus der Achse gerückt war. Erst gegen 1400 baute man am Langhaus weiter, jetzt mit Basaltbruchstein statt mit dem am Chor verwendeten roten Sandstein und nach verändertem Plan mit einem breiteren südlichen Seitenschiff. Die drei Schiffe des Hallenlanghauses werden durch ein großes gemeinsames Satteldach zusammengefaßt. Als Schöpfer des schönen Westportals nennt die rechts unten eingelassene Inschrift Heinrich von Hesserode und das schon genannte Datum 1374. Es war als Figurenportal geplant, wie die insgesamt elf Baldachin-Nischen aussagen. Ob die Statuen nie fertig geworden oder später vernichtet worden sind, läßt sich heute nicht mehr feststellen. Die künstlerische Qualität der Blattwerkornamente und figürlichen Details in den Archivolten der Laibung ist beachtlich und weist auf Schulzusammenhänge zu Tyle von Frankenberg hin. Die Fläche zwischen dem äußeren Kielbogen des Portals und dem zinnenartig gestuften Stockwerkgesims des Turmes ist mit Blendmaßwerk ausgefüllt.
Im Inneren erkennt man die immer noch wirkenden Einflüsse der Marburger Elisabethkirche an der Form der Rundpfeiler mit den vier Runddiensten sowie am Verhältnis des schmalen nördlichen Seitenschiffs zu dem doppelt so breiten Mittelschiff, das beim Südschiff allerdings zugunsten eines größeren Predigtraums aufgegeben wird.
In dieser Kirche wurde – zum erstenmal in einem deutschen Land – auf der Homberger Synode 1526 die Reformation in Hessen eingeführt.

Kassel

Ev. Brüderkirche, ehem. Karmeliterklosterkirche
Abb. 69

Der erste Landgraf von Hessen, der Enkel Heinrich I. (1264–1308) der hl. Elisabeth, wählte Kassel zu seiner Residenz, für die er 1277 eine Burg anlegte. Etwa gleichzeitig erweiterte er die Stadt um die Unterneustadt. Er war es auch, der die Karmeliter nach Kassel berief, wo sie ab 1292 ihr Kloster nicht weit von der Burg erbauten. In der Brüderkirche konnte schon 1304 ein Altar geweiht werden, der Chor war jedoch erst 1311, das Schiff 1376 fertiggestellt. Dem Armutsideal der Bettelorden entsprechend ist der Raum schmucklos und von asketischer Strenge. Da die einfachen Kreuzrippengewölbe über Konsolen ansetzen, gibt es keine Wanddienste, und die kahlen Flächen dominieren. Die unsymmetrische Raumform einer Hallenkirche mit breitem Mittelschiff und nur einem nördlichen Seitenschiff findet sich bei den Bettelorden häufig, desgleichen die einfachen Achteckpfeiler.

Kaufungen-Oberkaufungen, Kreis Kassel

Ev. Kirche, ehem. Stiftskirche, Grabplatte der Anna v. d. Borch und Wandmalereien
Abb. 70

Anna v. d. Borch war eine Äbtissin des Benediktinerinnen-Stifts, das von Kaiserin Kunigunde – Gemahlin Heinrichs II. – um 1017 gegründet worden war. Die Stiftskirche ist im Kern noch ottonisch, wurde aber etwa von der Mitte des 13. Jahrhunderts an zu einer gotischen Hallenkirche umgebaut. Im nördlichen Querarm ist jetzt die Grabplatte der Anna v. d. Borch aufgestellt. Auf dem Rand sind Titel und Name sowie das Sterbedatum 1512 der Äbtissin in dekorativer gotischer Schrift eingemeißelt. Die Verstorbene ist in anmutiger Haltung mit der für die Gotik typischen S-Schwingung des Körpers dargestellt, die Hände vor der Brust zum Gebet zusammengelegt, den Äbtissinnenstab im Arm haltend. Die Feinheit des Gesichts und die plastische Form der Gewandfalten im Flachrelief beweisen die Meisterschaft des unbekannten Bildhauers, den man nach einem anderen, stilistisch verwandten Werk »Meister der Hankratschen Kreuzigung« nennt.
Die Kirche hat im Laufe des 15. Jahrhunderts in mehreren

Kaufungen-Oberkaufungen. Ev. Kirche. Wandgemälde im nördlichen Querschiff

Abschnitten einen umfangreichen Zyklus von Wandmalereien erhalten. Die älteste Darstellung befindet sich auf der Nordwand des nördlichen Querschiffarms, über deren ganze Breite der Zug der Heiligen Drei Könige und die Anbetung des Kindes wiedergegeben sind. Von der im Bild links über einem Felsen aufragenden Burg geht der Zug zum Stall von Bethlehem in der rechten Ecke. Der erste König ist schon angekommen und vom Pferd gestiegen, kniet vor Maria und dem Kind nieder und bringt sein Geschenk dar. Die beiden anderen Könige sind noch auf der Reise, die als Vorgang wie auf einer mittelalterlichen Simultanbühne dargestellt ist. In einem Bild werden die in größerem zeitlichem Abstand nacheinander abgelaufenen Stationen vereinigt. Mit den beiden Knappen des letzten Reiters wird die Abreise von der Burg geschildert, während der zweite König mit nach hinten gewandtem Kopf zwischen dem bereits Angekommenen und dem eben erst Abgereisten vermittelt und mit der Hand auf den sie leitenden Stern von Bethlehem deutet. Die 1935–1938 freigelegten, damals teilweise ergänzten und in den siebziger Jahren restaurierten Malereien sind natürlich in ihrem Bestand stark auf die unteren Farbschichten oder gar die Vorzeichnung reduziert. Dennoch haben sie viel von der Frische der erzählenden Malweise bewahrt. Räumlichkeit und plastische Darstellung der Körper waren dem gotischen Maler noch kein Anliegen, doch sucht er schon eine gewisse Nähe zur Natur, etwa wenn er das in Hessen so beliebte Fachwerk in den Giebel des Stalls von Bethlehem einfügt. Besonders gut beobachtet ist auch die Haltung der Pferde. Das vorderste, von einem Knappen gehalten, ist deutlich in Ruhestellung gemalt, die beiden anderen in der tänzelnden Bewegung edler Araber – erkennbar an den langen, gebogenen Hälsen und relativ kleinen Köpfen –, die durch den sehr dekorativen Federschmuck noch gesteigert wird. Die Malereien dürften bald nach dem Brand der Kirche 1422 entstanden sein und kennzeichnen die zunehmende Freude der spätgotischen Maler an der Schilderung alltäglicher, d. h. menschlicher Züge in biblischen Szenen. So braucht der kniende König beide Hände, um seine Gabe dem Christuskind überreichen zu können. Deshalb hat er sein Lilienzepter – Zeichen der Königswürde – dem Knappen zum Halten übergeben.

Kiedrich, Rheingau-Taunus-Kreis

Kath. Pfarrkirche St. Dionysius und Valentinus
Abb. 71–73

Das Luftbild gibt die reizvolle Baugruppe der großen Pfarrkirche und der davor liegenden kleinen Totenkirche wieder. Für ein kleines Dorf ist dies eine besonders aufwendige und qualitätvolle Anlage. Sie verdankt ihre Entstehung den Wallfahrten zu den Reliquien des hl. Valenti-

nus, aber auch dem Wohlstand, den der Weinanbau mit sich brachte. Im Mittelalter spielte der Wein eine viel größere Rolle als heute, zum einen als Meßwein im sakralen Bereich, zum anderen als wichtigstes Tafelgetränk im täglichen Leben, denn Tee, Kaffee und die vielen anderen Getränke unserer Zeit gab es ja noch nicht. So wurde bis hoch in den Norden und Osten Deutschlands – bis in die Gegend von Danzig – Wein angebaut, der in diesen Gebieten natürlich sehr herb ausfiel, zumal man die raffinierten Methoden der Veredelung noch nicht kannte. Wer es sich irgendwie leisten konnte, trank deshalb Wein aus den günstigen Lagen des Rheins, der zwischen Mainz und dem Binger Loch in Ostwestrichtung verläuft und deshalb über Südhänge verfügt. Schon früh bemühte sich darum der einflußreiche Adel um den Erwerb eines Weinguts im Rheingau, der seit dem 11. Jahrhundert zum Kurfürstentum Mainz gehörte.
Altarstiftungen aus der Zeit von 1380–1395 weisen auf die Errichtung eines neuen Langhauses hin, das man an den Chor des Vorgängerbaus anfügte. Im Anschluß daran erbaute man gegen 1400–1430 den stattlichen Westturm über dem westlichen Mittelschiffjoch, dessen obere Geschosse aus dem Ende des 15. Jahrhunderts stammen, während das oberste und der gotisierende steile Helm erst auf die Restaurierung 1873/74 zurückgehen. Als man 1454 weitere Reliquien des hl. Valentinus erhielt und die Wallfahrt dadurch nochmals verstärkt wurde, begann man

Kiedrich. Kath. Pfarrkirche. Südliches Seitenschiff

einen prachtvollen Ausbau der Kirche. Zunächst wurde ein neuer, größerer und höherer Chor aufgeführt, dann stockte man ungefähr in den Jahren 1480–1493 das Mittelschiff auf die doppelte Höhe auf und errichtete über den Seitenschiffen steinerne Emporen. Am Maßwerk der Südseite kann man diesen Bauvorgang ablesen. Die unteren Fenster zeigen überwiegend sphärische Drei- und Vierecke, die oberen, rund einhundert Jahre später entstandenen die typischen Fischblasenmuster der Spätgotik.
Der Blick in den Innenraum verrät, warum man diese Kirche zu den schönsten der deutschen Spätgotik rechnet. Zu der malerisch-prächtigen Architektur kommt die reiche, ungewöhnlich vollständig erhaltene Ausstattung. Dies verdanken wir dem englischen Baronet John Sutton (1820–1873), der diesen großartigen Weinort mit seinen Baudenkmälern als Tourist auf einer Rheinreise 1857 entdeckte und den es dann immer wieder hierher zurückzog, nachdem er drei Hofreiten erworben und zu einem stattlichen Wohnsitz ausgebaut hatte. Auf seine Kosten und unter seiner Anleitung wurden Kirche und Ausstattung 1857–1876 stilgerecht restauriert. Er ließ den 1682 abgebrochenen Lettner mit originalen Bruchstücken neu errichten, wodurch der Raum seinen spätgotischen Charakter als Wallfahrtskirche zurückerhielt. Das Allerheiligste im Chorraum sollte durch die Bögen des Lettners mehr erahnt als gesehen werden, das von den Reliquien ausgehende Wunder aus dem Profanen in den Bereich des Geheimnisvollen entrückt werden. Ein prachtvolles Sterngewölbe überdeckt den Chor, dessen Erbauer Meister Wilhelm die Einwölbung nicht mehr erlebte, da er zuvor starb. Ein Schüler aus der bayerischen Bauhütte des Hans Stethaimer schloß das Gewölbe im Jahre 1481. Er war es auch, der das Langhaus aufstockte und das Mittelschiff 1490 mit einem etwas einfacheren Sterngewölbe versah. Unter den spitzbogigen Emporenöffnungen ist eine durchlaufende Maßwerkbrüstung angeordnet. Die Emporen deuten auf die wachsende Bedeutung des Wortgottesdienstes hin, desgleichen die steinerne Kanzel von 1493 am östlichen Pfeiler der Nordseite.
Die gesamte Westwand des Mittelschiffs über dem Eingangsbogen wird von der im Kern noch mittelalterlichen Orgel eingenommen. Sie wurde in der Zeit um 1500 gebaut und gehört damit zu den ältesten noch spielbaren Orgeln in Deutschland. Freilich mußte sie 1857 weitgehend ergänzt werden, denn 1760 hatte man sie der meisten Schmuckformen beraubt. Die Restaurierung war das erste Werk des Mäzens John Sutton, der in seiner Begeisterung

Kiedrich. Kath. Pfarrkirche. Thronende Muttergottes im Chor

für mittelalterliche Kirchenmusik 1865 eine noch heute bestehende Choralschule für den gregorianischen Gesang stiftete. Das verlorengegangene Schmuckwerk der Orgel konnte von den Orgelbauern August und Lois Hooghuys aus Brügge nach den erhaltenen Resten restauriert werden. Der Aufbau des Prospekts gleicht dem eines Flügelaltars, bei dem die Predella als Unterbau dient. Die klappbaren Flügel zum Verschließen des Orgelwerks wurden frei ergänzt und ohne Anhaltspunkte von F. A. Martin neu bemalt. Das Orgelwerk erhielt 1857 seine gotische Disposition zurück und wurde 1985–1987 erneut restauriert, enthält aber immer noch wesentliche Teile der mittelalterlichen Substanz.

Reich und vielfältig ist der Bestand an Altären, einzelnen Bildwerken, Gestühl und Leuchtern. Im Chor ist heute eine thronende Muttergottes aufgestellt, die man 1875 auf dem Kirchenboden fand, restaurierte und dabei neu bemalte. Ihre schlanke, liebreizende Gestalt, das feine, versonnene Lächeln ihres Gesichts, ihre hoheitsvolle Haltung, die auch der stehende Christusknabe einnimmt, verraten die französische Schulung eines Bildschnitzers, der um 1330 am Niederrhein oder in Köln beheimatet war.

Totenkapelle St. Michael mit Beinhaus (Karner)
Abb. 71, 74–76

Der reizvolle spätgotische Bau liegt südlich der Pfarrkirche am Rand des Friedhofs und diente mit seinem in den Boden eingetieften Untergeschoß der Bergung von Gebeinen, die man wegen der mittelalterlichen Vorstellung von der leiblichen Wiederauferstehung bis zum Jüngsten Gericht in geweihtem Boden oder in geweihten Räumen aufbewahren mußte. Das Obergeschoß enthält die schöne, hohe Kapelle mit breiten Maßwerkfenstern und einer Außenkanzel unter einem Kielbogenbaldachin, von der aus den Pilgern die heiligen Reliquien gezeigt werden konnten. Das steile Satteldach und der dünne Treppenturm im Westgiebel verstärken noch die Schlankheit des Baukörpers. Die Kapelle wurde bald nach 1434 begonnen und 1445 geweiht. Aufgrund stilistischer Hinweise glaubt man in ihr ein Werk des Mainzer Domwerkmeisters Peter Eseler zu sehen.

Das Chörlein an der östlichen Schmalseite ist ganz aus Werkstein gearbeitet und besonders reich verziert. Es ruht auf einem konsolartigen Unterbau, der mit Weinlaub, Rübenblättern und Eichenlaub, den Blättern heimischer Nutzpflanzen, ausgeschmückt ist. Auf dem Kaffgesims erblickt man eine Gruppe kleiner Fabeltiere, die durch ihre drastische Darstellung der Köpfe auffallen. Von der Haltung her erinnern sie an Hunde, die Klauen stammen von Vögeln, und die Rückenpartie weist auf Echsen hin. Die Köpfe sind von verschiedenen Tiergattungen abgeleitet. Man wird diese Phantasiegeschöpfe wohl nur ganz allgemein als Symbole des Bösen deuten können, das die heilige Stätte der Kapelle umlagert, aber dank der den Reliquien entströmenden Kraft nicht in das Innere vordringen kann.

Der Kapellenraum im Obergeschoß ist durch Gewölbevorlagen in drei Joche unterteilt, die jedoch durch das einheitliche Netzgewölbe mit seinem übergreifenden Rippensystem nahtlos ineinander übergehen. Die spätgotische Tendenz zur Vereinheitlichung der Bauformen wird auch im nahtlosen Übergleiten der Wanddienste in die Rippen spürbar. Besonders reich ist der rahmende Bogen vom Schiff zum Chörlein ausgestaltet. Seitliche Fialenbündel tragen einen Kielbogen, dessen Unterseite mit einem Kamm aus Dreipässen mit Lilienenden ausgestattet ist. Die in der Raummitte hängende Leuchtermadonna wird optisch mit der Rahmung des Chörleins zu einem verwirrend vielteiligen Gesamtbild zusammengezogen. An der eisernen Stange hängt der prächtig geschmiedete Laubwerkkorb, von dem die mit Laub verzierten Leuchterarme ausgehen. Im Korb steht die Doppelmadonna auf der Mondsichel über einem Kranz von Engeln. Beide Hälften sind halbrund und keineswegs völlig gleich gestaltet. Zweck einer solchen Doppelmadonna war es, sowohl den Priester als auch die Gemeinde das Antlitz der Muttergottes sehen zu lassen. Die farbige Fassung insgesamt ist neueren Datums, die sehr qualitätvolle Schnitzerei von 1520–1530 das Werk eines mittelrheinischen Meisters unter dem Einfluß Hans Backoffens.

Literatur: Die Kunstdenkmäler des Landes Hessen: Der Rheingaukreis, München-Berlin 1965, S. 218–235.

Kirch-Brombach → Brombachtal

Korbach, Kreis Waldeck-Frankenberg

Stadtbild
Abb. 77

Noch heute prägen trotz zahlreicher Neubauten die Türme der beiden Pfarrkirchen unverwechselbar die Ansicht der Stadt Korbach. Ein hier befindlicher Reichshof wurde 980 von Kaiser Otto II. dem Kloster Corvey geschenkt. Im 11. Jahrhundert kam der Ort an die Bischöfe von Paderborn und konnte sich sehr früh zur Stadt entwickeln, die angeblich schon 1073 gegründet wurde, jedoch erst 1188 die Stadtrechte erhielt. Für einen frühen Aufschwung des städtischen Gemeinwesens spricht die Anlage einer Neustadt bereits im 13. Jahrhundert, zu einer Zeit also, als die meisten hessischen Städte erst gegründet wurden. Sie wird 1265 erstmals als bestehend genannt und 1377 mit der Altstadt vereinigt. Als Pfarrbezirke behielten beide Teile jedoch ihre Selbständigkeit. Der Niedergang setzte ein, als es den Grafen von Waldeck als Vögten der Paderborner Bischöfe mehr und mehr gelang, die Stadt in ihren Machtbereich einzubeziehen, was 1366 endgültig vollzogen wurde. Die wohlhabende Handwerkerstadt, zeitweilig sogar Mitglied der Hanse, verlor einen wesentlichen Teil ihrer Privilegien und ihres Wohlstandes. Schließlich kam sie 1441 in die Oberlehnshoheit der Landgrafen von Hessen.

Ev. Pfarrkirche der Altstadt, ehem. St. Kilian
Abb. 78–80

Im Jahre 1335, als die Stadt noch in voller wirtschaftlicher Blüte stand, begann man in der Altstadt einen stattlichen Kirchenneubau, wie meist im Mittelalter mit dem Chor, der liturgisch der wichtigste Bauteil ist. Fast gleichzeitig setzten jedoch auch die Arbeiten am Westturm ein, was dafür spricht, daß man das Schiff des romanischen Vorgängerbaus noch so lange wie möglich weiterbenutzen wollte. Erst 1388 nahm man das Schiff in Angriff, das 1450 mit der Wölbung abgeschlossen wurde. Die Kilianskirche hat drei beachtliche Portale, von denen das von der Südseite ins Langhaus führende wegen des umfangreichen Figurenprogramms das reichste ist. An der Westfront des Turmes wurden Portal und darüberliegendes Fenster mit einem gemeinsamen Profilrahmen zusammengefaßt. Zwei hohe Fialen flankieren den in voller Höhe geöffneten Spitzbogen, der von einem Wimperg mit Krabben und abschließender Kreuzblume bekrönt wird und dessen Innenfläche mit Blendmaßwerk und einer mittleren Statuette gefüllt ist.
Beim Innenraum ergibt sich nur durch den Chor aus Vorjoch und Fünfachtelschluß eine Längsachse, das Schiff dagegen ist für sich gesehen breiter als lang. Mittelschiff und Seitenschiffe haben bei gleicher Breite drei Joche. Die vier Stützen des Hallenraums sind Rundpfeiler. Von Ost nach West ist ein Wechsel in den Detailformen zu beobachten. So ändert sich das Profil der Rippen von Birnstäben in den östlichen Raumteilen zu einfachen Hohlkehlen im Westen. Zum Teil wurde der plötzliche Wechsel der Profile durch Ornamente verschleiert. Die Maßwerkfenster des Chors sind reicher, zeigen aber der früheren Entstehungszeit entsprechend noch durchweg sphärische Formen, während die späteren Langhausfenster insgesamt einfacher, aber bereits aus Fischblasen gestaltet wurden.
In der Kilianskirche blieben ungewöhnlich viele gotische Ausstattungsstücke erhalten: der gemalte Flügelaltar, der Taufstein, das Sakramentshaus, ein steinerner Pultträger, die Kanzel, einige Statuen und zwei hohe Leuchter aus Gelbguß. Der Flügelaltar ist das Werk des sogenannten Korbacher Franziskaners, von dessen künstlerischem

Schaffen man sich schon ein recht gutes Bild machen kann, da er uns eine ganze Reihe von Werken hinterlassen hat: außer dem Kreuzigungsaltar in der Kilianskirche von 1527 den Dreikönigsaltar in der Nikolaikirche von 1518, den Altar in Nieder-Waroldern von 1519, einen Kalvarienberg im Kölner Wallraf-Richartz-Museum und eine Darstellung der »Geburt Christi« im Wadsworth Atheneum von Hartford (USA). Der Maler hat sich im Mittelbild zwischen den beiden Stifterfiguren als kniender Mönch des Franziskaner-Minoriten-Ordens selbst dargestellt und in einer Inschrift außer seiner Ordenszugehörigkeit vermerkt, daß er diesen Altar in seinem 71. Lebensjahr gemalt habe. Da er den Altar außerdem mit der Jahreszahl 1527 versehen hat, können wir zwar das Jahr seiner Geburt mit 1456 bestimmen, doch leider verrät er uns seinen Namen nicht, wohl weil er als Mönch der Auffassung war, daß er zur Ehre Gottes und nicht zum eigenen Ruhm male. Die Konzentration seiner drei Hauptwerke auf Korbach – auch der Altar von Nieder-Waroldern dürfte daher stammen – berechtigt zu dem Schluß, daß er seine Werkstatt in dem seit 1487 bestehenden Franziskanerkloster hatte. Im Mittelteil ist unterhalb der figurenreichen Kreuzigungsszene das Stifterehepaar Graf Philipp III. von Waldeck und seine Gemahlin Anna von Kleve dargestellt. Die Flügel enthalten Szenen aus der Passion Christi und Heiligenfiguren.

In der Nordostecke des Chors ragt das steinerne Sakramentshaus bis in den Ansatz der Gewölbe empor. Es hat die Gestalt eines Idealturms, wie er als reale Architektur in dieser Kühnheit und Transparenz nicht zu verwirklichen war. Die Gotik ist eine Epoche, in der die Baukunst in allen Bereichen die Führung hatte und deshalb ihre Vorstellungen auch in den Architekturrahmen von Wandmalereien, Glasfenstern, Altarbekrönungen oder Sakramentshäusern realisierte. Das Beispiel aus der Kilianskirche in Korbach wurde 1525 von den Meistern Bernd und Johann Bunekeman geschaffen. Der achteckige Taufstein ist an seiner Wandung durch Blendmaßwerk und am oberen Rand durch einen Blattfries verziert. Die Verwendung von sphärischen Vierecken und die aus der Durchdringung von Bögen entstandene Vorform von Fischblasen deuten auf eine Entstehungszeit am Ende des 14. Jahrhunderts. Doch wurde der Taufstein nicht für diesen Platz, sondern für die Dorfkirche in Mühlhausen, Kreis Waldeck-Frankenberg, geschaffen. Die Kanzel am östlichsten Langhauspfeiler der Nordseite hat noch den originalen steinernen Korb aus der Erbauungszeit des Schiffes nach 1388. Sie

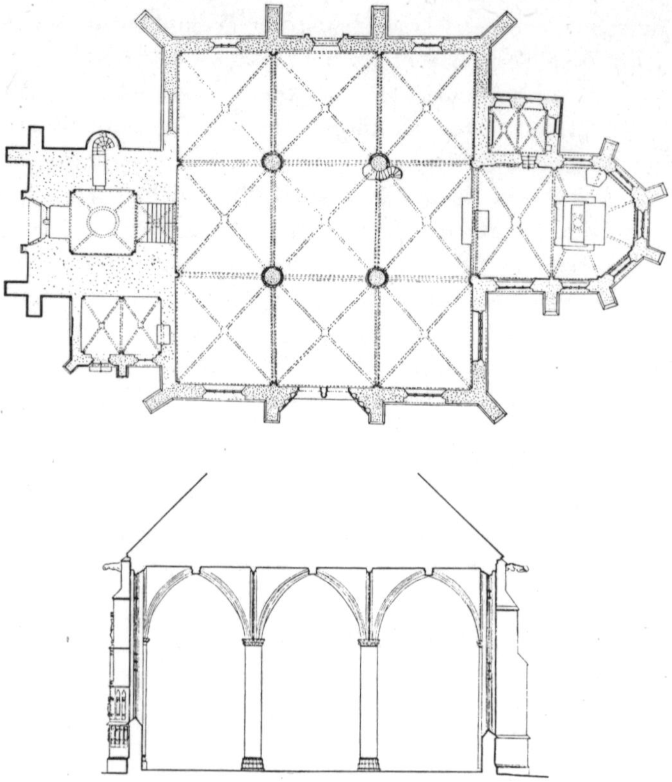

Korbach. Ev. Pfarrkirche der Altstadt.
Grundriß und Querschnitt durch das erste Joch des Langhauses

Korbach. Ev. Pfarrkirche der Altstadt. Taufstein

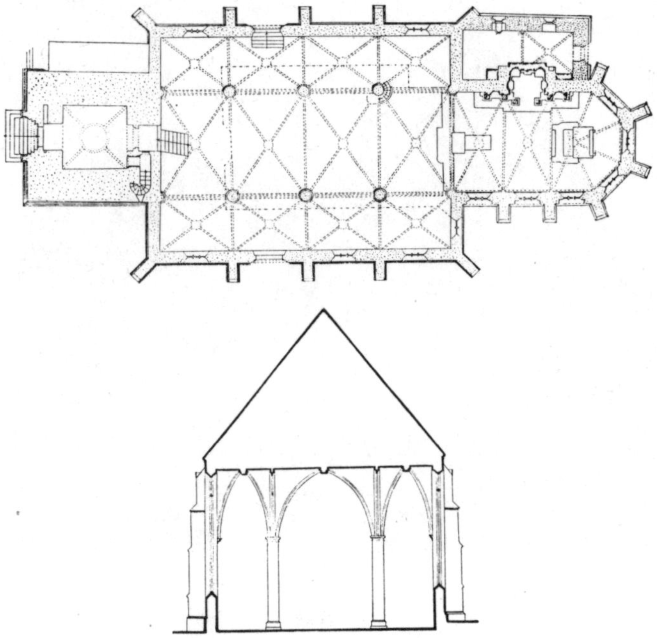

Korbach. Ev. Pfarrkirche der Neustadt.
Grundriß und Querschnitt im Schiff

gehört damit zu den ältesten Steinkanzeln in Hessen und dokumentiert die wachsende Bedeutung der Predigt im Spätmittelalter. Der polygonale Korb ruht auf einem durch Rippen gegliederten Konsolboden. Die Flächen seiner Wandung werden durch Fialen und Wimperge in Felder geteilt, in denen sich jeweils eine Heiligenstatuette befindet.

Ev. Pfarrkirche der Neustadt, ehem. St. Nikolai
Abb. 81

Im Unterschied zur Altstädter Pfarrkirche mit westfälischem Hallenraum zeigt St. Nikolai deutlich den Einfluß der hessischem Bauschule mit breitem Mittelschiff und halb so breiten Seitenschiffen. Obwohl beide Bauten nahezu gleich groß sind, wirkt die Nikolaikirche stärker in die Länge gestreckt, was durch die Aufteilung des Langhauses in vier Joche noch unterstrichen wird. Vielleicht hängt dieser Wechsel vom westfälischen zum hessischem Einfluß mit dem Übergang der Oberlehnshoheit 1441 an die Landgrafen von Hessen zusammen. Von den Maßwerkformen her zu urteilen käme auch eine Bauzeit ab Mitte des 15. Jahrhunderts in Frage. Es handelt sich zum Teil um Kreise mit rotierenden Fischblasen, wie sie auch am Langhaus der Kilianskirche vorkommen, zum Teil um weiterentwickeltes Fischblasenmaßwerk im Sinne des französischen Flamboyant-Stils. Auch die Nikolaikirche besitzt einen gemalten Altar des Korbacher Franziskanerbruders, hier datiert 1518, und eine steinerne Kanzel aus der Erbauungszeit der Kirche.

Laubach-Gonterskirchen, Kreis Gießen

Ev. Pfarrkirche
Abb. 82

Schon an der Lage der Kirche am Hang oberhalb des Dorfes ist ihr Wehrcharakter zu erkennen. Der wuchtige, gedrungene Ostturm verstärkt diesen Eindruck noch. Es handelt sich um einen gotischen Chorturm aus der Zeit um 1250–1270. Diesen Bautypus gibt es schon in der Romanik: Er verbindet die Anlage eines Chors mit einem darüber im Osten errichteten Turm, der in diesem Fall durch seine sehr dicken Mauern, den leicht über einem Gesims vorgekragten oberen Wehrgang und vier in die Flächen des mächtigen Pyramidendachs integrierte Wichhäuschen zu Verteidigungszwecken ausgebaut wurde. Direkt in den Chorraum führt auf der Südseite ein Spitzbogenportal mit einer treppenartigen Bekrönung. Das Innere ist ganz als Sakralraum in den Formen der von Kloster Arnsburg abhängigen Frühgotik gestaltet.

Lich, Kreis Gießen

Ev. Pfarrkirche, ehem. Stiftskirche St. Maria, Grabplatte
Abb. 83

Nach dem Aussterben der Herren von Münzenberg erbte das Haus Falkenstein unter anderem auch die Wasserburg in Lich, in deren Schutz sich die Stadt entwickelte. Im Jahre 1300 erhielt sie von Kaiser Albrecht die Stadtrechte, 1316 stifteten die Herren von Falkenstein eine Kirche und bestimmten sie zu ihrer Grablege. Der erste, 1320 geweihte Kirchenbau wurde 1510–1525 durch den heutigen ersetzt, die Grabsteine aber übernahm man und stellte sie im Chorumgang und an der südlichen Langhauswand auf. Sie wurden überwiegend für Angehörige der Familien Falkenstein und Solms – letztere waren die Nachfolger der 1419 ausgestorbenen Falkensteiner – geschaffen. Von besonderer kunstgeschichtlicher Bedeutung und künstlerischer Qualität sind die beiden Grabdenkmäler aus der ersten Hälfte des 14. Jahrhunderts. Die hier abgebildete Platte bedeckte einst eine freistehende Tumba, die wahrscheinlich für den Neubau der Kirche zu groß war, so daß man sich auf die Deckplatte mit der Darstellung der beiden Verstorbenen beschränkte. Es sind dies Kuno von Falkenstein (gest. 1333) und seine Gemahlin Anna von Nassau (gest. 1329). Beide sind sehr anmutig in jugendlicher Gestalt wiedergegeben, was nichts über ihr tatsächliches Alter im Todesjahr aussagen muß, denn es handelt sich nicht um Porträts im heutigen Sinn, sondern um Idealgestalten der höfisch-ritterlichen Kultur. In den einander leicht zugeneigten Köpfen, den Gesten der Hände wie auch in der Schwingung der langgestreckten Frauengestalt drückt sich jene Empfindsamkeit aus, die für Skulpturen des frühen 14. Jahrhunderts charakteristisch ist.

Limburg an der Lahn. Fachwerkhaus Römer 1

Limburg an der Lahn, Kreis Limburg-Weilburg

Kath. Kirche St. Anna, Glasfenster
Abb. 85

Der Dom in Limburg steht stilistisch an der Grenze zwischen Romanik und Gotik und wurde deshalb im Band »Romanik in Hessen« gewürdigt. Im übrigen aber wird die Stadt von gotischen Bauten geprägt, zu denen einst auch die Annakirche gehörte, bis sie 1650–1652 in der heute noch erhaltenen Form umgestaltet wurde. Glücklicherweise behielt man im gotischen Chorpolygon das Mittelfenster mit seinem Maßwerk und den originalen Glasscheiben bei. Die mittelalterliche Glasmalerei ist von allen Kunstgattungen am schlechtesten überliefert, denn sie war durch Brände und Steinwürfe zu allen Zeiten gefährdet. An den hier durch einen glücklichen Zufall bewahrten Scheiben gewinnen wir einen Eindruck von der Leuchtkraft gotischer Glasgemälde, deren Auswirkung auf das Raumlicht in die Betrachtung der Innenräume einbezogen werden muß. Vor einem teppichhaften Hintergrund sind in 18 Medaillons aus Vierpässen Szenen aus dem Neuen Testament dargestellt, beginnend mit der Verkündigung an Maria und endend mit dem Pfingstwunder.

Fachwerkhaus Römer 1

Für den im Bild erkennbaren rückwärtigen Teil des Hauses mit dem geknickten First erbrachte die Altersbestimmung des Bauholzes mit Hilfe der Jahresringe (Dendrochronologie) das Erbauungsdatum 1296. Es hat an seiner schwer einsehbaren hinteren Giebelfassade starke Vorkragungen mit einer Hängepfostenkonstruktion. Der polygonale Treppenturm und das dünne, links anschließende Fachwerk entstanden erst 1977 beim Ausbau zum Mehrfamilienhaus. Das Vorderhaus ist in die Zeit um 1500 zu datieren. Seine Bundpfosten mit den einander durchkreuzenden Streben ähneln denen des Pfarrhauses von Großen-Linden. Von der Lage her könnte es sich bei dem Haus Römer 1 am Fuß des Dombergs um die Kurie eines Stiftsherrn oder um ein Burgmannenhaus handeln. Lim-

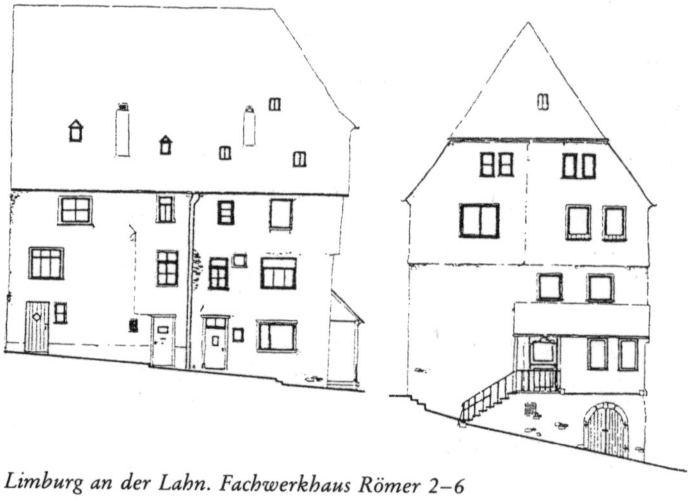
Limburg an der Lahn. Fachwerkhaus Römer 2–6

burg ist besonders reich an stattlichen Fachwerkbauten. Auffallend häufig stammen sie – erst in den letzten Jahren mit Hilfe der Dendrochronologie datiert – aus dem Ende des 13. Jahrhunderts und konzentrieren sich am Fuß des Dombergs. Entweder hatte es zuvor einen Stadtbrand mit anschließendem Wiederaufbau gegeben, oder die Zeit um 1300 war mit einer besonderen wirtschaftlichen Blüte der Stadt verbunden.

Steinhaus Fischmarkt 12
Abb. 84

In der Spätgotik nimmt die Zahl der steinernen Wohnbauten in den hessischen Städten zu, doch werden diese nach wie vor überwiegend vom Fachwerk geprägt. Der Fischmarkt ist das Zentrum der gotischen Altstadt von Limburg. Hier stehen gleich zwei Steinhäuser mit Treppengiebeln: Nr. 1 dürfte im 15. Jahrhundert entstanden sein, Nr. 12 ein Jahrhundert früher, jedoch wurde es 1550–1552 in den Fensterformen verändert. In der Größe und den Proportionen der Giebelfassaden unterscheiden sich die Steinbauten nicht von den Fachwerkhäusern, auch nicht in der Innenausstattung, von der in diesem Haus noch die gewölbte Küche und die Abortanlage erhalten sind.

Linden, Stadtteil Großen-Linden, Kreis Gießen

Pfarrhaus
Abb. 86

Das Pfarrhaus von Großen-Linden gehört zu den ältesten Pfarrhäusern in Hessen. Der stattliche Fachwerkbau mit dem steilen Dach ist in die Zeit um 1500 zu datieren. Das Fachwerk ist weitgehend schmucklos, seine Formen sind bis auf die Andreaskreuze unter den Fenstern des Obergeschosses konstruktiv bedingt. Beim mittleren Bundpfosten der Erdgeschoßwand ergibt sich aus der Durchkreuzung der Streben mit den Kopfstreben eine Vorform des »Hessischen Mannes«.

Lorch, Rheingau-Taunus-Kreis

Kath. Pfarrkirche St. Martin
Abb. 87, 88

Wie in Eltville, Kiedrich, Rauenthal und Geisenheim spiegelt auch in Lorch die ungewöhnlich große und reich ausgestattete Pfarrkirche den aus dem Weinanbau resultierenden Reichtum der Stadt wider. Ein langgestreckter Saalbau aus polygonalem Chor und sechsjochigem Schiff vom Ende des 13. und Anfang des 14. Jahrhunderts wurde nach 1398 durch den Anbau eines nördlichen Seitenschiffs zur unsymmetrischen Basilika erweitert. Der Innenraum wird ganz von dem 15,2 m hohen Altaraufsatz beherrscht. Über der Predella mit drei Nischen erhebt sich der Schrein, horizontal in zwei Zonen geteilt und vertikal durch Stabwerk in fünf Achsen gegliedert und dementsprechend auch oben fünffach treppenartig abgestuft, darüber ein sehr reich verziertes graziles Sprengwerk mit drei hohen Türmen. Die zuklappbaren Flügel tragen Gemälde, die jedoch im 17. Jahrhundert erneuert worden sind. Dies war leider nicht der letzte Eingriff, der nächste und stärkste erfolgte 1819, dann erneut 1852–1858 mit einer farbigen Neufassung aller Teile, die jedoch 1949 wieder beseitigt wurde. Damals suchte man intensiv, doch ohne Erfolg nach Spuren der ur-

Lorch. Kath. Pfarrkirche St. Martin. Inneres nach Osten

Lorch. Kath. Pfarrkirche St. Martin. Wangen des Chorgestühls

sprünglichen Farbgebung und ließ den Altar im Naturholz stehen. Da Holzschnitzer und Faßmaler im Mittelalter getrennte Berufe waren, kann es sein, daß man aus Geldmangel oder welchen Gründen auch immer keinen Faßmaler mehr beauftragte. Vielleicht wurde aber auch die mittelalterliche Fassung bei einer der Restaurierungen so gründlich abgelaugt, daß keinerlei Spuren mehr zu finden sind. Von den Schnitzarbeiten sind die vier Halbfiguren in der Predella und darüber sowie einige Figuren im Gesprenge besonders qualitätvoll und werden einem am Oberrhein unter dem Einfluß von Nikolaus Gerhard ausgebildeten Meister zugeschrieben. Ein zweiter, weniger begabter Bildschnitzer schuf die anderen Figuren. Der Altar ist eine Stiftung ortsansässiger Adelsgeschlechter, deren Wappen in den Schlußsteinen der Baldachingewölbe angebracht sind. Da die beiden Halbfiguren in den Sockelfeldern beiderseits der Madonna im Mittelschrein jüngere Männer in bürgerlicher Tracht darstellen, können mit ihnen nicht die Stifter, sondern wohl nur die Bildschnitzer gemeint sein. Während das Spruchband der linken Büste im 19. Jahrhundert neu geschnitzt wurde, gilt das der rechten als original und trägt das Datum der Entstehung 1483. Beiderseits der Muttergottes stehen im Schrein Barbara und Margareta, in den Außennischen Katharina und Elisabeth, in der Zone darüber Martin in der Mitte, links von ihm Simon, rechts Johannes der Täufer, außen Wendelin und Antonius. Überaus reich sind die Umrahmung der Predella, die Figurenbaldachine und das Gesprenge mit Laubwerk, Gnomen, Paradiesvögeln und anderen Zierformen ausgestattet.

Das Chorgestühl stammt noch aus der Erbauungszeit von Chor und Hauptschiff, also aus dem Ende des 13. Jahrhunderts. Bei einer Restaurierung im späten 19. Jahrhundert wurden die Rückwände und Verdachungen durchweg erneuert, nur die Sitze und Wangen sind noch original. Sie haben qualitätvolle, phantasiereiche Schnitzereien aus Laubwerk, Blütenranken und Tiergestalten, darunter ein Affe mit Kapuze. Er ist wohl als Sinnbild der Unbeständigkeit (Inconstantia) zu deuten und soll die Kleriker vor der Untreue gegenüber ihren Gelübden warnen. Das sitzende Schwein an einer anderen Wange ist das Symbol der Unkeuschheit, der Basilisk auf einer weiteren stellt den Teufel dar. Die hochklappbaren Sitze des Chorgestühls haben an ihrer Unterseite kleine Holzkonsolen, auf die sich die Chorherren mit dem Steiß stützen konnten, um sich bei dem stundenlangen Stehen etwas Erleichterung zu verschaffen, weshalb man diese Vorrichtungen auch Misericordien (vom lateinischen Wort »misericordia« = Mit-

leid) nennt. Sie sind hier phantastisch als Masken oder Tiere ausgebildet, darunter auch eine Reblaus, der besondere Schrecken aller Weinbauern.
Zu den zahlreichen Ausstattungsstücken der Kirche gehört auch der gotische Taufstein, dessen achtseitiges Bekken reiches Blendmaßwerk besitzt und von zwei Hunden und zwei Löwen getragen wird. Zwischen ihnen sind auf der Sockelschräge eine Eidechse und ein Totenkopf mit Schlange dargestellt, am Konsolboden des Beckens die Evangelistensymbole und vier Kirchenväter. Hund und Löwe sind Symbole des Glaubens und des Lebens, im Gegensatz dazu stehen Schlange und Totenschädel für Sünde und Tod. Das Taufbecken wurde 1464 aus hellgrauem Sandstein gearbeitet.

Literatur: Die Kunstdenkmäler des Landes Hessen: Der Rheingaukreis, München-Berlin 1965, S. 247 ff.

Marburg

Elisabethkirche
Abb. 89–95

Die Elisabethkirche in Marburg ist die einzige in Hessen, die in ihrer Qualität und künstlerischen Ausstattung den Rang einer Kathedrale erreicht. Sie entstand jedoch in erster Linie als Wallfahrtskirche, und ihre Größe und Bedeutung findet nur in der großen Verehrung ihrer Heiligen eine Erklärung. Als die Kirche im Mittelalter noch allein auf freiem Feld vor den Toren der Stadt stand, umgeben nur von den Bauten des Deutschen Ordens, wirkte sie auf die Pilger sicher noch gewaltiger und überirdisch schön.
Elisabeth war eine ungarische Königstochter, die man bereits im Alter von vier Jahren auf die Wartburg gebracht und mit dem ebenfalls noch kindlichen Landgrafen Ludwig IV. von Thüringen verlobt und wenige Jahre später vermählt hatte. Die Ehe war glücklich, aber nur kurz, denn Ludwig starb 1227 in Apulien an einer Seuche, als er als enger Vertrauter Kaiser Friedrichs II. an dessen Kreuzzug teilnehmen wollte. Elisabeth mußte nun die Wartburg verlassen, denn sie war am dortigen Hof nicht beliebt, weil sie schon als junge Frau das Wohlleben abgelehnt hatte und für die Armen eingetreten war. Sie zog als Witwe mit ihren Kindern nach Marburg und gründete dort 1228 vor den Toren der Stadt ein Franziskaner-Hospital, in dem sie sich ganz der Pflege der Armen und Kranken widmete, unter ihnen in primitiven Verhältnissen lebte und schon zu Lebzeiten von der Bevölkerung wie eine Heilige verehrt wurde. Als sie, noch jugendlich, im Jahr 1231 starb, begrub man sie in der Hospitalkapelle.
Kaiser Friedrich II. setzte bei Papst Gregor die Heiligsprechung durch, die 1235 erfolgte. Dies war wohl Teil der kaiserlichen Politik, mit der möglicherweise zur Stärkung der staufischen Partei ein neuer Orden als Gegengewicht zum stark wachsenden Kult des hl. Franziskus begründet werden sollte. So wurde den Franziskanern das Hospital genommen und dem Deutschen Orden übertragen. Zur feierlichen Hebung der Gebeine der Elisabeth 1236 war der Kaiser angereist. Er stiftete eine seiner Kronen zur Anfertigung eines Reliquiars, wodurch der Bezug zum »sacrum imperium« allen deutlich gemacht wurde. Vergleicht man das, was mit der hl. Elisabeth nach ihrem Tode geschah, mit den Idealen ihres entbehrungsreichen, den Kranken und Armen gewidmeten Lebens, so kann man sich kaum größere Gegensätze vorstellen. Das gleiche gilt für den Vergleich der bescheidenen Franziskuskapelle mit dem prunkvollen Neubau, der nun an ihrer Stelle aufgeführt wurde.
Im Jahre 1235 wurde der Grundstein gelegt, wie meist im Mittelalter begann man mit dem Chor. Für die weitere Baugeschichte war bisher nur die Gesamtweihe 1283 überliefert. Jetzt hat die dendrochronologische Untersuchung der Eichenhölzer im Dachstuhl weitere Anhaltspunkte erbracht. Danach wurde im ersten Bauabschnitt der Ostbau mit den drei Konchen von 1235 bis 1243 errichtet. So kann die urkundlich überlieferte Überführung der Gebeine 1249 aus dem »zu engen Raum« in den »neuen, schicklicheren Raum« nach diesem neuen Forschungsstand auf

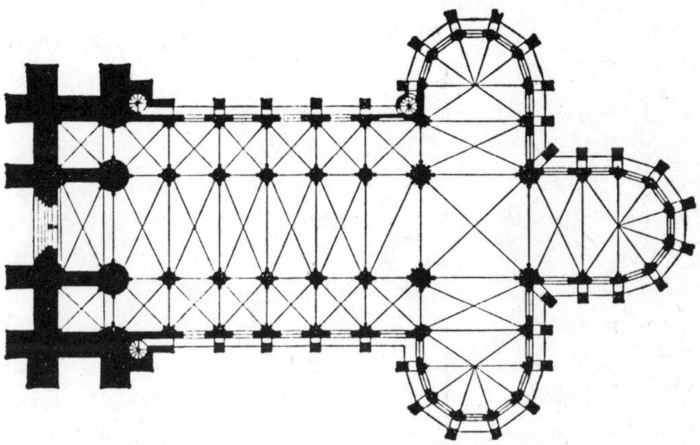

Marburg. Elisabethkirche. Grundriß

den endgültigen Platz im Nordchor bezogen werden, während man bisher immer eine Zwischenstation in den Resten der alten Franziskuskapelle außerhalb des Nordchors annahm. Die neue große Kirche überdeckt nämlich mit ihrer Nordkonche die alte Kapelle so, daß der Chor mit dem Grab der Heiligen im neuen Innenraum, das Schiff jedoch nördlich davor liegt. Im zweiten Bauabschnitt führte man 1244–1265 jochweise gleich in voller Höhe die fünf östlichen Joche des Langhauses auf, und zwar in zwei Kampagnen, zwischen denen eine Baunaht zu erkennen ist und sich einige Einzelformen z. B. im Maßwerk ändern, möglicherweise aufgrund eines Baumeisterwechsels um 1248. Die Baunaht liegt auf beiden Seiten im Untergeschoß zwischen dem dritten und vierten, im Obergeschoß zwischen dem zweiten und dritten Joch von Osten. Im dritten Bauabschnitt folgten das sechste Langhausjoch von Osten und der Unterbau der Türme. Nach den dendrochronologischen Befunden war der westliche Teil des Schiffes 1277 im Dach vollendet. Bis zur Weihe 1283 hatte man auch das Westfenster mit seinem stattlichen Maßwerk geschlossen. Es besitzt als erstes in Hessen ein sphärisches Viereck und weist damit auf den Einfluß der Straßburger Westfassade hin. An der Fertigstellung der Türme hat man noch im ersten Viertel des 14. Jahrhunderts gearbeitet. Am Dachstuhl zwischen ihnen konnte wegen des Fehlens der Waldkante als Fällungsdatum der Eichen nur das Jahr 1323 plus oder minus zehn Jahre ermittelt werden. Die Türme bestehen bis in die Kreuzblumen der Helme hinein aus Stein und gehören zu den wenigen, die gleich und nicht erst im 19. Jahrhundert vollendet wurden.

Für die Größe und reiche Ausgestaltung ist die Bauzeit der Kirche von weniger als 100 Jahren erstaunlich kurz, dementsprechend sind auch die Formen ungewöhnlich einheitlich. Es handelt sich um ein Bauwerk »aus einem Guß«, wie wir es sonst nur aus dem 19. Jahrhundert kennen, so daß man es bei flüchtiger Betrachtung für neugotisch halten könnte. Dazu trägt auch der ungewöhnlich gute Erhaltungszustand bei. Die Ergänzungen aus späteren Instandsetzungen sind minimal, überwiegend haben wir es mit der Originalsubstanz zu tun. Die Erklärung für die relativ kurze Bauzeit liegt sicher in der reichlichen Finanzausstattung, zunächst durch den Kaiser, den Deutschen Orden und die Landgrafen von Thüringen, dann ab 1247 durch die Landgrafen von Hessen, und die Spenden der unzähligen Pilger zur Grabeskirche der im Volk so sehr verehrten Heiligen.

Marburg. Elisabethkirche. Tympanon des Westportals

Die Pilger betraten die Kirche durch das schöne, zweiteilige Westportal, das um 1280 gearbeitet wurde und noch seine originalen Holzflügel mit den gotischen Eisenbeschlägen besitzt. Über dem mittleren Bündelpfeiler steht die Statue der Muttergottes zwischen zwei knienden Engeln vor einem Hintergrund aus Weinranken und Rosen. Der Weinstock ist das Symbol für Christus, die Rose für Maria als der reinen Magd und vollkommenen göttlichen Liebe.

Beim Betreten des Innenraums, der zu den schönsten der deutschen Gotik zählt, sind wir heute ebenso beeindruckt wie die unzähligen Pilger des Mittelalters. Es hat sich glücklicherweise auch kaum etwas geändert, der größte Teil der Ausstattung blieb erhalten, einiges kam hinzu wie das Gemeindegestühl. Die Raumfarbigkeit muß man sich allerdings ursprünglich sehr viel intensiver in roten Flächen mit weißen Fugen vorstellen, wie Reste vor allem in der Sakristei beweisen, doch ist das jetzige Erscheinungsbild mit dem milderen Farbton des Natursteins historisch gewachsen und so angenehm, daß man es nicht ändern darf. Die relativ starken Rundpfeiler schließen sich durch ihre dichte Stellung zu einer geschlossenen Reihe zusammen, so daß es beim Blick vom Westportal zum Chor keinen Einblick in die Seitenschiffe gibt. Dadurch wirkt das Mittelschiff steil, aber sehr harmonisch proportioniert. Das durch die hohen Arkaden zwischen den Pfeilern aus den Seitenschiffenstern einfallende Licht erhellt das Langhaus heute stärker als den Chor, im Mittelalter war es durch die farbigen Glasscheiben in allen Fenstern sehr viel ausgeglichener.

Der Lettner wurde 1343 vollendet, zuvor standen an seiner Stelle schon hölzerne Schranken zur Trennung der Laienkirche von der Grabstätte der hl. Elisabeth in der Nordkonche, der Grablege der Landgrafen von Thüringen in der Südkonche und dem Chor des Deutschen Ordens im Osten. Der schmalere, hoch aufragende Mittelteil mit bekrönendem Spitzbogen zwischen Fialen ist im oberen Teil aus Holz und stammt wohl von den Schranken des 13. Jahrhunderts. Besonders köstlich ist sein Laubwerk gearbeitet. In jeder der zahlreichen Nischen stand einst eine Statuette, nur zwei sind heute noch beiderseits des Südportals zu finden. Die anderen wurden 1619 auf Befehl des zum Calvinismus übergetretenen Landgrafen Moritz zerstört. Der Bronzekruzifixus vor dem Mittelteil beweist, daß auch Schöpfungen jüngerer Generationen mit einem Abstand von sechs Jahrhunderten zu einem mittelalterlichen Kunstwerk passen können, wenn sie nur Qualität besitzen, was bei Ernst Barlachs Werk von 1931 der Fall ist.

Im Nordchor steht unter einem hohen steinernen Baldachin ein Sarkophag auf dem Grab, das bis zur Hebung die Gebeine der hl. Elisabeth enthielt. Die zunächst unverständlich wirkende Schrägstellung im Raum erklärt sich aus der abweichenden Ostung der abgebrochenen Franziskuskapelle, auf die auch das Heiligengrab bezogen war. Auf dem Sarkophag stand einst der Elisabethschrein mit den wichtigsten Reliquien der Heiligen, der später in die Sakristei gebracht wurde.

Die Landgrafen von Hessen hatten nach mittelalterlichem Verständnis den Wunsch, möglichst nahe bei ihrer heiligen Stammutter bestattet zu werden. Deshalb wählten sie das Südquerschiff zu ihrer Grablege, die man auch den Landgrafenchor nennt. In zwei Reihen nebeneinander – allerdings nicht mehr in der originalen Anordnung – stehen hier die Sarkophage, weitere Grabplatten sind an den Wänden angebracht. Die Verstorbenen sind zum Teil im Gewand, zum Teil in Rüstung dargestellt, einige einzeln, andere gemeinsam mit ihren Ehefrauen. Für die mittelalterliche Auffassung von Tod und Auferstehung ist das Grabmal des Landgrafen Wilhelm II. (gest. 1509) besonders eindrucksvoll. Die Tumba ist ringsum in Arkaden geöffnet und gibt den Blick frei auf die steinerne Wiedergabe des von Würmern, Schlangen und Kröten zerfressenen Leichnams, dessen lebensfrisches Abbild in der Ritterrüstung auf dem Deckel nochmals erscheint, so, wie die Hinterbliebenen es in Erinnerung hatten und es einst im Jenseits wiederzusehen hofften. Die Darstellung des zerfressenen Leichnams wird »Vanitas« genannt, zu deutsch »Eitelkeit«, und bezieht sich auf die Klagen des Alten Testaments über die Nichtigkeit und Vergänglichkeit alles Irdischen. Dieses großartige Grabdenkmal schuf der Bildhauer Ludwig Juppe 1516 aus Alabaster.

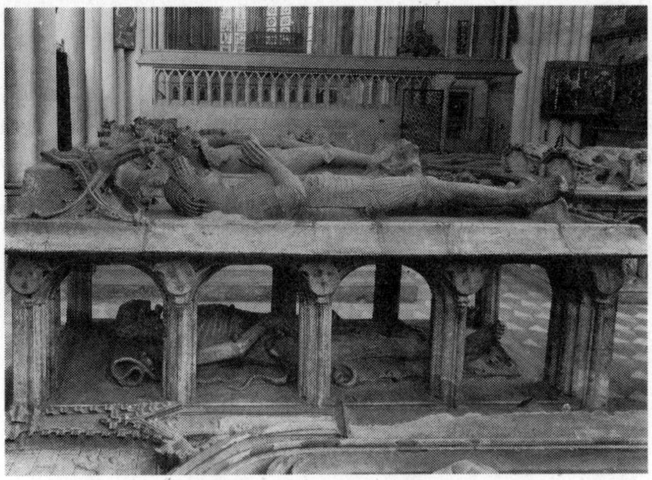

Marburg. Elisabethkirche.
Grabmal Landgraf Wilhelms II. von Hessen im Langrafenchor

Sechs der östlichen Chorfenster im Altarraum haben noch ihre mittelalterlichen Glasgemälde, so daß man hier einen seltenen Eindruck von der originalen Lichtgestaltung gotischer Sakralräume gewinnt. Ursprünglich waren alle Fenster der Kirche farbig verglast. Die größten Verluste ent-

Marburg. Elisabethkirche. Glasfenster in der Ostkonche des Chors

standen im Siebenjährigen Krieg, als die Kirche von französischen Truppen als Magazin mißbraucht wurde. Anschließend sammelte man die Reste im Ost- und Südchor, setzte sie aber nicht richtig zusammen, was man 1854–1861 korrigierte, dabei fehlende Teile historisierend ergänzte. Eine weitere durchgreifende Restaurierung nahm man 1903–1905 vor. Nach so vielen Eingriffen ist der verbliebene Bestand mit einigen Ergänzungen durchmischt, doch sind die sechs Fenster der Ostkonche ungewöhnlich vollständig erhalten und gehören zum wertvollsten Bestand gotischer Glasmalerei in Deutschland. In unserer Zeit durch die Luftverschmutzung bedroht, mußten sie 1977–1979 mit einer vorgesetzten äußeren Verglasung geschützt werden. Da die Scheiben aus der ganzen Kirche zusammengetragen worden sind, stammen sie aus zwei verschiedenen Zeiten. In den drei unteren und dem mittleren oberen Fenster sind es Arbeiten aus der Bauzeit des Chors 1235–1243, die beiden seitlichen oberen Fenster entstanden in der ersten Hälfte des 14. Jahrhunderts. Historisch besonders interessant und künstlerisch sehr qualitätvoll sind die 13 Darstellungen aus dem Leben der hl. Elisabeth im südöstlichen unteren Fenster.

Wenn die Theorie zutrifft, daß sich die gotischen Altarretabel von den frühmittelalterlichen Reliquienschreinen ableiten, so steht der Hochaltar in Marburg diesen noch näher als das Retabel in Wetter. Er hat wie der Elisabethschrein ganz den Charakter eines Sakralbaus mit Strebepfeilern, Wimpergen, Fialen und Satteldach. An den architektonischen Details, z. B. der Rosette im mittleren Wimperg, erkennt man den Einfluß der 1277 begonnenen Straßburger Westfassade, was zeitlich zum Weihedatum des Altars 1290 auch gut paßt. Jede der drei Nischen an der Schauseite des 4,82 m hohen steinernen Retabels enthält drei Figuren, in der Mitte die Muttergottes zwischen zwei Engeln, rechts die hl. Elisabeth zwischen Katharina und Magdalena, die Figuren in der linken Nische sind neu. Die Schmalseiten und die Rückwand weisen bemerkenswerte Malereien auf.

Im nördlichen Seitenschiff des Langhauses steht heute in einem chorartig gestalteten Schrein die Schnitzfigur der hl. Elisabeth, die sich bis 1931 im Mausoleum der Heiligen in der Nordkonche befand. Wegen ihrer höfischen Eleganz nannte sie der Volksmund die »Französische Madonna«, doch wurde sie um 1470 von einem einheimischen Bildschnitzer geschaffen, dem auch das Grabmal Ludwigs I. im Landgrafenchor zugeschrieben wird. Dieses kann urkundlich in das Jahr 1471 datiert und einem Meister Her-

Marburg. Elisabethkirche. Schnitzfigur der hl. Elisabeth

mann zugeordnet werden. Es ist schwer, sich in der prächtig gekleideten und sehr gepflegt wirkenden Frauengestalt die Pflegerin der Armen und Kranken vorzustellen. Das kostbare Seidengewand mit dem Futter aus Zobelpelz hätte bei ihrer Arbeit bald Schaden gelitten. Hier soll wohl mehr die Ahnfrau der Landgrafen von Hessen dargestellt werden, auf die sie ihren Herrschaftsanspruch stets gründeten.

Von allen gotischen Kirchen Hessens hat die Elisabethkirche noch den reichsten und qualitätvollsten Bestand an mittelalterlichen Ausstattungsstücken. In den Ostwänden der Querschiffarme gibt es vier Wandaltäre in Gestalt von ausgemalten Nischen. Im frühen 16. Jahrhundert setzte man vier Schnitzaltäre davor; sie sind das Werk des Marburger Bildschnitzers Ludwig Juppe. Der Sippenaltar kann auf 1511, der Johannesaltar auf 1512, der Elisabethaltar auf etwa 1513 und der Martinsaltar auf 1514 datiert werden. Für die Malereien auf den Flügeln und die farbige Fassung der Figuren konnte der Maler Johann von der Leyten ermittelt werden. Die Tafelgemälde auf den Flügeln des Elisabethaltars stellen Szenen aus dem Leben der Heiligen dar. Der rechte Flügel gibt in der linken Hälfte die Geschichte vom Festgewand wieder, das Elisabeth links im Hintergrund einem frierenden Bettler schenkt. Doch nun hat sie selbst kein standesgemäßes Gewand mehr für die fürstliche Tafel mit ihrem strengen Hofzeremoniell. Da erscheint ein Engel und bringt ihr ein gleichartiges Gewand, so daß sie nun an der Festtafel im Vordergrund des Bildes angemessen gewandet neben dem Landgrafen sitzen kann. Auf der rechten Flügelseite wird die Geschichte vom Aussätzigen erzählt. Während Landgraf Ludwig auf der Jagd war, traf Elisabeth einen Aussätzigen, nahm ihn mit sich auf die Wartburg, badete ihn, gab ihm zu essen und legte ihn im eigenen Ehebett zur Ruhe. Als der Landgraf heimkehrte, wurde ihm dies sogleich von seiner Mutter Sophie mit Entsetzen berichtet, denn alle hatten Angst vor der Ansteckungsgefahr. Als der Landgraf jedoch die Bettdecke zurückschlug, lag dort statt des Aussätzigen ein Kruzifixus, und dem Landgrafen wurde der Sinn des Christus-Worts klar: »Was ihr getan habt einem unter diesen meinen geringsten Brüdern, das habt ihr mir getan« (Matth. 25,40).

Der Schrein der hl. Elisabeth steht wahrscheinlich schon seit dem Ende des 13. Jahrhunderts in der Sakristei. Bis 1539 enthielt er die wichtigsten Reliquien der Heiligen, die heute zum Teil im Kloster der Elisabethanerinnen in Wien aufbewahrt werden, während das Kopfreliquiar mit dem Haupt zusammen mit der von Kaiser Friedrich II. 1236 gestifteten Krone in den schwedischen Kronschatz nach Stockholm gelangt ist. Der jetzt also leere Schrein hat die Form einer kreuzförmigen Kirche mit Giebelfassaden an den Schmalseiten und in der Mitte der Langseiten. Er besteht aus vergoldetem Kupferblech auf einem Eichenholzkern und ist ein Hauptwerk der Goldschmiedekunst des 13. Jahrhunderts in Deutschland, entstanden im Gebiet zwischen Rhein und Maas unter dem Einfluß des Aachener Marienschreins. Das Werk wird nach der Heiligsprechung 1235 begonnen worden sein und war zur Überführung der Gebeine in die neue Kirche 1249 vollendet. Einst war der goldglänzende Schrein noch viel stärker mit Edelsteinen und Perlen geschmückt. Die ersten 65 Edelsteine fehlten schon, nachdem der Schrein 1548 von der Festung Ziegenhain zurückgebracht wurde, wohin Landgraf Philipp ihn wegen der Kriegsgefahr hatte bringen lassen. Als König Jérôme Bonaparte den Schrein 1810 nach Kassel in das Schloß holte, hatte er noch 814 Edelsteine. Beim Brand des Schlosses wurde er zwar geborgen, stand aber einige Stunden im Freien. Beim Rücktransport nach Marburg 1814 fehlten 117 Edelsteine, vor allem aber der Kruzifixus mit dem darüber schwebenden Engel, so daß jetzt die Assistenzfiguren Maria und Johannes ohne ihren Mittelpunkt sind. Noch einmal wurde der Schrein 1920 durch einen Einbrecher beraubt und beschädigt, die meisten Edelsteine konnten jedoch ein Jahr später sichergestellt werden. Jetzt wird er durch einen Glaskasten geschützt, der allerdings die Betrachtung sehr erschwert. An der südlichen Langseite sieht man den thronenden Christus, umgeben von den Aposteln, die auch beiderseits der schon erwähnten Kreuzigung an der nördlichen Langseite zu finden sind. Die Schmalseiten zeigen die Muttergottes und die hl. Elisabeth, deren Leben und Wirken in den ausgezeichneten Dachreliefs geschildert wird. Für diese benutzte man die gleichen Vorlagen wie für die Glasgemälde des Elisabethfensters im Ostchor.

Literatur: Richard Hamann und Kurt Wilhelm-Kästner, Die Elisabethkirche zu Marburg und ihre künstlerische Nachfolge, Bd. 1 und 2, Marburg 1924/29; Werner Meyer-Barkhausen, Die Elisabethkirche in Marburg, Marburg 1925; Jürgen Michler, Die Langhaushalle der Marburger Elisabethkirche, in: Zeitschrift für Kunstgeschichte 32, 1969, S. 104–132; 700 Jahre Elisabethkirche in Marburg 1283–1983, Marburg 1983, Katalog E: Eberhard Leppin, Die Elisabethkirche; Katalog 1: Hans-Joachim Kunst, Die Elisabethkirche – Architektur in der Geschichte.

Ev. Stadtpfarrkirche, ehem. St. Marien
Abb. 96

Ein älterer romanischer Bau wurde 1222 zur Stadtpfarrkirche erhoben und erhielt am Ende des 13. Jahrhunderts einen neuen Chorbau, der 1297 geweiht werden konnte. Er ist außen ungewöhnlich glatt und flächig, denn es fehlen ihm die Strebepfeiler, die nach innen gezogen sind. Dort erscheinen sie als dreieckig in das Chorpolygon hineinragende Wandpfeiler, die die Wand gefaltet erscheinen lassen. Im frühen 14. Jahrhundert – wohl ab 1318 – begann man mit dem Bau des Hallenlanghauses, an dem ab 1375 Tyle von Frankenberg tätig war. Es steht ganz unter dem Einfluß der Elisabethkirche, wie man am Verhältnis des breiten Mittelschiffs zu den sehr schmalen Seitenschiffen und den Rundpfeilern mit vier aufgelegten Runddiensten erkennt. Im Westen fügte man 1447–1473 einen Turm an und verlängerte dabei die beiden Seitenschiffe um ein Joch, so daß der Turm in das Schiff einbezogen wurde. Am Fischblasenmaßwerk des westlichen Fensterpaars kann man diese Verlängerung ablesen.

Ev.-ref. Universitätskirche, ehem. Dominikanerkirche

Die Dominikaner gründeten 1291 ein Kloster in Marburg. Es wurde bei der Reformation 1527 aufgehoben, die Bauten übergab der Landgraf der Universität, die sie heute noch nutzt. Die Kirche wurde bald nach der Gründung des Klosters 1291 begonnen und gegen 1320 vollendet. Der schlanke polygonale Chor ist höher als das Langhaus, das nach Art von Bettelordenskirchen als zweischiffige unsymmetrische Hallenkirche ausgebildet ist.

Kath. Pfarrkirche St. Johannes Ev., ehem. Klosterkirche der Kugelherren

Die Kugelherren waren eine ordensähnliche Bewegung des Spätmittelalters, nannten sich eigentlich »Brüder vom gemeinsamen Leben« und lebten im Kloster zusammen,

Marburg. Ev. Stadtpfarrkirche. Chor von Osten

Marburg. Ev.-ref. Universitätskirche. Chor von Nordosten

Marburg. Kath. Pfarrkirche St. Johannes Ev. Inneres nach Osten

ohne Gelübde abgelegt zu haben. In Marburg ließen sie sich 1476 nieder; ihre einschiffige Kirche mit einem polygonalen Chorschluß war 1485 vollendet. Sie ist bis auf das Netzgewölbe sehr schlicht, die hauchdünnen Wanddienste gleiten ohne Zäsur in die Rippen über. Die Bemalung um die Kreuzungspunkte der Rippen stammt von 1516. Die im Kontrast zur einfachen Architektur reich und malerisch wirkende Ausstattung entspringt zum größten Teil der Restaurierung des späten 19. Jahrhunderts, nur das turmartig schlanke Sakramentshaus und einige Figuren des Hochaltars sind noch spätgotisch.

Rathaus
Abb. 97

Das Rathaus wirkt auf den ersten Blick wie ein Renaissancebau. Das liegt am Giebelaufsatz des Treppenturms, der 1581/82 von Eberdt Baldewein hinzugefügt worden ist. Der übrige Bau stammt jedoch noch aus der Spätgotik, wurde im Äußeren 1512–1516 von Meister Klaus von Wetzlar und innen 1524 von Hans von Lich abgeschlossen. Für einen spätgotischen Bau auffallend ist die symmetrische Stellung des Treppenturms in der Fassade am Marktplatz und die relativ gleichmäßige Anordnung der Fenster. Am Ansatz der Treppengiebel sind kleine Ecktürmchen angeordnet.

Marburg. Plan der Altstadt, 1750

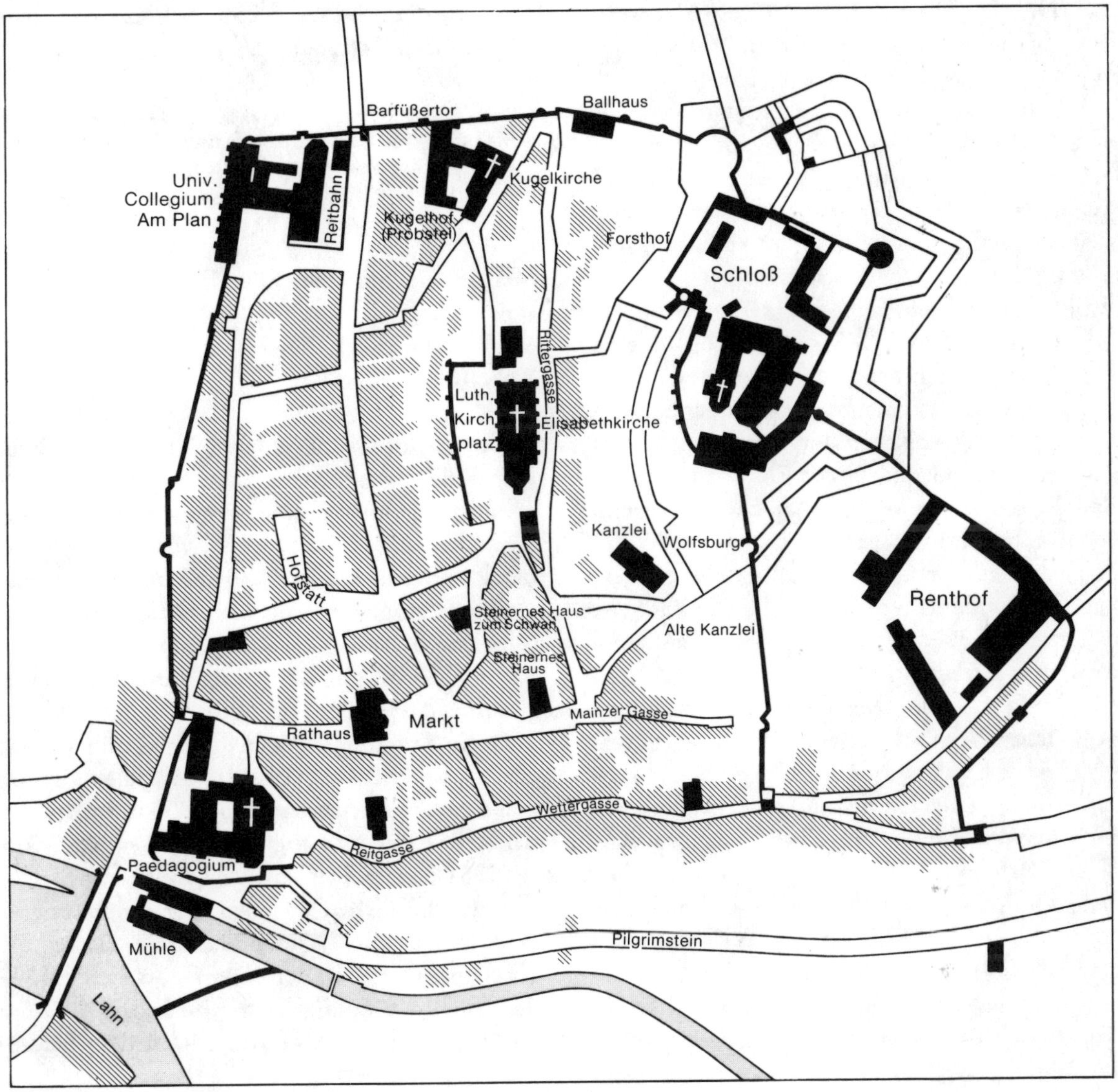

Ehem. Schloß der Landgrafen von Hessen
Abb. 98–100

Der prachtvolle Schloßbau liegt auf einem steil in die Lahnniederung abfallenden Bergrücken hoch über der Stadt und beherrscht das gesamte Tal. Hier gab es schon eine 1138/39 erstmals genannte Burg der Landgrafen von Thüringen. Ihre Nachfolger, die Landgrafen von Hessen, bauten sie ab 1260 zu einem der prächtigsten gotischen Schlösser in Deutschland aus.
Der mittelalterliche Wohnbau ist als unregelmäßige Dreiflügelanlage um einen Innenhof gruppiert. Der freistehende, davon abgerückte Bau im Osten ist der erst 1493–1497 von Hans Jakob von Ettlingen hinzugefügte Wilhelmsbau. Der Südflügel, die sogenannte »Alte Residenz«, war der Wohnbau des Landgrafen und entstand aus dem Umbau des romanischen Palas. An seinem Ostende erhebt sich die Schloßkapelle, die wegen des stark abfallenden Geländes auf hohen Substruktionen ruht. Sie wurde 1288 geweiht, der Innenausbau zog sich bis gegen 1316 hin. Das Äußere wird durch die dreieckigen, scharfkantig wirkenden Strebepfeiler geprägt. Auf der südlichen und nördlichen Langseite ragt je ein flaches dreiseitiges Polygon erkerartig aus der Wandfläche heraus. Im Grundriß ergibt sich dadurch und durch die Fünfachtelpolygone im Osten wie auch im Westen ein in die Länge gestreckter Zentralraum. Damit schließt sich die Marburger Schloßkapelle dem Typ der romanischen Burgkapelle an, nimmt auch Anregungen vom Grundriß der Elisabethkirche in Marburg und der Liebfrauenkirche in Trier auf, ist aber im Grunde ein höchst eigenständiges Werk, das die Idee der »Sainte-Chapelles« aus Frankreich den besonderen Verhältnissen des Marburger Schlosses anpaßt. Der Raum ist durch seine harmonischen Proportionen und außerordentlich eleganten Architekturformen eines der besten Zeugnisse deutscher Gotik. Die raffinierte Farbgebung mit ungewöhnlichen Kombinationen der Farbtöne unterstreicht dies nochmals. Sie wurde 1972/73 aufgrund umfangreicher Originalspuren rekonstruiert, wirkt allerdings an sonnigen Tagen etwas zu intensiv, da die dazugehörenden gotischen Glasfenster fehlen.
Der im Luftbild links im Westen sichtbare Querbau ist der Frauenbau, den man 1486/87 unter Einbeziehung eines frühgotischen Wohnturms neu aufführte. Nach Norden schließt der mächtige Saalbau an. Er ist mit seiner Längsachse in Ostwestrichtung angeordnet und stand einst frei, an den Ecken durch achteckige Türmchen hervorgehoben. Wahrscheinlich hat ihn noch Landgraf Heinrich I. (gest. 1308) begonnen, vollendet wurde er gegen 1320, denn es finden sich hier dieselben Steinmetzzeichen wie an den Westtürmen der Elisabethkirche. Der sogenannte Rittersaal nimmt das gesamte Obergeschoß ein. Es ist der Fürstensaal der Landgrafen von Hessen, wohl der großartigste Profanraum der Hochgotik in Deutschland. Ein derartiger baukünstlerischer Aufwand war im frühen 14. Jahrhundert nur bei Sakralbauten üblich. Achteckige Säulen teilen, gemäß der Tradition aller mittelalterlichen Rittersäle, den Saal in zwei Schiffe. Ohne die Unterbrechung durch Kapitelle, aber noch mit einem kleinen Ansatz wachsen die Rippen der Kreuzgewölbe aus den Achteckpfeilern heraus, damit spätgotische Stiltendenzen vorwegnehmend. In der Mitte der nördlichen Langseite ist eine breite Wandnische für den Thronsitz des Landgrafen angeordnet.

Literatur: Jürgen Michler, Studien zur Marburger Schloßkapelle, in: Marburger Jahrbuch für Kunstwissenschaft, 1974, Bd. 19, S. 33–84; ders., Zur Farbfassung der Marburger Schloßkapelle, in: Deutsche Kunst und Denkmalpflege, 36. Jg., 1978, S. 37–52.

Melsungen, Schwalm-Eder-Kreis

Stadtanlage
Abb. 101

Nicht nur im Grundriß, auch aus der Vogelschau ist die Planmäßigkeit der Stadtanlage von Melsungen zu erkennen. Ein regelmäßiges, wenn auch nicht sklavisch geradliniges Straßennetz teilt die Fläche in gleichmäßige Baublocks auf. Für das Rathaus und die Stadtkirche wurde je ein Block ausgespart. Die planmäßige Anlage der Stadt erfolgte nach einer Zerstörung 1193, vielleicht aber auch schon 1089 bei der Gründung durch die Landgrafen von Thüringen. Aus der Gründungszeit der Stadt stammt nur noch ein Rundbogenportal in der Turmhalle der Stadtkirche, die im übrigen 1415–1425 als Hallenkirche mit polygonalem Chor neu erbaut wurde. Das Rathaus entstand an der Stelle eines 1554 abgebrannten Vorgängers in den Jahren 1554/55 neu. Der stattliche dreigeschossige Fachwerkbau hat Türmchen an allen vier Ecken und die ersten Bundpfosten als »Wilder Mann« in Hessen. Außer der Kirche ist nur noch der oben rechts sichtbare Rundturm der Stadtbefestigung mittelalterlich. Die Bürgerhäuser wurden bis auf wenige Reste nach dem Stadtbrand von 1554 neu errichtet.

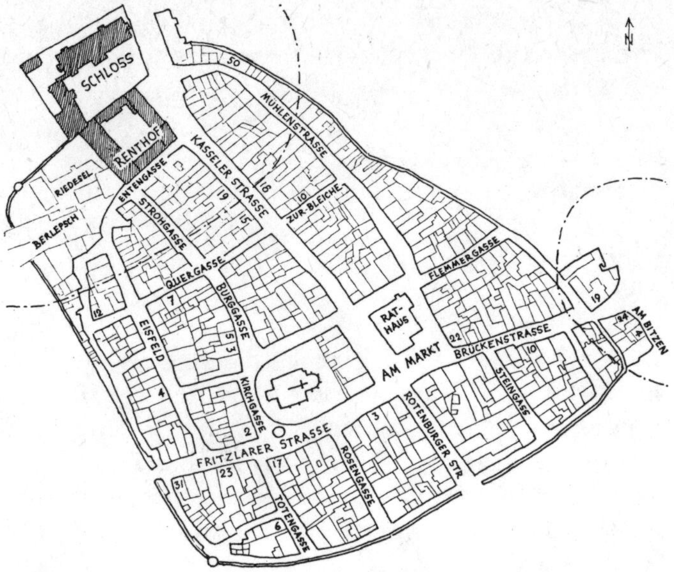

Melsungen. Plan der Altstadt

Michelstadt, Odenwaldkreis

Rathaus
Abb. 102

Das Rathaus in Michelstadt ist einer der berühmtesten Fachwerkbauten in Deutschland, durch eine geschnitzte Jahreszahl auf 1484 datiert. Es wirkt in der Gesamterscheinung fast zierlich, zumal die Bürgerhäuser ringsherum später erhöht wurden. Die einzelnen Balken sind sehr kräftig, vor allem die Stützen der offenen Vorhalle. Die beiden polygonalen Ecktürmchen, die mit ihren hohen Pyramidenhelmen mit dem steilen, an der Vorderseite polygonalen Dach verschmelzen, sind das Wahrzeichen dieses meisterhaften Zeugnisses mittelalterlicher Zimmermannskunst.

Morschen-Altmorschen, Schwalm-Eder-Kreis

Ehem. Zisterzienserinnenkloster Heydau
Abb. 103

Der Fürstabt von Fulda belehnte nach 1214 die aus Thüringen stammenden Herren von Treffurt mit dem Gebiet um Spangenberg, dessen Namen sie seit 1238 führten. Sie gründeten 1235 das Zisterzienserinnenkloster Heydau an der Stelle der schon länger bestehenden Kapelle an der »Heide«. Drei Jahre später konnte es schon bezogen werden, doch war zu dieser Zeit wohl erst der Südflügel fertig, die beiden anderen Flügel und die Kirche folgten bis gegen 1260 nach. Ein Brand im Jahre 1319 hatte die Erneuerung der Kirchengewölbe zur Folge. Der größte Einschnitt in der Geschichte des Klosters war seine Aufhebung bei der Einführung der Reformation 1527, doch überstanden die Bauten ihn ohne Schaden, weil Landgraf Philipp von Hessen sie als Jagdschloß nutzte.
Wesentliche bauliche Veränderungen brachte erst der Umbau unter Landgraf Moritz dem Gelehrten zum Witwensitz für seine zweite Gemahlin Juliane in den Jahren 1616–1619 mit sich. Doch auch dabei ging wenig historische Substanz verloren, denn die Anlage eines Klosters mit vier Kreuzgangflügeln um einen Innenhof kam dem Schloßbau der Hochrenaissance sehr entgegen, hatte man doch gerade erst die durchgehenden Korridore an der Innenseite der Höfe zur Einzelerschließung der Räume erfunden. Der Obrist Heinrich von Siegroth führte den Umbau nach den persönlichen Angaben des Landgrafen

Morschen-Altmorschen. Ehem. Zisterzienserinnenkloster Heydau. Kreuzgang

durch. Er konnte sich darauf beschränken, die Kreuzgangflügel aufzustocken, um auch im ersten Obergeschoß den erwünschten Korridor zu schaffen, über dem Refektorium einen Festsaal anzulegen und aus den Zellen der Klosterfrauen Schlafkammern und Wohnräume zu machen. So blieb hier ein gotisches Nonnenkloster besser als selbst in katholischen Gebieten erhalten, denn es entging der sonst üblichen Barockisierung zur Verbesserung des Wohnkomforts im 18. Jahrhundert. Es ist dies der seltene Fall, daß ein hessisches Kloster noch alle vier Flügel seines Kreuzgangs besitzt. Sie sind mit schlichten Kreuzgratgewölben überdeckt und werden durch einfache, maßwerklose Spitzbogenarkaden erhellt.

Münzenberg, Wetteraukreis

Burgruine

Die Burg Münzenberg wurde zur sogenannten Ganerbenburg, als ihre Erbauerfamilie, die Herren von Münzenberg, 1255 im Mannesstamm ausstarb. Die Erben waren die Herren von Hanau zu einem Sechstel und die von Falkenstein, die die Anteile der drei anderen erbenden Familien Weinsberger (1270), Schönberg (1272) und Pappenheim (1286) aufkauften, so daß sie nach dem Ausscheiden von Sayn und Virneburg fünf Sechstel besaßen. Für die Herren von Hanau mußte ein eigener Palas gegenüber dem romanischen und ein zweiter Rundturm im Westen erbaut werden. Dieser verlieh der Burg ihre charakteristische Silhouette und die volkstümliche Bezeichnung »Tintenfaß der Wetterau«.

Münzenberg. Burg von Süden

Nentershausen, Kreis Hersfeld-Rotenburg

Burg Tannenberg
Abb. 104

Die Familie von Baumbach erbaute die Burg 1349 und besitzt sie bis heute. Die Anlage ist für eine deutsche Höhenburg ungewöhnlich regelmäßig über einem rechteckigen Grundriß aufgeführt. Während die meisten Bauten zur Ruine wurden, blieb der wohnturmartige viergeschossige Palas mit Dach und Decken erhalten. An seiner östlichen Schmalseite gibt ein zierlicher polygonaler Erker die Lage der Burgkapelle im dritten Obergeschoß an. An dieser Seite wurde der Bergsporn durch einen Halsgraben abgetrennt und durch eine Ringmauer mit einem Flankenturm gesichert.

Netze → Waldeck

Neuberg-Rüdigheim, Main-Kinzig-Kreis

Ev. Pfarrkirche, ehem. Johanniterkirche
Abb. 105

Im Dorf gab es schon eine 1235 erwähnte Pfarrkirche, als der hier ansässige Adlige Helferich von Rüdigheim im Jahre 1257 eine Johanniterkommende gründete. Man begann sogleich einen Neubau in den schlichten, noch frisch wirkenden Formen der Frühgotik. Der einschiffige Saalbau hat einen Chorschluß aus fünf Seiten eines Achtecks. Seine Kreuzrippengewölbe setzen über Konsolen an. Die einfachen, aber ausgezeichnet proportionierten Architekturformen werden durch die Bemalung wesentlich in ihrer Wirkung gesteigert. Nach aufgedeckten Spuren hat man sie in den Jahren 1957/58 rekonstruiert. Im Chor sind die Rippen in wechselnd roten und gelben Abschnitten gehalten, im Schiff wechselnd rot und schwarz. Ein rotes Fugennetz bedeckt die Kappen der Gewölbe. Links im Bild erkennt man ein aufgemaltes Fenster mit Maßwerk, rechts unten die rot-schwarze Umrahmung der Sakramentsnische und die mit Maßwerk bemalte Rückwand des Levitensitzes. Die farbige Raumfassung diente einerseits der Bereicherung des Raumes durch Scheinarchitekturen, andererseits der Heraushebung einzelner Gliederungselemente.

Neustadt, Kreis Marburg-Biedenkopf

Junker-Hansen-Turm
Abb. 106

Die vor 1272 erbaute Wasserburg in Neustadt wechselte zusammen mit der um dieselbe Zeit angelegten Stadt mehrfach den Besitzer. Nach den Grafen von Ziegenhain kam sie an die Kurfürsten von Mainz, die sie 1477 an die Junker von Dörnberg verpfändeten. Junker Hans von Dörnberg war Hofmeister der Landgrafen Heinrich III. und Wilhelm III. von Hessen-Marburg und zu dieser Zeit der eigentliche Regent des Landes. Das zeigt sich auch in dem nach ihm benannten und von ihm durch den Baumeister Hans Jakob von Ettlingen um das Jahr 1480 errichteten stolzen Festungsturm. Der mächtige, etwa 50 m hohe Rundturm hat massive Untergeschosse mit Schießscharten für Kanonen und zwei Fachwerkobergeschosse. Der steile, spitze Pyramidenhelm ergibt zusammen mit den vier Wichhäuschen eine reiche Silhouette. Man erkennt an dieser Bauweise, daß Fachwerk im Spätmittelalter auch vom Adel verwendet wurde, also ein hohes Ansehen genossen hat.

Oberkaufungen → Kaufungen

Rasdorf, Kreis Fulda

Kath. Pfarrkirche, ehem. Kollegiatsstift St. Johannes d. T.
Abb. 107

Die dreischiffige Basilika mit Querschiff und hohem Vierungsturm wirkt schon im Äußeren durch die klare Gruppierung der geschlossen wirkenden Bauteile altertümlich. Mehr die Einzelformen als der Gesamteindruck entsprechen der Erbauungszeit von 1274 bis ungefähr zur Mitte des 14. Jahrhunderts. Im Innern erkennt man dann schnell, daß die Basilika durch den Umbau eines romanischen Vorgängerbaus entstanden ist, von dem man die Säulen und

Rasdorf. Mauer und Turm des Wehrkirchhofs

Kapitelle übernommen hat, einige davon sind sogar noch karolingisch. Nur der Chor und die Vierung sind gewölbt, Querschiffarme und Langhaus haben hölzerne Flachdekken.
Möglicherweise wurde schon im 8. Jahrhundert von Fulda aus in Rasdorf ein Benediktiner-Kloster gegründet, das 977 in ein Kollegiatsstift umgewandelt wurde. Außerdem gab es am nordöstlichen Ortsrand die Pfarrkirche St. Michael, die leider 1836 abgebrochen worden ist. Sie stand inmitten des erhalten gebliebenen Wehrkirchhofs. Mit seinen vier bis fünf Meter hohen Mauern und vier runden Ecktürmen vertritt er den im Grenzgebiet zwischen Thüringen und der Abtei Fulda häufiger anzutreffenden Typ einer Volksburg.

Rauschenberg, Kreis Marburg-Biedenkopf

Ev. Stadtkirche, gemalter Flügelaltar

Die Pfarrkirche der Stadt Rauschenberg ist eine zweischiffige unsymmetrische Hallenkirche, die ihre heutige Gestalt durch mehrfache Umbauten zwischen dem 13. und dem 16. Jahrhundert erhielt. Von einem bedeutenden gemalten Altar sind nur die Flügel überkommen, der Mittelteil fehlt. In der neuen Zusammenstellung würden sich die Flügel gar nicht zuklappen lassen, da jeder breiter als die Hälfte des jetzigen Mittelteils ist. Dieser besteht auch aus zwei Teilen, wie an der Mittelnaht abzulesen ist, vielleicht wurde ein gemaltes Mittelstück einfach herausgeschnitten.

Rauschenberg. Ev. Stadtkirche. Detail des Flügelaltars. Geburt Christi

Es existieren noch zwölf in zwei Reihen übereinander angeordnete Felder, von denen die äußeren schmaler, die inneren fast quadratisch sind. Sie enthalten Szenen aus dem Leben und Leiden Christi von der Verkündigung an Maria bis zur Auferstehung und springen in der Reihenfolge mehrfach von unten nach oben oder umgekehrt. Der Stil der Malereien zeigt den starken Einfluß, den das Werk Konrads von Soest in der Stadtkirche von Bad Wildungen auf die hessische Malerei des 15. Jahrhunderts ausgeübt hat, und eine deutliche Verwandtschaft zum Altar der untergegangenen Klosterkirche Ahnaberg in Kassel, der sich jetzt im dortigen Landesmuseum befindet. Beide Werke dürften gegen 1410–1420 von einem hessischen, vielleicht in Kassel tätigen Maler geschaffen worden sein.

Rüdesheim, Rheingau-Taunus-Kreis

Burgruine Ehrenfels
Abb. 108

Am steilen Berghang über dem Binger Loch wurde um das Jahr 1211 eine Burg angelegt, um die Erhebung des Zolls beim Mäuseturm militärisch zu sichern. Nach drei Seiten ist die fast quadratische Burg durch das stark abfallende Gelände geschützt, während die Bergseite durch einen heute weitgehend verschütteten Halsgraben und die mächtige, 4,6 m starke Schildmauer mit den Eckflankentürmen gesichert wurde, die über einem älteren Unterbau bald nach 1356 neu aufgeführt worden ist, als die Kurfürsten von Mainz die Burg als Hoflager nutzten. Im Jahre 1689 wurde die Burg Ehrenfels wie so viele andere am Rhein durch französische Truppen zerstört und ist seitdem eine sehr malerische Ruine. Zur Zeit wird sie gegen den weiteren Verfall instand gesetzt.

Rüdigheim → Neuberg

Runkel, Kreis Limburg-Weilburg

Burg Runkel und Burg Schadeck

Runkel und Schadeck sind ein anschauliches Beispiel für eine Burg und eine gegen sie errichtete Trutzburg. Die eine war um 1150 zur Sicherung des Lahnübergangs von den Herren von Runkel errichtet und vom 13. bis zum 16. Jahrhundert zu einer mächtigen Abschnittsburg ausgebaut

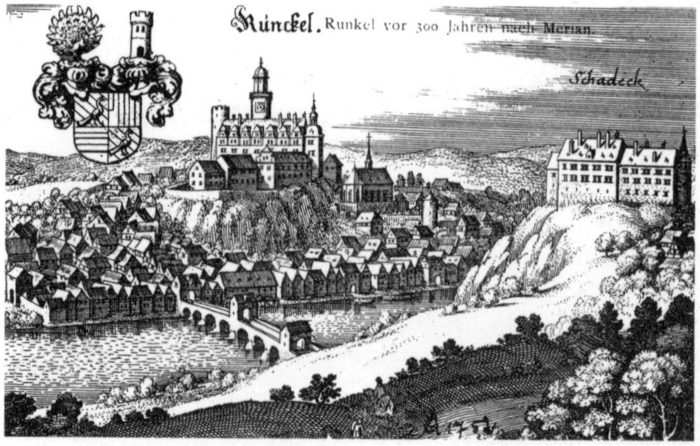

Runkel und Schadeck. Stich von Matthäus Merian, 1655

Burg Runkel (links) und der Palas von Burg Schadeck (rechts)

worden, die andere legte Heinrich von Westerburg 1288 gegen sie an, um sein vom Kurfürstentum Trier erhaltenes Lehen zu sichern. Während die Burg Runkel – allerdings teilweise Ruine – noch fast vollständig mit allen Türmen und Schildmauern erhalten blieb, wurde die Burg Schadeck 1803 bis auf den langgestreckten Palas abgebrochen.

Schlitz-Fraurombach, Vogelsbergkreis

Ev. Kirche, ehem. Wallfahrtskirche Liebfrauen, Wandmalereien
Abb. 109

Als man 1901 in der abgelegenen kleinen Dorfkirche von Fraurombach Wandmalereien freilegte, hielt man sie wegen der vielen Reiter zunächst für profane Szenen aus dem Ritterleben, bis es G. Richter gelang, sie als Jugendgeschichte des Kaisers Heraklius und dessen Wiedereroberung des Heiligen Kreuzes zu deuten. Die Ostwand des Langhauses beiderseits des Chorbogens und die anschließenden Wandstücke im Norden und Süden bedecken streifenartig übereinander geordnete Szenen, deren Inhalt wegen des teilweise schlechten Erhaltungszustandes nicht einfach zu deuten ist. In den ersten zehn bis zwölf Szenen war die Jugendgeschichte des Heraklius dargestellt: Der Sohn reicher Eltern besaß die wunderbare Gabe, Steine zu deuten, Pferde zu beurteilen und die geheimen Absichten aller Frauen zu erkennen. Nach dem Tod seines Vaters zunächst von seiner Mutter auf dem Markt verkauft, gelangte er schließlich an den Hof des Kaisers Fokas, dessen Nachfolger er später wurde. Die weitere Geschichte gilt der Wiederbeschaffung des Heiligen Kreuzes, das der heidnische Perserkönig Chosroes 615 in Jerusalem geraubt hatte. Chosroes hielt sich für einen Gott und thronte in einem Turm aus Gold und Silber neben dem Kreuz. Im Zweikampf besiegte Kaiser Heraklius den Sohn des Chosroes, spürte den König selbst in seinem Turm auf und schlug ihm den Kopf ab. Als er dann in stolzem Zug in Jerusalem einziehen wollte, war das Tor der Stadt mit schweren Quadern verschlossen und öffnete sich ihm erst, als er, wie seinerzeit Christus, demütig im einfachen Gewand und barfuß erneut einzog. Die höchst selten und in dieser Ausführlichkeit dargestellte Legende des Heraklius und des Heiligen Kreuzes beruht in Fraurombach wahrscheinlich auf der um 1203 entstandenen Verslegende »Eraclius« des hessischen Dichters Otte. Die Malereien wurden vermutlich bald nach der Erhebung der Kapelle zur Pfarrkirche 1345 geschaffen. Die Existenz eines so außerordentlichen Malereizyklus erklärt sich wohl aus den Wallfahrten nach Fraurombach. Für die Unterbringung der Pilger stockte man das romanische Schiff später in Fachwerk auf und fügte 1522 anstelle des romanischen einen schmaleren spätgotischen Chor mit Netzwölbung an. Den vermauerten größeren romanischen Chorbogen kann man noch deutlich erkennen.

Literatur: G. Richter, Die mittelalterlichen Wandmalereien in der Kirche zu Fraurombach, in: Fuldaer Geschichtsblätter Nr. 8, 1907, S. 113–121.

Schotten, Vogelsbergkreis

Ev. Stadtkirche, ehem. Wallfahrtskirche Unserer Lieben Frau
Abb. 110

Die Stadtkirche setzt sich aus zwei Teilen zusammen: einer dreijochigen Hallenkirche der hessischen Bauschule mit polygonalem Ostchor – erbaut um 1330–1350 – und einer westlichen Erweiterung aus einem breiteren Joch und einer Doppelturmfassade im Westen. Wie in Friedberg wurde deren Weiterbau jedoch untersagt, in diesem Fall 1382 durch den Landesherrn, den Erzbischof von Mainz, weil auch die Schottener den Westbau zu einer

Festung ausbauen wollten. Sie hätten sich dadurch dem Landesherrn widersetzen und eine größere Unabhängigkeit erstreiten können. Das Westportal ist wie bei der Stadtkirche von Homberg a. d. Efze durch einen rahmenden Spitzbogen mit dem darüberliegenden Fenster zusammengefaßt. Hier in Schotten ist zwischen Portalsturz und Maßwerkfenster eine aus vier Einzelfiguren bestehende »Anbetung der Könige« unter Baldachinen aufgestellt, entstanden um 1370.
Beim Flügelaltar im Inneren der Stadtkirche sind nur die Tafelgemälde und die Schnitzfigur der sitzenden Madonna in der Mitte alt, der Schrein und die Rahmen der Flügel wurden im 19. Jahrhundert zerstört und in den dreißiger Jahren unseres Jahrhunderts erneuert. Anläßlich der Restaurierung 1978–1986 mußte bei den beiden Innentafeln eine Bildübertragung vorgenommen werden, d. h., Kreidegrund und Malschicht wurden von den zerstörten alten Holztafeln auf einen neuen Bildträger gebracht. Bei dieser Restaurierung wurden die Tafelmalereien auch gereinigt, so daß sie ihre mittelalterliche Leuchtkraft wiedergewonnen haben. In großer Farbenpracht erscheinen die Figuren, vorherrschend in tief aufleuchtendem Blaugrün und Rot. Beiderseits der plastischen Mittelfigur und auf den Innenseiten der Flügel sind 16 Szenen aus dem Marienleben dargestellt. Dabei hat der Maler auf dem linken Außenflügel eine Programmänderung vorgenommen und dadurch die geschichtliche Reihenfolge durcheinandergebracht. Wie die Vorzeichnung im Goldgrund des ersten Feldes erkennen läßt, sollte hier das »Wunder des blühenden Stabes« wiedergegeben werden, doch wurde statt dessen die »Abweisung des Joachim« gewählt. Von der »Verkündigung an Maria« bis zu deren »Himmelskrönung« stimmt die Reihenfolge dann. Die Außenseiten der Flügel zeigen acht Passionsszenen. Sie stimmen stilistisch mit den Innenseiten überein, haben aber keine Vorzeichnungen, sind in der Modellierung der Figuren weniger durchgearbeitet und in der Haltung unruhiger. Die Tafelgemälde werden in die Zeit um 1370–1380 datiert. Im Vergleich zu den älteren Werken in Hofgeismar sind die Figuren jetzt gedrungener und plastischer. Durch die eng anliegenden Gewänder treten die runden Körper stärker hervor, Schultern und Bäuche wölben sich kugelig heraus. Statt um idealistische Menschendarstellung bemüht sich der Maler um naturalistische Formen. Seine Gesichter sind nicht die von zeitlosen Bibelgestalten, sondern von realen Menschen.

Schotten. Ev. Stadtkirche. Detail des Flügelaltars. Der zwölfjährige Jesus im Tempel

Literatur: Alfred Stange, Deutsche Malerei der Gotik, Bd. 2, Berlin 1936, S. 108–112.

Schwalmstadt-Treysa, Schwalm-Eder-Kreis

Ruine der Totenkirche, ehem. Pfarrkirche St. Martin

Es ist erstaunlich, daß die Bürger von Treysa ihre inmitten der Stadt gelegene Pfarrkirche zur Ruine werden ließen und die eher abseits liegende Klosterkirche der Dominikaner benutzten. Die Erklärung liegt wohl in den schweren Schäden, die St. Martin 1830 durch einen Blitzschlag erlitten hatte und für deren Beseitigung kein Geld vorhanden war. Da man die Klosterkirche schon seit der Reformation 1531 als Pfarrkirche benutzte, zwei aber nicht unterhalten wollte, benutzte man zunächst die Totenkirche als Steinbruch, wodurch sie zur Ruine wurde. Sie steht an der Grenze von der Romanik zur Gotik. Ihr Schiff wurde Anfang des 13. Jahrhunderts als romanische Pfeilerbasilika mit rundbogigen Arkaden begonnen. Während des Baus führten gegen 1250 Einflüsse der Marburger Elisabethkirche zur Übernahme frühgotischer Formen wie etwa der Bündeldienste, der Kreuzrippengewölbe in den querrechteckigen Jochen und des Maßwerks in den spitzbogigen Obergadenfenstern. Der Chor bestand erst wohl aus einer halbrunden Apsis und wurde am Ende des 13. Jahrhunderts über polygonalem Grundriß neu aufgeführt.

Schwalmstadt-Treysa. Ruine der Totenkirche. Inneres nach Osten

Ev. Pfarrkirche, ehem. Dominikaner-Klosterkirche St. Maria
Abb. 111

Die Dominikaner gründeten vor 1287 ihr Kloster am westlichen Rand der Oberstadt unweit der Mauer. Bald danach werden sie mit dem Bau ihrer Kirche begonnen haben, deren Fertigstellung sich aber bis ins späte 14. Jahrhundert hingezogen haben muß, denn die abwechselnd runden und achteckigen Stützen des zweischiffigen Hallenlanghauses haben keine Kapitelle mehr, so daß die Rippen ohne Unterbrechung aus ihnen herauswachsen. Darin äußert sich eine spätgotische Stiltendenz, wie sie bei der sonst sehr ähnlichen Minoritenkirche in Fritzlar aus der ersten Hälfte des 14. Jahrhunderts noch nicht zu beobachten ist. Wie bei den meisten Bettelordenskirchen wirkt der Innenraum mehr durch seine guten Proportionen als durch die Einzelformen, die auf das notwendigste Maß beschränkt sind. Lediglich die Schlußsteine der Gewölbe wurden mit Blattwerk, Masken und Einzelfiguren verziert.

Kapelle des Heiliggeisthospitals

Das Heiliggeisthospital wurde bald nach 1350 am nördlichen Rand der Unterstadt angelegt und lag damals wie die meisten derartigen Einrichtungen der Krankenpflege noch außerhalb der Stadtmauern. Im Jahre 1367 wird es in einer Urkunde als bestehend genannt. Die heute noch vorhandenen Bauten des umfangreichen, um zwei langgestreckte Innenhöfe gruppierten Komplexes stammen erst aus dem 16.–19. Jahrhundert, geben aber noch einen guten Eindruck von diesem Typ einer sozialen Einrichtung in mittelalterlichen Städten. Aus der Gründungszeit um 1350–1370 blieb die Kapelle bestehen, ein kleiner Saalbau mit zwei Jochen und einem Fünfachtelschluß. Besonders reizvoll ist sein zierlicher steinerner Dachreiter, der über dem Westgiebel sitzt und mit Fialen, Wimpergen und Krabben ausgeschmückt ist.

Literatur: Denkmaltopographie Bundesrepublik Deutschland: Baudenkmale in Hessen – Schwalm-Eder-Kreis I, Braunschweig-Wiesbaden 1985, S. 368–410.

Schwalmstadt-Treysa. Kapelle des Heiliggeisthospitals. Dachreiter

Solms-Oberbiel, Lahn-Dill-Kreis

Ehem. Prämonstratenserinnen-Kloster Altenberg, jetzt Königsberger Diakonissen-Mutterhaus
Abb. 112–114

Auf einem Berg, der sich in das weite Flußtal hineinschiebt und dadurch die Lahn zu einer Schleife zwingt, gründete der wandernde Priester Gottfried von Beselich um das Jahr 1170 die Zelle Altenberg, die dem Kloster Rommersdorf bei Neuwied unterstellt und von dort aus mit Nonnen des Prämonstratenserordens besetzt wurde. Aus der Gründungszeit findet man keine baulichen Erinnerungen mehr, denn Klausur und Kirche wurden in der eigentlichen Blütezeit des Klosters unter der Magistra Gertrud (1248–1297) neu erbaut. Auf die Errichtung der Klosterkirche beziehen sich die Ablaßbriefe von 1251–1255, die Erwähnung des Hochaltars 1271 deutet auf die Fertigstellung von Chor und wohl auch Querschiff hin, die Arbeiten am einschiffigen Langhaus können sich bis gegen 1300 hingezogen haben.

Der in den schlichten, aber sehr qualitätvollen Formen der Frühgotik gestaltete Chor steht insbesondere mit seinem Maßwerk ganz unter dem Einfluß der Elisabethkirche in Marburg, was nicht überrascht, war doch die Magistra Gertrud die jüngste Tochter der Landgräfin Elisabeth. Insgesamt richtet sich die Anlage von Kirche und Klausur jedoch nach dem Vorbild der Zisterzienser-Nonnenkirchen, vor allem in der Anlage einer steinernen Empore im Westen. Sie nimmt fast das gesamte Langhaus ein, bot oben den Nonnen und in der gewölbten, in zwei breiten Spitzbögen zum Chor hin geöffneten Unterkirche den Laien ihren Platz. Erst nach der Reformation entstand die Treppe zur Empore und deren Brüstung, in die Meister Johann Wilhelm Schöler aus Bad Ems 1757 seine großartige Orgel einfügte.

Von besonderer kunstgeschichtlicher Bedeutung sind die gotischen Wandmalereien auf der Südwand der Vierung, die zusammen mit der Architektur bis 1271 entstanden sein müssen. In der Mitte, durch einen höheren Baldachin betont, ist die Krönung Marias durch Christus dargestellt, zu beiden Seiten die Zwölf Apostel. Die Figuren beeindrucken durch die Feinheit der Zeichnung, die ausdrucksvolle Bewegung der Körper und Gewandfalten sowie die eindringliche Gestik der Hände. Die Baldachine über den thronenden Figuren schließen sich zu einer großartigen Stadtsilhouette mit Türmen und Kuppeln zusammen. Es ist das Himmlische Jerusalem, das sich der Mensch des Mittelalters als Ziel des Lebens nach dem Tode ganz realistisch als Stadt des Paradieses vorstellte. Darauf deuten auch die vielen Paradiesvögel auf den Dächern.

Das Grabdenkmal der Gertrud liegt noch an der ursprünglichen Stelle vor dem Hochaltar, dort, wo man im Mittelalter hochgestellte Stifterpersönlichkeiten zu bestatten pflegte. Es ist eine sehr feine gotische Steinmetzarbeit. Schlanke Fialen und ein mit Blattwerk besetzter Kielbogen bilden den Rahmen, in dessen Zwickeln am Haupt zwei Engel wachen. Die Verstorbene stützt ihre Füße auf einen Löwen, Symbol für die Auferstehung Christi. Die Hände betend vor der Brust zusammengelegt, liegt die sel. Gertrud in anmutiger Haltung auf der Tumba. Die 1227 geborene jüngste Tochter der Landgräfin Elisabeth wurde von dieser schon im Alter von zwei Jahren in das Kloster Altenberg gebracht, bereits im Jahre 1248 als jüngste der 24 Klosterfrauen zu deren Meisterin (Magistra) gewählt und verbrachte hier ihr ganzes Leben bis zu ihrem Tode 1297. Bald danach wird die Tumba entstanden sein.

Spangenberg, Schwalm-Eder-Kreis

Burg
Abb. 115

Bei der Burg Spangenberg handelt es sich im Unterschied zur Hangburg Ehrenfels um eine Gipfelburg, errichtet auf der Spitze eines gleichmäßig nach allen Seiten abfallenden Bergkegels. Der schachtartig eng wirkende Burghof ist allseitig von Gebäuden umgeben, die sich an die umgebende Ringmauer anlehnen – man nennt diesen Typ deshalb Randhausburg. Die Gebäude gehen in der heutigen Gestalt weitgehend auf den Wiederaufbau nach der Kriegszerstörung 1945 zurück, stammen im Kern noch aus dem Mittelalter, wurden aber bis zum 17. Jahrhundert mehrfach umgestaltet. Nach dem Aufkommen der Feuerwaffen legte man im 15. Jahrhundert um die Kernburg zunächst einen inneren Mauerring mit halbrunden Schalentürmen, dann im 16. und 17. Jahrhundert weit ins Tal vorgeschobene sternförmige und polygonale Bastionen. Damals befand sich die Burg längst im Besitz der Landgrafen von Hessen, die sie 1350 von den Herren von Spangenberg, Lehnsmännern der Grafen von Ziegenhain, erworben hatten.

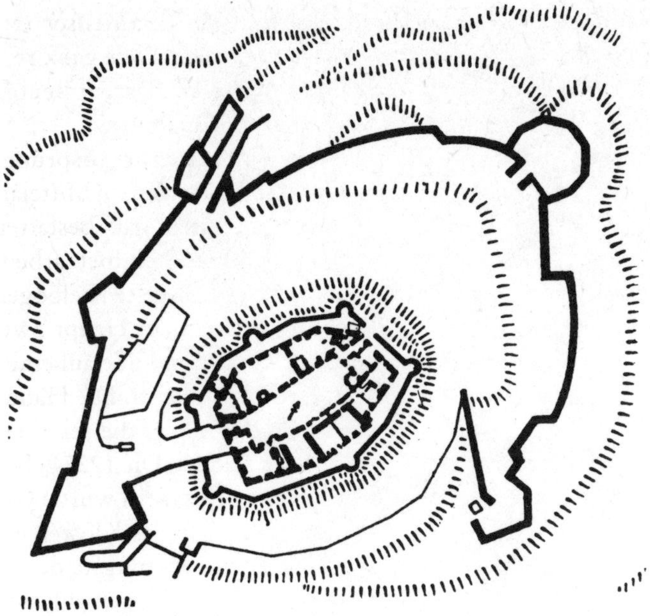

Spangenberg. Plan der Burg

Trendelburg. Burg

Ev. Stadtkirche, ehem. St. Johannes d. T., Vesperbild
Abb. 116

Das qualitätvolle Vesperbild in der Stadtkirche wurde am Ende des 15. Jahrhunderts wahrscheinlich von einem in Erfurt tätigen Bildschnitzer geschaffen. Ein Vergleich mit dem mehr als ein Jahrhundert älteren Vesperbild im Fritzlarer Dom zeigt, wieviel stärker die Fritzlarer Pieta von einer ergreifenden inneren Erregung geprägt ist, besonders deutlich im starren, verkrümmten Leichnam Christi ausgedrückt. Dagegen strahlt das Spangenberger Vesperbild Ruhe und Ergebenheit in das Schicksal des Kreuzestodes aus. Der Leichnam wirkt schlaff, das Gesicht der Muttergottes mütterlich versonnen. Allerdings muß man hier die entstellende neuere Farbfassung berücksichtigen, während in Fritzlar das Original freigelegt werden konnte.

Trendelburg, Kreis Kassel

Burg

Am Ende eines Höhenrückens ragt der Bergsporn mit der Burg in das Tal der Diemel hinein. Die gefährdete, weil gut zugängliche Bergseite wurde durch einen tief in den Felsen gehauenen Halsgraben mit steilen Wänden und den runden Bergfried gesichert. Sein Unterbau aus großen Sandsteinquadern geht noch auf den Gründungsbau des 13. Jahrhunderts zurück, wahrscheinlich stammen auch die Grundmauern des Palas aus dieser Zeit. In der zweiten Hälfte des 15. Jahrhunderts stockte man den Bergfried auf und errichtete einen äußeren Mauerring mit vier wuchtigen runden Ecktürmen. Die Ähnlichkeit mit anderen bereits auf Kanonen ausgerichteten Wehranlagen wie Schweinsberg, Herzberg und Friedewald deutet auf den landgräflichen Festungsbaumeister Hans Jakob von Ettlingen hin.

Trendelburg-Gottsbüren

Ev. Pfarrkirche, ehem. Wallfahrts- und Klosterkirche, Wandmalereien

In der Zeit um 1330 fand man in dem einsam gelegenen Walddorf inmitten des Weserberglandes eine blutige Hostie, die eine beachtliche Wallfahrt auslöste. In der Folge entstand ein kleines Nonnenkloster, zeitweilig existierte auch ein Kollegiatsstift. Die noch bestehende Hallenkirche wurde 1331 mit dem Chor begonnen, aber erst im 15. Jahrhundert vollendet. In ihr entdeckte man 1961

Wandmalereien, bei deren Freilegung jedoch nicht sauber zwischen dem Originalbefund und Ergänzungen unterschieden wurde. Auch waren zwei Schichten aus dem 15. Jahrhundert übereinander vorhanden, die nicht exakt getrennt wurden, so daß sich im heutigen Erscheinungsbild Unklarheiten ergeben. Der hl. Christophorus erscheint gleich zweimal auf der Nordwand. Nach der mittelalterlichen Legende wollte dieser Riese nur dem mächtigsten König der Welt dienen. Als er diesen nicht fand, verdingte er sich, um Reisende über einen reißenden Fluß zu tragen. Eines Nachts bat ihn Christus in der Gestalt eines Kindes um diesen Dienst. Christophorus nahm das Kind auf die Schultern, das ihm beim Durchwaten des Flusses zur schweren Last wurde, so daß er fast ertrank. Schließlich offenbarte sich Christus mit den Worten: »Der Herr, der die Welt erschaffen hat, war deine Bürde«, und taufte Christophorus im Fluß. Er wurde zum Schutzheiligen aller Reisenden. Wer sein Bild erblickte, war an diesem Tag gegen einen plötzlichen Tod ohne den Beistand eines Priesters gefeit. Deshalb sind die Bilder des Heiligen immer so riesig groß, häufig auch am Äußeren der Kirchen, im Alpenraum sogar an den Felsen der Paßstraßen angebracht.

Treysa → Schwalmstadt

Volkmarsen, Kreis Waldeck-Frankenberg

Kath. Pfarrkirche St. Maria
Abb. 117

Die frühgotische Hallenkirche aus der zweiten Hälfte des 13. Jahrhunderts hat an der Südseite ein schönes Portal, dessen schräge Laibung mit Säulen ausgestattet ist. Das äußere Paar steht frei und dient den steinernen Skulpturen des Petrus und Paulus als Standfläche. Diese wurden ebenso wie die Madonna über dem Mittelpfeiler erst 1404 geschaffen, waren aber, wie man an den vorgesehenen Standflächen und bekrönenden Baldachinen erkennen kann, von Anfang an geplant. Die heute hier aufgestellten Figuren sind Abgüsse der Originale, die man ins Innere bringen mußte, um sie vor Steinzerfall zu bewahren.
Am Strebepfeiler links neben dem Portal findet sich unterhalb der Inschrift an der Kopfseite eine Ritzzeichnung. Sie stellt einen Kran mit einer Steinzange dar, damals die neueste technische Errungenschaft, mit deren Hilfe man die schweren Werksteinquader sehr viel leichter hochziehen

Volkmarsen. Kath. Pfarrkirche St. Martin. Ritzzeichnung. Kran mit Steinzange

konnte. Bis dahin hatte man wahrscheinlich die Seile einfach um die Steine geschlungen, mußte dann aber zu ihrer Ablösung den Stein nach dem Aufsetzen auf der Mauerkrone nochmals anheben. Die Steinzange dagegen löst sich mit ihren Greifern von selbst aus den eigens dafür in die Seitenflächen eingearbeiteten Löchern, wenn der Zug der Seile nachläßt. Derartige originale Zeichnungen mittelalterlicher Steinmetzen am Bau selbst geben uns den zuverlässigsten Aufschluß über den technischen Stand der jeweiligen Zeit, hier des späten 13. Jahrhunderts.

Wächtersbach-Aufenau, Main-Kinzig-Kreis

Kath. Pfarrkirche St. Maria, gemalter Flügelaltar

Im aufgeschlagenen Zustand zeigen die Tafelgemälde die Krönung der Maria inmitten der Zwölf Apostel, ein in der Gotik sehr beliebtes Motiv der Malerei. Ein vom Mittelrhein kommender Maler führte es in der Zeit um 1425–1450 aus, also rund 150 Jahre nach dem Wandbild in der Klosterkirche von Altenberg mit demselben Bildinhalt. So reizt der Vergleich, da er die Entwicklung der gotischen Malerei verdeutlicht. Sind die Figuren im 13. Jahrhundert noch ganz schemenhaft und vergeistigt, so kann man jetzt in Aufenau unter den Gewändern schon eher Menschen von Fleisch und Blut vermuten. Was in Altenberg ganz auf die graphische Wirkung der feingeschwungenen Linien angelegt war, wird jetzt zur plastischen Substanz schwer herabfallender Gewänder. Die Außenseiten der Flügel stellen die Verkündigung an Maria dar. Das anspruchsvolle Altarwerk dürfte kaum für die bescheidene Dorfkirche geschaffen worden, sondern aus einer Stadt- oder Klosterkirche des Bistums Mainz hierhergelangt sein.

Wächtersbach-Aufenau. Kath. Pfarrkirche St. Maria. Detail des Flügelaltars. Marienkrönung

Waldeck-Netze, Kreis Waldeck-Frankenberg

Ev. Pfarrkirche, ehem. Zisterzienserinnen-Kloster Marienthal, Altar
Abb. 118

Der gemalte Flügelaltar zählt nach denen in Wetter, Hofgeismar, Bad Wildungen und Schotten zu den fünf herausragenden Werken gotischer Tafelmalerei in Hessen. Er ist

Waldeck-Netze. Ev. Pfarrkirche. Detail des Flügelaltars. Verkündigung

etwa ein halbes Jahrhundert jünger als der Hofgeismarer Altar, entstand also um 1360, und wurde von einem aus Westfalen stammenden Maler geschaffen. Damals wurde die spätromanische zweischiffige Hallenkirche aus der Zeit um 1228–1230 um zwei Joche nach Osten erweitert, wahrscheinlich auch, um den großen dreiteiligen Flügelaltar aufnehmen zu können. Die Hälfte der Mitteltafel wird von dem quadratischen Feld mit der Kreuzigung eingenommen. In den Seitenteilen und auf den Flügeln sind die Szenen aus dem Neuen Testament in zwei übereinanderliegenden Reihen angeordnet. Der linke Flügel ist von der Chronologie der Ereignisse her in sich geschlossen: oben links die Verkündigung, rechts die Geburt Christi, unten dann die Anbetung der Könige und die Darbringung im Tempel. Mit dem Abendmahl in der linken oberen Ecke beginnt die Passion, die sich rechts oben in der Szene vor Pilatus, links unten mit der Kreuztragung, dann mit der großen Kreuzigung im Mittelfeld und schließlich mit der Beweinung rechts unten fortsetzt. Eigentümlich ist nun der Aufbau des rechten Flügels. Hier setzt sich die Erzählung nicht wie bei den beiden anderen Teilen links oben, sondern unten fort, wohl weil der Maler mit der Grable-

Wetter. Ev. Pfarrkirche. Altarretabel

gung und Auferstehung direkt an die Beweinung anknüpfen wollte, vielleicht auch, weil ihm die Himmelfahrt und das Pfingstwunder besser nach oben zum Himmel hin zu passen schienen. Vergleicht man den Stil mit dem der Hofgeismarer Tafeln, so fällt auf, daß die Figuren ein halbes Jahrhundert später plastischer gemalt sind. Das geschieht durch die nach den Seiten hin sanft verschatteten Farben, wodurch sich eine säulenhafte Rundung herausbildet. Die Mitte aller Figuren ist aufgehellt, eine einheitlich den Raum gestaltende Lichtführung gibt es noch nicht. Einmalig ist die Darstellung der »Wurzel Jesse« inmitten der Verkündigungsszene. Vor einem Baum sitzt der Harfe spielende König David und weist damit auf die Herkunft Christi aus seinem Stamm hin.

Literatur: Erich Herzog, Gotische Altäre in Nordhessen, Jahresgabe der Hessischen Brandversicherungsanstalt, Kassel 1966, ohne Numerierung der Seiten.

Wetter, Kreis Marburg-Biedenkopf

Ev. Pfarrkirche, ehem. Stiftskirche St. Maria
Abb. 119

Die ehemalige Stiftskirche in Wetter gehört zu den frühesten und engsten Nachfolgebauten der Elisabethkirche in Marburg. Urkundliche Belege zur Baugeschichte fehlen zwar, doch muß bald nach 1250 mit dem Bau des Chors begonnen worden sein, wie man an dem altertümlichen Maßwerk erkennen kann. Hier werden die drei pyramidenförmig übereinandergestapelten Dreipässe noch ganz aus der Fläche geschnitten, wie dies am Beginn der Entwicklung des Maßwerks üblich war. Das Muster selbst stammt von den Chorkapellen der Kathedrale von Amiens, gelangte über den Kölner Dom nach Deutschland und findet sich auch an der Klosterkirche in Haina.

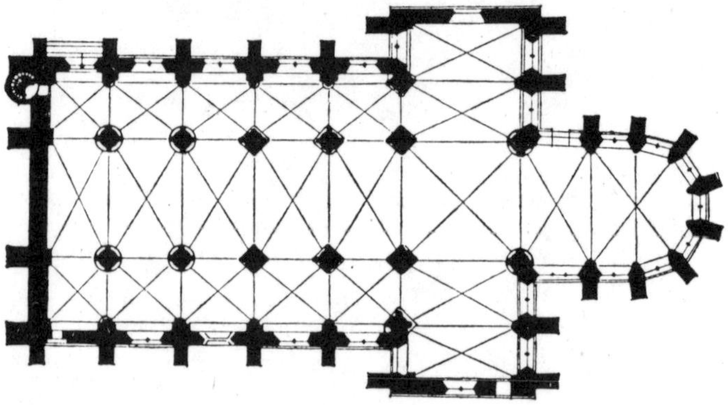

Wetter. Ev. Pfarrkirche. Grundriß

Der Einfluß der Marburger Elisabethkirche äußert sich schon im Grundriß des Ostchors, der aus zwei rechteckigen Jochen und fünf Seiten eines Zehnecks gebildet ist, ferner im Verhältnis des breiten Mittelschiffs zu den schmalen Seitenschiffen und in den mit vier Runddiensten besetzten Rundpfeilern des Hallenlanghauses. Die bald nach der Fertigstellung des Langhauses um 1280 vorgenommene Ausmalung wurde 1962 aufgrund aufgedeckter Spuren rekonstruiert. Die Flächen der Wände, Pfeiler und Gewölbe sind rot mit weißem Fugennetz, die Dienste im Chor gelb, im Schiff weiß und grau, die Rippen gelb bemalt.
Als Besonderheit gehört zur Ausstattung das hochbedeu-

tende Altarretabel, das älteste seiner Art in Hessen. Es setzt sich bei einer Breite von 2,5 m und einer Höhe von 80 cm aus zwei in Längsrichtung angeordneten Eichenholzbrettern zusammen, ferner je einem hochrechteckigen Brett auf der rechten und linken Seite. Unter sieben plastischen Arkadenbögen auf gemalten Säulen sind sieben Szenen der Passion Christi vom Verrat bis zur Grablegung dargestellt. In den sechs Zwickelfeldern erkennt man die Halbfiguren von Engeln, die sich in Paaren einander zuwenden. Die schwer beschädigte Rückseite enthält das Gotteslamm, umgeben von den vier Evangelistensymbolen. Die Szenen spielen sich vor einem Goldhintergrund ab und sind in kräftigen Farben, überwiegend Rot und Grün, gehalten. Vom Aufbau her entspricht dieses frühe Retabel einem Tragaltar oder Reliquienschrein, der gewissermaßen auf die Vorderseite reduziert worden ist. Vielleicht enthielt es auch Reliquien – darauf deuten zumindest die beiden eingesetzten Bretter in der zweiten und sechsten Arkade hin. In der aufgemalten, nur noch schwer lesbaren Inschrift am oberen Rand wird ein Folpertus als Stifter genannt, von den einen als Ritter Volpert Hosekin von Hohenfels – nachweisbar 1226–1272 –, von anderen als Volpert vom Mönchehof identifiziert, der in Urkunden von 1263–1272 als Zeuge genannt wird. Der Stil der Malereien knüpft einerseits noch an die romanische Tradition an, läßt andererseits aber schon das Bemühen um die natürliche Bewegung der Gestalten aus der Körperhaltung erkennen. Als Entstehungszeit sind deshalb die Jahre 1260–1270 anzunehmen.

Literatur: Heinz Heinrichs, Die hessische Malerei in der ersten Hälfte des 14. Jahrhunderts, Kassel 1939, S. 27–29; Gisela Krampe, Das Altarretabel der ehemaligen Stiftskirche in Wetter, in: Kunst in Hessen und am Mittelrhein, Heft 20, 1980, S. 9–19.

Wetzlar, Lahn-Dill-Kreis

Simultankirche, Dom genannt, ehem. Stifts- und Pfarrkirche St. Maria
Abb. 120–122

Wetzlar verdankt seinen Aufstieg zur Reichsstadt der günstigen Lage an der Kreuzung wichtiger Handelsstraßen und dem günstigen Lahnübergang, der zunächst durch eine Furt, bald aber über eine Brücke erfolgte. Die heute noch, als eine der ältesten in Hessen, vorhandene Steinbrücke wird urkundlich bereits 1313 erwähnt und besitzt noch ihre sieben Rundbogen, über die sich in sanft geneigter Kurve die Fahrbahn mit ihren steinernen Brüstungen legt. Der Dom beherrscht die Stadt allein schon durch seine Lage auf der höchsten Erhebung, noch mehr durch seine gewaltige Baumasse. Unverwechselbar ist seine Erscheinung mit dem kleinen romanischen Nordturm, dem mächtigen spätgotischen Südturm und dem Westgiebel des mittleren Kirchenschiffes dazwischen. Der unvollendet gebliebene Westbau vermittelt uns einen Einblick in den Ablauf eines Kirchenneubaus, bei dem man sich bemühte, die alte romanische Kirche des 12. Jahrhunderts so lange wie möglich stehen zu lassen, um sie weiter benutzen zu können. Deshalb wurden zunächst die Außenmauern

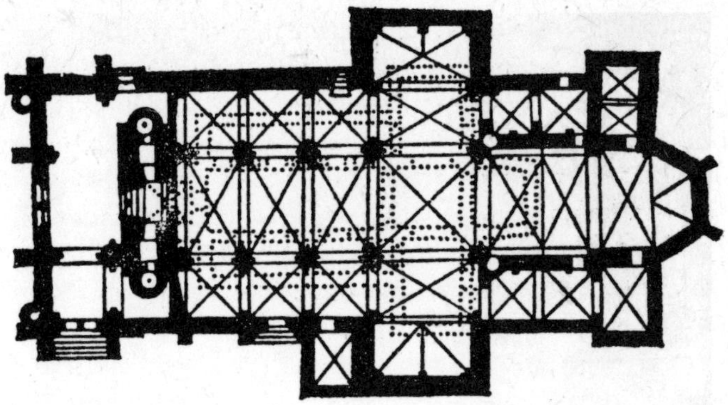

Wetzlar. Dom. Grundriß

Wetzlar. Dom. Portal der unvollendeten gotischen Westfassade

des breiteren neuen Schiffs errichtet und der nördliche romanische Westturm als Aufzug verwendet. Da der Neubau unvollendet eingestellt wurde, steht der alte Turm heute wie in einem Atrium, umgeben von den halbhohen spätgotischen Umfassungsmauern. Der ab 1336 begonnene Westbau schiebt sich so weit in das abfallende Gelände vor, daß ein hoher Unterbau erforderlich wurde und das neue Westportal nur über eine hohe Freitreppe zu erschließen gewesen wäre.
Am Mittelpfosten des zweiteiligen Portals steht die Statue der Muttergottes, darüber sind in den Tympanonreliefs die »Anbetung der Heiligen Drei Könige« und die »Krönung der Maria« dargestellt. Die Statuetten in den Archivolten des rahmenden großen Spitzbogens sind die »Klugen und Törichten Jungfrauen«, die vor zehn Jahren in das Kircheninnere gebracht und durch Abgüsse ersetzt wurden. Der Kopf im Bogenscheitel könnte ein Selbstporträt des Baumeisters sein. Wegen der stilistischen Verwandtschaft mit seinen anderen Werken wird der Westbau Tyle von Frankenberg zugeschrieben. Das Westportal entstand um 1370, sein durch die Maßwerkbrüstung geschobener Wimperg blieb unvollendet ohne Spitze stehen.
Der Innenraum läßt die Herkunft der Hallenkirche aus der Marburger Bauschule der Elisabethkirche erkennen. Wahrscheinlich erfolgte die Errichtung der Ostapsis schon gegen 1240–1250, also fast gleichzeitig mit dem Marburger Ostchor. Beim Bau des Querschiffs und Hallenlanghauses wurden die Dimensionen wesentlich gesteigert, wie man am Wandzwickel über dem Chorbogen sehen kann. Die Rundpfeiler mit Runddiensten und das Verhältnis der schmalen Seitenschiffe zum doppelt so breiten Mittelschiff deuten auf Marburg, andere Formen auf Westfalen.
In einer Seitenkapelle steht ein überlebensgroßes Vesperbild, um 1370–1380 aus Holz geschnitzt, dessen heutige farbige Fassung im 18. Jahrhundert erneuert wurde. Entwicklungsgeschichtlich liegt das bedeutende Kunstwerk zwischen der Pieta im Fritzlarer Dom von ca. 1350 und dem Vesperbild von Spangenberg aus der Zeit um 1480–1490, stilistisch zwischen rheinischen und thüringischen Einflüssen.
Der Dom wird seit dem Übertritt der Stadt Wetzlar zur Reformation 1542 von der katholischen und der evangelischen Gemeinde genutzt, eines der seltenen Beispiele für eine Simultankirche.

Wetzlar-Hermannstein

Wohnturm der Oberburg
Abb. 123

Die Oberburg von Hermannstein ist das anschaulichste Beispiel für eine Turmburg in Hessen. Im Unterschied zum Bergfried, der ausschließlich als letzter Verteidigungsabschnitt gedacht war, diente die Turmburg in Friedenszeiten dem Wohnen. In England »Keep« und in Frankreich »Donjon« genannt, kommt dieser Burgtyp dort sehr viel häufiger vor als bei uns. Er war ursprünglich eine Burg für sich und wurde erst nach und nach in eine Gesamtanlage eingebunden. Das berühmteste Beispiel für eine Turmburg in England ist der Tower in London, dessen Name den Typus bis heute bezeichnet. Die Turmburg in Hermannstein erbaute Landgraf Hermann I. von Hessen 1373–1379. Möglicherweise war Tyle von Frankenberg, der an der Liebfrauenkirche in Frankenberg und am Dom in Wetzlar tätig war, auch hier der Baumeister. Der Grundriß der Turmburg ist ein ungleichmäßiges Trapez mit abgerundeten Ecken, ganz auf fortifikatorische und wohnliche Zwecke und nicht auf Symmetrie ausgerichtet. An der dem Angreifer zugekehrten Langseite erkennt man in der Mitte eine vollgemauerte halbrunde, durch alle Geschosse verlaufende Verstärkung, die von französischen Donjons abgeleitet ist und in Frankreich »Tourelle« genannt wird. Das Innere war einst in nur zwei hohe Geschosse unterteilt, überdeckt von je vier Kreuzgratgewölben und ursprünglich von hölzernen Emporen umgeben. Später hat man an ihrer Stelle Balkendecken eingezogen und damit die niedrige Geschoßeinteilung geschaffen. Die Unterburg wurde 1483 als Erweiterung angelegt, die ganze Anlage dabei durch Zwinger gesichert.

Wiesbaden-Bierstadt

Ev. Pfarrkirche, Altar
Abb. 124

In der romanischen Kirche steht seit 1984 auf der steinernen Mensa in der Hauptapsis wieder der gotische Altar, der in der Restaurierungswerkstatt der hessischen Denkmalpflege aus den vorhandenen Resten neu zusammengestellt wurde. Einst standen die jetzt auf Konsolen an den Wänden angebrachten Schnitzfiguren der Muttergottes sowie der hll. Nikolaus und Ferrutius in einem Schrein, zu dessen Flügeln die jetzt in einer Bildwand vereinigten acht Tafelgemälde über der alten Predella gehörten. Auf den ehemaligen und auch heutigen Innenseiten sind vor einem Goldhintergrund die Geburt Christi, die Anbetung der Könige, die Darbringung im Tempel und der Kindermord zu Bethlehem gemalt, außen erscheinen die hll. Nikolaus, Martin, Christophorus und Sebastian vor blauem Himmel als Hintergrund. Auf der Predella steht Christus inmitten der Zwölf Apostel. Die Tafelgemälde gelten als Werk des Frankfurter Malers Martin Caldenbach, genannt Hess, da sie eine enge stilistische Verwandtschaft zu dessen Werken im Frankfurter Städel, im Mittelrheinischen Museum in Mainz und in der Alten Pinakothek in München aufweisen. Sie sind gegen 1500 entstanden.

Literatur: U. Hüneke, Der Maler Martin Caldenbach, ein Beitrag zur Frankfurter Kunst um 1500, Diss. Bonn 1965; Fritz Arens, Evangelische Kirche Wiesbaden-Bierstadt, Schnell Kunstführer Nr. 1566, München-Zürich 1986, S. 7–12.

Wildeck-Bosserode, Kreis Hersfeld-Rotenburg

Ev. Pfarrkirche, Flügelaltar
Abb. 125 a, b

Wie die Reste des bedeutenden Flügelaltars in die Dorfkirche von Bosserode gelangt sind, ist noch nicht erforscht. Sicher wurde das sehr qualitätvolle Kunstwerk nicht für diesen Standort geschaffen, sondern aus einer Stadtkirche hierher gebracht. Der originale Schrein ist nicht erhalten. Die Denkmalpflege entwarf zur besseren Präsentation der Flügel und des geschnitzten Vesperbildes ein neues Gehäuse, um die bis dahin getrennt aufbewahrten Teile in den ursprünglichen Zusammenhang zurückzuführen. In aufgeklapptem Zustand ist auf einem polygonalen Sockel mit den Halbfiguren von Propheten die Schnitzgruppe der Pieta zu sehen, das ausgezeichnete Werk eines unbekannten thüringischen Holzbildhauers aus der Zeit um 1430–1450. Es stand einst frei als selbständiges Andachtsbild und wurde erst in der Zeit um 1500 in einen Schrein gesetzt, um es in der Fastenzeit durch das Zuklappen der Flügel den Blicken der Gläubigen entziehen zu können, denn im Mittelalter wurden, wie es zum Teil auch heute noch üblich ist, in der Passionszeit alle plastischen Bildnisse verhüllt.
Die Flügel bemalte ein unbekannter Künstler, wohl ebenfalls aus Thüringen, innen mit zwei Reihen von Heiligenfiguren vor einem kostbar damaszierten Goldgrund, außen mit einer gemalten Pieta, die deutlich das Bemühen erkennen läßt, das geschnitzte Bildnis wiederzugeben. Die monumentale Darstellung bedeckt die Außenseiten beider Flügel, mußte also zwangsläufig in der Mitte eine Fuge erhalten. Sie erfüllt hier die Aufgabe der mittelalterlichen Hungertücher, die man in der Fastenzeit vor die geschnitzten und bunt bemalten Altäre spannte und die meist nur in Grautönen gehalten waren. So ist auch hier die Farbgebung im Unterschied zu den farbigen Innenseiten fast düster in Braun-, Grün- und Fleischtönen gehalten. Rechts und links des sehr eindrucksvoll gemalten Hauptes der Maria kann man die Marterwerkzeuge der Geißelung erkennen. Leider sind größere Partien der Malerei zerstört, insbesondere das Haupt Christi. Die Fehlstellen wurden von den Restauratoren des Hessischen Landesamts für Denkmalpflege so durch Retuschen im Lokalton und in Stricheltechnik geschlossen, daß sie nicht störend wirken, andererseits aber auch als Ergänzungen der Restaurierung von 1980–1984 zu identifizieren sind.

Wolfhagen. Ev. Stadtkirche. Kelch von 1405

Wolfhagen, Kreis Kassel

Ev. Stadtkirche, ehem. St. Anna
Abb. 126–128

Einen 1235 geweihten ersten Kirchenbau ersetzte man im letzten Viertel des 13. Jahrhunderts durch den Neubau einer stattlichen Hallenkirche. Der hohe Westturm wurde laut Inschrift 1303 begonnen. Sein Portal stellt mit den Figurennischen in den Fialen beiderseits des mittleren Wimpergs eine Weiterentwicklung des Südportals der Pfarrkirche in Volkmarsen dar. In der Zeit um 1400–1420 führte man einen neuen Chor mit polygonalem Schluß auf. Im Innern wird deutlich, wie sich westfälische und hessische Einflüsse in der Architektur mischen. Das Verhältnis des breiten Mittelschiffs zu den halb so breiten Seitenschiffen geht auf die hessische Bauschule zurück, die breitgelagerten Raumproportionen und schweren Rundpfeiler mit breiten Rechteckvorlagen auf westfälische Anregungen. Auch die altertümliche Verwendung von Kreuzgratgewölben in den Seitenschiffen der vierjochigen Hallenkirche deutet über die Kirche in Volkmarsen nach Westfalen. Die Kreuzrippengewölbe des Mittelschiffs haben in ihren Schlußsteinen beachtlich qualitätvolle Figurenreliefs. Auf höchst ungewöhnliche Weise ist hier das Thema des »Jüngsten Gerichts« über die Joche verteilt worden.
Die Stadtkirche besitzt noch einen kostbaren spätgotischen Kelch aus dem Jahre 1405, also der Zeit des Chorneubaus.

Literatur

Backes, Magnus, und Hans Feldtkeller: Kunstwanderungen in Hessen, Stuttgart 1962

Dehio, Georg: Handbuch der deutschen Kunstdenkmäler – Hessen, bearbeitet von Magnus Backes, München – Berlin 1982

Demandt, Karl E.: Geschichte des Landes Hessen, revidierter Neudruck, Kassel 1980

Denkmaltopographie der Bundesrepublik Deutschland – Baudenkmäler in Hessen. Hrsg. vom Landesamt für Denkmalpflege, Wiesbaden 1982 ff.

Feldtkeller, Hans (Hrsg.): Die Kunstdenkmäler des Landes Hessen. Der Rheingaukreis, München – Berlin 1965

Fischer, Friedhelm Wilhelm: Spätgotische Kirchenbaukunst am Mittelrhein, Diss. Heidelberg 1962

Gotische Altäre in Nordhessen. Jahresgabe der Hessischen Brandversicherungsanstalt für 1966, Kassel 1966

Hamann, Richard, und Kurt Wilhelm-Kästner: Die Elisabethkirche in Marburg und ihre künstlerische Nachfolge, 2 Bände, Marburg 1924, 1929

Heinemeyer, Walter (Hrsg.): Das Werden Hessens. Veröffentlichungen der Historischen Kommission für Hessen 50, Marburg 1986

Heinrichs, Heinz: Die hessische Malerei in der ersten Hälfte des 14. Jahrhunderts, Kassel 1939

Meyer-Barkhausen, Werner: Die Elisabethkirche in Marburg, Marburg 1925

Michler, Jürgen: Die Elisabethkirche zu Marburg in ihrer ursprünglichen Farbigkeit, Marburg 1984

–: Die Walpurgiskirche zu Alsfeld. Ihre Baugeschichte und kunstgeschichtliche Einordnung. In: Festschrift zur 750-Jahr-Feier der Stadt Alsfeld. Alsfeld 1972. S. 65–99

Sante, Georg Wilhelm (Hrsg.): Hessen – Handbuch der historischen Stätten Deutschlands, Band 4, 3. Auflage, Stuttgart 1976

Schmidt, Jürgen: Melsungen, Geschichte einer Stadt, Melsungen 1978

Schultz, Uwe (Hrsg.): Die Geschichte Hessens, Stuttgart 1983

Stange, Alfred: Deutsche Malerei der Gotik, Band I–XI, Berlin 1934 ff.

Wenzel, Hans: Meisterwerke der Glasmalerei, Berlin 1954

Werner, Matthias: Die Heilige Elisabeth und die Anfänge des Deutschen Ordens in Marburg: In: Marburger Geschichte, Marburg 1980

Wille, Christa: Die figürlichen Glasmalereien des 14. Jahrhunderts aus dem hessischen Raum, Diss. Mainz 1962 (Ms.)

Glossar

Abschnittsburg Eine Burg, die durch Mauern, Gräben, Türme und Tore so angelegt ist, daß sie in Abschnitten verteidigt und nur abschnittsweise erobert werden kann

Altarretabel → Retabel

Antependium Schmückende Bekleidung des Altartisches

Apsis, Apside Halbrunde, mit einer Halbkuppel überdeckte Raumform, die einem Hauptraum hinzugefügt ist, vom 13. Jahrhundert an auch in polygonaler Grundrißform mit Rippengewölbe

Archivolte Eine dem Bogenlauf an der Vorderseite oder in der Laibung folgende Profilierung, häufig bei romanischen und gotischen Stufenportalen vorkommend

Band Waagerechtes Bauglied mit rechteckigem Querschnitt zur horizontalen Gliederung einer Wand, vielfach in Verbindung mit anderen Profilformen bei Gesimsen vorkommend

Bergfried auch Berchfrit oder Belfried genannt, meist der stärkste und höchste Turm einer Burg, der im Unterschied zum → Donjon nicht zum ständigen Wohnen, sondern nur bei einer Belagerung als letzte Zuflucht genutzt wurde

Birnstab Rippen- oder Dienstprofile der Gotik mit ungefähr birnförmigem Querschnitt

Dienst Lange, dünne Säulchen von halbkreisförmigem, vollrundem oder birnstabförmigem Querschnitt, die optisch der Abstützung von Rippen, Gurt- und Arkadenbögen dienen

Domikalgewölbe Kuppelartiges, ringförmig gemauertes Gewölbe, bei dem der Scheitel höher liegt als bei den Gurt- und Schildbögen

Donjon Turmartiger Baukörper von Burgen, in Friedenszeiten dem Wohnen, bei Belagerungen zugleich der Verteidigung dienend

Dormitorium Schlafsaal der Mönche in einem Kloster

Ecktourelle Halbrunde, vollgemauerte Eckverstärkung bei Burggebäuden als Schutz gegen Wurfgeschosse und Kanonenkugeln

einhüftiges Gewölbe Halbes Gewölbe, dessen Ansatz an der Außenwand und dessen Scheitelpunkt an der Innenwand einer dreischiffigen Kirche liegt

Epitaph Gedächtnismal für einen Verstorbenen aus Stein, Metall oder Holz mit Inschrift, bildlichen und ornamentalen Darstellungen

Fiale Charakteristische Architekturform der Gotik aus quadratischem oder polygonalem Unterteil, dem »Leib«, und schlankem, spitzem Pyramidenhelm, »Riese« genannt

Fischblase Zierform des → Maßwerks, im Umriß der Schwimmblase von Fischen ähnlich, asymmetrisch geschwungen. Im Mittelalter »Schneuß« genannt, in S-förmig geschwungener Form auch rotierend einem Kreis einbezogen. In Deutschland typisch für Maßwerk der Spätgotik, in Frankreich des Flamboyant-Stils

Frontturmburg Burganlage, bei der an der gefährdeten Zugangsseite der stärkste Turm angeordnet ist

Gewölbedienst Dünne, lange Viertel- bis Dreiviertelsäule als Teil eines Bündel- oder Wandpfeilers zur Aufnahme der Gurtbögen oder Rippen eines Gewölbes

Gußerker Vorkragender, kastenartiger Gebäudeteil bei Burgen und Wehrmauern, aus dessen Bodenöffnung siedendes Pech, kochendes Wasser oder andere Abwehrstoffe auf den Angreifer herabgegossen werden konnten

Hessischer Mann Verstrebungsform im Fachwerkbau an den Gebäudeecken und als Verbundpfosten, bestehend aus Ständer, hohen Fußstreben und kurzen Kopfwinkelhölzern

Hohlkehle Konkav einschwingendes Profil der Rippen, Gesimse, Portal- und Fensterlaibungen

Hurdengalerie Auskragender hölzerner Wehrgang von Burg- und Stadtmauern, aus dessen Bodenöffnungen Wurfgeschosse auf einen bis zum Mauerfuß vorgedrungenen Gegner geworfen werden konnten

Inkarnat In der Maltechnik der Haut- und Fleischton

Joch Abschnitt eines gewölbten Raumes, in der Längsachse zählend, vielfach durch Stützen und Gurtbögen abgegrenzt

Kaffgesims Plastisch vortretendes, horizontales Bauglied unterhalb der Fensterbank

kantonierter Pfeiler Pfeiler mit vier Runddiensten

Kapitelsaal Versammlungsraum der Mönche, in dem nach Verlesen eines Kapitels aus der Bibel u. a. über die Einhaltung der Ordensregeln beraten wurde

Kemenate Heizbarer, meist steinerner Wohnbau, vornehmlich als Frauengemach genutzt

Konche, Konchos Halbrunde oder polygonale Apsis

Kopfband Schräg angeordnetes Aussteifungsholz zwischen vertikalem Ständer und horizontalem Balken

Krabbe Kriechblume auf den Gesimsschrägen gotischer → Wimperge, → Fialen- und Turmhelme

Kreuzgratgewölbe Gewölbeform, entstanden aus der Durchdringung zweier Tonnengewölbe

Kreuzrippengewölbe Kreuzförmiges Gewölbe mit unterlegten, profilierten Rippen

Lettner Begehbare zweischalige Trennwand zwischen Chor und Laienschiff einer Kirche zum Aufenthalt der Priester bei der Predigt oder beim Verlesen von Texten

Mannfigur → Hessischer Mann

Mantelburg Typ einer Burg, bei der die Gebäude von einer hohen, selbständig aufgeführten Mauer umgeben sind

Mantelmauer Äußere Schutzmauer einer Burg

Maschikulis Öffnungen zum Ausgießen von Pech, siedendem Wasser oder anderen Abwehrstoffen, angeordnet zwischen den Konsolen am Wehrgang einer Burg

Maßwerk Steinernes geometrisches Zierwerk der Gotik zur Unterteilung von Fenstern, zur Gliederung von Fassaden und zum Ausschmücken von Ausstattungsstücken

Mönch-Nonne-Ziegel Deckungsart von Dächern aus unteren konkaven (Nonne) und oberen konvexen (Mönch) Tonziegeln, seit dem Mittelalter bekannt

Netzgewölbe Spätgotisches, reich mit Rippen netzartig ausgeschmücktes Gewölbe

Nodus Knotenförmige Verstärkung am Schaft eines Kelches, einer Monstranz oder eines anderen Gefäßes

Obergaden Wandabschnitt mit Hochschiffenstern über den Arkaden des Mittelschiffs einer Basilika

Palas Wohn- und Repräsentationsbau einer Burg

Palasburg Typ einer Burg, die nur aus dem wehrhaften Palas besteht

Pfalz Wohn- und Repräsentationsbau von Königen und Kaisern

Predella Der direkt auf dem Altartisch stehende Sockel eines → Retabels oder Flügelaltars

Randhausburg Typ einer Burg, bei der die umschließende Ringmauer aus den Außenwänden von Gebäuden um einen Hof gebildet wird

Refektorium Speisesaal der Mönche in einem Kloster

Retabel Altaraufsatz aus Holz, Stein oder Metall, auf dem Altartisch stehend

Riegel Horizontale Querhölzer beim Fachwerk

Ringmauer Ringförmige umfassende Wehrmauer einer Burg

Runddienst Schlankes Architekturglied von Bündelpfeilern oder Wandvorlagen mit rundem Querschnitt

Rundstab Architekturglied mit rundem Querschnitt, kommt z. B. als Rippen- oder Maßwerkprofil vor

Schildmauer Mehrere Meter starke fensterlose Wehrmauer an der Hauptangriffsseite einer Burg

Stabwerk Senkrechte steinerne Stäbe zur Unterteilung des gotischen → Maßwerks

Ständerbau Mehrgeschossiger Fachwerkbau, bei dem die tragenden senkrechten Ständer durch mindestens zwei Geschosse reichen

Sterngewölbe Spätgotische Gewölbeform aus sternförmig angeordneten Zierrippen und rautenförmigen Gewölbekappen

Strebewerk Pfeilerartige Wandverstärkungen und Verbindungsbögen zur Ableitung des Gewölbeschubs

Triforium Als Bogengalerie gestaltete Zone zwischen Arkaden und → Obergaden im Inneren einer Basilika; außen liegen die Pultdächer der Seitenschiffe

Trikonchos Chorabschluß aus drei kleeblattförmig angeordneten → Apsiden

Tumba Kastenförmiges Grabdenkmal, oben durch die Grabplatte abgeschlossen

Turmburg Typ einer Burg, die nur aus einem mächtigen Wehrturm besteht, der auch in Friedenszeiten bewohnt ist

Tympanon Beim mittelalterlichen Portal das vertiefte Bogenfeld zwischen dem Sturz und dem abschließenden Bogen

Überfangbogen Zusammenfassender, im Relief der Wand auferlegter Bogen für zwei oder mehr Bogenöffnungen

Vierung Zentraler Raum einer Kirche, der aus der Durchdringung von Langhaus und Querschiff entsteht

Vorhangbogen Spätgotische Form des oberen Fensterabschlusses aus vorhangartig gerafften Segmentbögen

Wehrkirche Durch starke Mauern und Schießscharten auf Verteidigung eingerichtete Kirche

Wichhäuschen Kleine, erkerartige vorkragende Türmchen am Ansatz der Turmdächer von Kirchen, Burgen und Stadtmauern, dienten der Turmwache zum Aufenthalt mit Sicht nach allen Seiten

Wimperg Spitzer dreieckiger Ziergiebel gotischer Portale und Fenster

Ziborium Baldachinartiger, auf Säulen ruhender Aufbau über einem Altar

Zwerchgiebel Quer zur Hauptrichtung des Daches angeordneter Giebel

Hessen in Wort und Bild

Hans Sarkowicz
So sahen sie Hessen
Eine kulturgeschichtliche Reise in zeitgenössischen Berichten. Unter Mitarbeit von Bettina Mähler. 240 Seiten mit 28 Abbildungen. Kunstleinen.
Nicht erst seit es das Auto gibt, ist Hessen ein beliebtes Reiseziel. Schon seit Hunderten von Jahren erkunden Schriftsteller, Publizisten, Maler, Komponisten und Politiker das Land: zu Fuß, mit dem Schiff, der Postkutsche und später der Eisenbahn. Davon zeugen ihre Briefe und Tagebücher. Selbst in literarischen Werken finden sich Beschreibungen großer Städte und kleiner Orte.
Hans Sarkowicz hat Texte von über hundert Autoren ausgewählt und sorgfältig kommentiert. Er lädt die Leser ein, die wechselvolle Geschichte Hessens vom 15. Jahrhundert bis heute in immer neuen Perspektiven mitzuerleben.
So manches Geheimnis wird dabei gelüftet: Was faszinierte beispielsweise Goethe und Hölderlin an Kassel? Warum glaubte Wilhelm von Humboldt gerade in Arolsen angenehm leben zu können? Welche galanten Abenteuer erwarteten die Frankfurt-Besucher in Bornheim? Und welches Unglück verursachte Mark Twain in Neckarsteinach?
Diese und zahlreiche andere Fragen beantwortet der kulturgeschichtliche Reiseführer, der durch sein umfangreiches Register auch als Nachschlagewerk dienen kann.

Albrecht Brugger / Hans Sarkowicz
Hessen
Eine Landeskunde im Luftbild. 136 Seiten mit 84 Farbtafeln. 29,5 x 27 cm. Leinen.
Albrecht Brugger hat in seinen großformatigen Luftbildern die Landschaften Hessens, Klöster und Burgen, die historischen Stätten und die modernen Industrie- und Handelszentren in neuer, überraschender Perspektive eingefangen.
Die Texte von Hans Sarkowicz sind kleine, in sich geschlossene historische Abhandlungen, die jeweils den Bogen von der Frühzeit bis zur Gegenwart spannen.

Die Geschichte Hessens
Hrsg. von Uwe Schultz. 400 Seiten mit 144 Abbildungen auf 80 Tafeln. Leinen.
Die stark beachtete Sendereihe des Hessischen Rundfunks „Die Geschichte Hessen“, ein historisches Panorama des heutigen Bundeslandes von den germanischen Chatten bis zu den Bundesbürgern des Industriezeitalters, als reich bebildertes Buch.
Beiträge von 20 Historikern fügen sich zu einer vielseitigen Chronik des Hessenlandes zusammen, in dessen Schicksal sich deutsche und europäische Geschichte seit über 2000 Jahren spiegelt.

Die Römer in Hessen
Hrsg. von Dietwulf Baatz und Fritz-Rudolf Herrmann. 532 Seiten mit 486 Abbildungen, zum Teil in Farbe, Zeichnungen, Kartenskizzen, Zeittafel, Orts-, Namen- und Sachregister. Leinen.
Alles Wissenswerte über die Römer in Hessen von der Besetzung um Christi Geburt bis zur Spätantike: Geschichte, Kultur, Religion, Kunst, Alltag. Der große topographische Teil gibt eine umfassende, alphabetisch nach Städten und Gemeinden geordnete Übersicht über alle sichtbaren Geländedenkmäler, mit wichtigen Grabungen und Funden. Das unentbehrliche Nachschlagewerk für den Fachmann und den interessierten Laien. Der praktische archäologische Führer zu den römischen Bodendenkmälern in Hessen.

Armin und Renate Schmid
Frankfurt in stürmischer Zeit
1930–1933. 224 Seiten mit 28 Abbildungen. Kartoniert.
Die Geschichte Frankfurts und seiner Bürger in den letzten Jahren vor dem Zusammenbruch der Weimarer Republik.

Konrad Theiss Verlag

Bau- und Kunstgeschichte

Thomas Ludwig
Das Romanische Haus in Seligenstadt
202 Seiten mit 115 Fotos und 63 Zeichnungen.
21 x 29,7 cm. Fester Einband
Am 12. September 1986 erhielt die Stadt Seligenstadt den Hessischen Denkmalschutzpreis für die Restaurierung des 800 Jahre alten Steinhauses. Das Buch enthält den detaillierten und reich illustrierten Bericht von Thomas Ludwig über die Untersuchung und vorbildliche Restaurierung des Romanischen Hauses.

Walter Haas / Ursula Pfistermeister
Romanik in Bayern
352 Seiten mit 198 Tafeln, davon 19 in Farbe, 25 x 25,5 cm.
Leinen.
Im heutigen Bundesland Bayern sind zahlreiche romanische Bauwerke erhalten geblieben. Noch größer ist die Zahl der romanischen Bauten, die in der Gotik oder im Barock umgebaut oder durch Neubauten ersetzt wurden. Der Band stellt in Text und Bild nicht nur die in Bayern erhaltenen Bauwerke der Romanik vor, sondern auch Werke der Skulptur, der Wandmalerei, der Goldschmiedekunst und der Buchmalerei. Mit auführlichem Ortsverzeichnis.

Volker Himmelein / Klaus Merten
Wilfried Setzler / Peter Anstett
Barock in Baden-Württemberg
256 Seiten mit 168 Tafeln, davon 78 in Farbe. 25 x 25,5 cm.
Leinen.
Als ein außergewöhnlich wertvolles Buch erweist sich der Bildband über den Barock in Baden-Württemberg. Die Arbeit des Autorenteams bietet sowohl dem Laien wie dem Kunstliebhaber, dem Heimatkundler wie dem Historiker einen reichen Einblick in die barocken Baudenkmäler des Südweststaates – in ausführlicher Wortdarstellung und in einem reichhaltigen Bildangebot.

Gottfried Kiesow
Romanik in Hessen
280 Seiten mit 160 Tafeln, davon 22 in Farbe. 25 x 25,5 cm.
Leinen.
In Text und Bild zeigt dieses Buch, daß Hessen eine erstaunlich große Zahl herausragender und gut erhaltener romanischer Bauten besitzt. Ihre stilistische Entwicklung aus der Kunst der vorromanischen Epochen und ihre Eigenart werden in den Kapiteln über karolingische, ottonische, salische und staufische Kunst erläutert. Detaillierte Informationen bietet der alphabetisch geordnete Katalog im zweiten Teil des Buches, in dem 100 Bauten und ihre Ausstattungsstücke einzeln vorgestellt werden. Mit diesem großen Bildtextband wird die romanische Kunst im Bundesland Hessen zum erstenmal im Zusammenhang vorgestellt und gewürdigt.

Heinfried Wischermann
Romanik in Baden-Württemberg
337 Seiten mit 195 Tafeln, davon 22 in Farbe, und 56 Abbildungen im Text. 25 x 25,5 cm. Leinen.
Die erste zusammenfassende Darstellung der romanischen Baudenkmäler in Baden-Württemberg. Im einführenden Teil gibt der Autor einen Überblick über die Territorial- und Kirchengeschichte, vor deren Hintergrund die Kunstdenkmäler entstanden. Entsprechend dem heute erhaltenen Bestand werden vornehmlich Bauwerke behandelt, erläutert werden aber auch Ausstattungsstücke sowie Wandmalereien und Kirchenschätze. Hauptteil des Bandes ist – neben dem Tafelteil – der topographische Teil, in dem fast 70 Kirchen und einige Profanbauten vorgestellt werden. Die Beschreibung der Denkmäler wird durch die Erörterung ihrer Baugeschichte und kunstgeschichtlichen Bedeutung ergänzt.